TGAU Sbaeneg

Y Llawlyfr Adolygu

CGP

Prifysgol Cymru Aberystwyth

Cynnwys

Rhifau a Meintiau

Ffwrdd â ni!

'Uno', 'dos', 'tres' – 'Un', 'dau', 'tri' ...

① Mae 11 hyd 15 i gyd yn gorffen gyda '<u>ce</u>'. Ond mae 16, 17, 18 a 19 yn '<u>ddeg a chwech</u>' ayb.

② Mae pob rhif <u>dau ddeg rhywbeth</u> yn un gair — "<u>veintiuno</u>" ac ati.

0	cero				
1	uno (un), una	11	once	21	veintiuno
2	dos	12	doce	22	veintidós
3	tres	13	trece	23	veintitrés
4	cuatro	14	catorce		
5	cinco	15	quince		
6	seis	16	dieciséis		
7	siete	17	diecisiete		
8	ocho	18	dieciocho		
9	nueve	19	diecinueve		
10	diez				

31 treinta y uno

20	veinte	60	sesenta
30	treinta	70	setenta
40	cuarenta	80	ochenta
50	cincuenta	90	noventa

Ar ôl <u>30</u>, mae rhifau'n cael eu cysylltu ag '<u>y</u>' (a), ond maen nhw'n cael eu hysgrifennu ar <u>wahân</u> – '<u>treinta y uno</u>' ayb.

Pan ydych chi eisiau rhoi '<u>un</u>' o flaen gair <u>gwrywaidd</u>, mae'r '<u>o</u>' yn cael ei <u>ollwng</u> o 'uno' – e.e. treinta y un discos – 31 disg.
... Ac o flaen gair <u>benywaidd</u>, mae'r '<u>o</u>' yn newid i '<u>a</u>' – e.e. veintiuna pesetas.

③ Mae'r rhan fwyaf o'r rhifau deg yn gorffen gyda 'nta' (heblaw am '<u>veinte</u>').

④ Pan ddewch chi i'r cannoedd a'r miloedd, rhowch ciento, doscientos, mil (ayb) o flaen y rhif. Mae dyddiad yn cael ei ysgrifennu fel rhif arferol.

100	ciento (cien)
101	ciento uno
200	doscientos
500	quinientos
923	novecientos veintitrés
1000	mil
1,000,000	un millón

Mae 'ciento' yn troi yn 'cien' oni bai ei fod yn cael ei ddilyn gan rif.

mil novecientos cuarenta y siete = 1947

1900 · 40 · 7

Cyntaf, ail, trydydd – maen nhw ychydig bach yn wahanol ... .

Mae'r rhain bob amser yn gorffen gydag 'o' am bethau gwrywaidd ac 'a' am bethau benywaidd.

1af	primero, primera			
2il	segundo/a			
3ydd	tercero/a	7fed	séptimo/a	
4ydd	cuarto/a	8fed	octavo/a	
5ed	quinto/a	9fed	noveno/a	
6ed	sexto/a	10fed	décimo/a	

DS Pan fo '<u>primero</u>' neu '<u>tercero</u>' yn dod o flaen gair gwrywaidd, mae'r 'o' bob amser yn cael ei hepgor – 'el <u>primer</u> baile' = y ddawns gyntaf.

Tome la segunda *calle a la izquierda.*

= Cymerwch yr ail stryd ar y chwith.

Ysgrifennir 1af fel 1°, neu 1ᵉʳᵃ. Ysgrifennir ail fel 2° neu 2ᵃ, ayb.

¿Cuánto? – Faint?

Mae'r geiriau gwych yma am faint neu sawl yn <u>bwysig</u>. Mae llawer i'w dysgu fan hyn ond ysgrifennwch bob un mewn gwahanol frawddegau – gwnewch yn siŵr nad ydych yn twyllo ac yn gadael <u>un</u> allan.

Tengo todas las *manzanas.* = Mae'r afalau i gyd gen i.

Cada manzana es verde.

= Mae pob afal yn wyrdd.

yr holl (gwrywaidd lluosog): todos los
eraill: otros/as
rhai: unos/as

nifer o: varios/as
llawer o: muchos/as
dim llawer o: pocos/as

yr holl (unigol): todo el / toda la

Cyfrifwch eich bendithion – a gwnewch e yn Sbaeneg

Mae'n rhaid eich bod chi'n gwybod rhywfaint am rifau yn barod – ac mae hynny'n wych. Mae'n golygu eich bod chi'n gallu treulio mwy o amser yn gwneud yn siŵr eich bod yn gwybod gweddill y tudalen. Dysgwch yr <u>holl</u> eiriau hyn am feintiau. Y ffordd <u>orau</u> o weld a ydych wedi'u dysgu nhw yw gorchuddio'r tudalen, ac wedyn ceisio'u hysgrifennu nhw – nawr.

2

Amserau a Dyddiadau

Yr amser – un o'r pethau mwyaf gwerthfawr ... yn arbennig os ydych chi eisiau gwneud yn dda yn Sbaeneg.

¿Qué hora es? – Faint o'r gloch yw hi?

Mae <u>llwyth</u> o ffyrdd o ddweud yr amser yn Gymraeg ac yn Sbaeneg hefyd.

¿Qué hora es? ← = Faint o'r gloch yw hi?

1) Rhywbeth o'r gloch:

Mae hi'n 1 o'r gloch: Es la una
Mae hi'n 2 o'r gloch: Son las dos
Mae hi'n 8 o'r gloch yr hwyr: Son las veinte horas / son las ocho

2) Chwarter i ac wedi, hanner awr wedi:

(Mae hi'n) chwarter wedi dau: (Son) las dos <u>y cuarto</u>
(Mae hi'n) hanner awr wedi dau: (Son) las dos <u>y media</u>
(Mae hi'n) chwarter i dri: (Son) las tres <u>menos cuarto</u>

3) ' ... wedi' a '... i':

Mae hi'n ugain munud wedi saith: (Son) las siete <u>y veinte</u>
Mae hi'n ddeuddeng munud wedi wyth: (Son) las ocho <u>y doce minutos</u>
Mae hi'n ddeng munud i ddau: (Son) las dos <u>menos diez</u>

4) Y <u>cloc 24 awr</u>:

03.14: (Son) las tres horas catorce minutos
20.32: (Son) las veinte horas treinta y dos minutos
19.55: (Son) las diecinueve horas cincuenta y cinco minutos

Rydych chi'n defnyddio 'el' ar gyfer <u>holl ddyddiau</u>'r wythnos

Heb y geiriau hyn fyddwch chi <u>ddim</u> yn gallu <u>deall</u> pryd mae pethau'n <u>digwydd</u>.

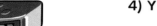

Dyddiau'r Wythnos:
Dydd Llun: lunes
Dydd Mawrth: martes
Dydd Mercher: miércoles
Dydd Iau: jueves
Dydd Gwener: viernes
Dydd Sadwrn: sábado
Dydd Sul: domingo

Mae dyddiau'r wythnos i gyd yn <u>wrywaidd</u>. Peidiwch â rhoi llythyren fawr ar ddechrau'r dyddiau.

Rhai geiriau defnyddiol am yr wythnos:
heddiw: hoy
yfory: mañana
ddoe: ayer
drennydd: pasado mañana
echdoe: anteayer
wythnos: la semana
penwythnos: el fin de semana
ddydd Llun (un dydd Llun): el lunes
ar ddydd Llun (bob dydd Llun): los lunes

Hago las compras los martes . = Dw i'n mynd i siopa ar ddydd Mawrth (bob dydd Mawrth).

Voy el martes . = Dw i'n mynd ddydd Mawrth.

Plácido domingo – Dw i wrth fy modd â dydd Sul tawel ...

Yn y cynlluniau marcio maen nhw'n gwneud y pwynt mor <u>mega-bwysig</u> yw eich bod yn gallu dweud <u>pryd</u> rydych chi'n gwneud pethau. Felly mae'n rhaid ichi ddysgu dweud <u>dyddiau'r wythnos</u> a phethau fel '<u>yfory</u>' neu '<u>penwythnos</u>'. Felly gwnewch amser – <u>ac ewch ati</u>.

Adran 1 - Stwff Cyffredinol

Amserau a Dyddiadau

Gellwch chi fod yn <u>siŵr</u> y byddan nhw'n gofyn rhywbeth lle mae angen rhoi dyddiad yn yr Arholiad. Pryd rydych chi'n mynd ar eich gwyliau, pryd mae eich pen-blwydd ... rhywbeth felly.

Enero, febrero, marzo, abril ...

Mae'r misoedd yn Sbaeneg yn debyg iawn i'r Saesneg ac mae rhai yn debyg hefyd i'r Gymraeg – gwnewch yn siŵr eich bod yn dysgu'r hyn sy'n wahanol.

Ionawr: enero   *Gorffennaf:* julio
Chwefror: febrero   *Awst:* agosto
Mawrth: marzo   *Medi:* se(p)tiembre
Ebrill: abril   *Hydref:* octubre
Mai: mayo   *Tachwedd:* noviembre
Mehefin: junio   *Rhagfyr:* diciembre

Se va en julio .

Mae'r misoedd yn <u>wrywaidd</u>. <u>Peidiwch</u> â'u hysgrifennu gyda llythyren fawr.

= Mae'n gadael ym mis Gorffennaf.

Rydych chi'n dweud 'y 3 o Fai' yn lle 'y 3^{ydd} o Fai'

Dyma sut mae dweud y dyddiad. Mae hyn yn <u>siŵr o godi</u> yn eich <u>prawf llafar</u> – a fydd yr arholwyr ddim yn cael argraff dda iawn os na ellwch chi ddweud wrthyn nhw beth yw'r dyddiad.

> Edrychwch ar dudalen 1 am gymorth gyda'r rhifau.

1) Yn Sbaeneg, dydyn nhw ddim yn dweud 'y <u>trydydd o</u> Fai' – maen nhw'n dweud 'y <u>tri</u> o Fai'. Rhyfedd.

Llego el tres de octubre.   = Dw i'n dod / Dw i'n cyrraedd ar y 3ydd o Hydref.

2) A dyma sut mae <u>ysgrifennu'r dyddiad</u> mewn llythyr:

Aberhosan, 5 de marzo de 2006.   = Aberhosan, 5ed o Fawrth, 2006.

Gweler tudalennau 66-67 am lythyrau.

3) Dyma ychydig o bethau defnyddiol eraill:
yn y flwyddyn 2000: en el año dos mil
yn 2001: en el dos mil uno   NID 'dos mil y uno'

Mañana – Yfory ... Ayer – Ddoe

Defnyddiwch y rhain gyda'r <u>stwff</u> ar <u>dudalen 2</u> – mae'n wych am drefnu eich <u>bywyd cymdeithasol</u>.

Voy a esquiar a menudo . = Dw i'n mynd i sgïo <u>yn aml</u>.

bob amser: siempre
yn aml: a menudo
yn anaml: pocas veces
weithiau: a veces

> Gweler <u>tudalen 97</u> am sut i ddweud nad ydych <u>byth</u> yn gwneud rhywbeth.

¿Qué haces esta noche ? = Beth rwyt ti'n ei wneud heno?

yfory: mañana
ddoe: ayer
y bore 'ma: esta mañana
y prynhawn 'ma / heno: esta tarde
heno: esta noche
bore fory: mañana por la mañana
yr wythnos hon: esta semana
yr wythnos nesaf: la semana próxima
yr wythnos ddiwethaf: la semana pasada
bob pythefnos: cada quince días
bob dydd: todos los días
ar y penwythnos: el fin de semana

Dyddiadau – yr un mor bwysig yn Sbaeneg ag mewn hanes

Does dim byd yn <u>bwysicach</u> na hyn. <u>Bydd</u> yn eich helpu chi i gael mwy o farciau – maen nhw'n sôn yn arbennig am amserau yn y <u>maes llafur</u>. A dyw hi ddim yn anodd chwaith. Mae'n rhaid ichi ddysgu'r ymadrodd '<u>¿Qué haces esta noche?</u>' a'r geiriau y gellwch chi eu rhoi i mewn yn lle 'esta noche'.

Bod yn Gwrtais

Byddwch chi'n colli marciau (ac yn swnio'n ddigywilydd) os nad ydych chi'n siarad yn gwrtais yn yr arholiad — mae'n hollbwysig.

¿Qué tal? – Sut wyt ti?

Dysgwch yr ymadroddion hyn – maen nhw'n hanfodol. Iawn?

Sut wyt ti? / Sut ydych hi?: ¿Qué tal?
Sut wyt ti?: ¿Cómo estás?
Sut ydych chi? (wrth un person): ¿Cómo está usted?

Dywedwch hyn pan gewch eich cyflwyno i rywun:

Mae'n bleser cyfarfod â chi: Encantado/a
Neu: Mucho gusto

Newidiwch yr 'o' i 'a' os ydych chi'n fenywaidd.

Dyw hyn ddim yn newid.

por favor – os gwelwch yn dda ... Gracias – diolch

Hawdd – efallai'r pethau cyntaf ddysgoch chi yn Sbaeneg. Peidiwch â'u hanghofio nhw.

por favor = os gwelwch yn dda   ***gracias*** = diolch   *croeso / popeth yn iawn:* De nada

Quisiera – Hoffwn i

Mae'n fwy cwrtais dweud 'quisiera' (hoffwn i) na 'quiero' (dw i eisiau).

Dyma sut mae dweud yr hoffech chi gael rhywbeth:

Quisiera un zumo de naranja. = Hoffwn i sudd oren.

Dyma sut mae dweud yr hoffech chi wneud rhywbeth:

Quisiera hablar. = Hoffwn i siarad.

Gweler tudalen 5 am fwy o ffyrdd o ofyn cwestiynau.

Lo siento – Mae'n ddrwg gen i

Mae'n ddrwg gen i: **Lo siento**

Mae bod yn gwrtais yn bwysig yn Sbaeneg – ac yn eich arholiadau ...

Esgusodwch fi! (e.e. os ydych chi eisiau gofyn y ffordd neu dynnu sylw): Por favor / Perdone señor(a)
(e.e. os ydych chi eisiau mynd heibio i rywun): Con permiso

Mae'r tameidiau hyn yn fendigedig er mwyn cymdeithasu yn Sbaen – o, ie, a byddan nhw o gymorth mawr ichi yn yr arholiadau hefyd. Mae'r ymadroddion bach pert yma yn bwysig iawn.

Gofyn Cwestiynau

Mae gofyn gormod o gwestiynau yn gallu bod yn anghwrtais ond dyna <u>fydd rhaid</u> ichi ei wneud i gael marciau da ...

1) Gwneud cwestiwn gyda ¿? neu drwy <u>oslef eich llais</u>

I droi gosodiad yn <u>gwestiwn</u>, ychwanegwch y <u>gofynodau</u> ar y dechrau a'r diwedd.
Wrth siarad, codwch eich llais ar y diwedd i ddangos eich bod yn gofyn cwestiwn.

¿Tus plátanos son amarillos?

= Ydy dy fananas yn felyn?
(Yn llythrennol: Mae dy fananas yn felyn?)

Gweler yr adran ramadeg
am fwy am derfyniadau.

¿Tienes un coche?

= Oes car gyda ti? ?
(Yn llythrennol: Mae car gyda ti?)

2) Cwestiynau gyda 'beth' – rhowch <u>qué</u> ar y dechrau

Os yw eich cwestiwn yn dechrau gyda '<u>Beth</u> ...', defnyddiwch ¿Qué ...'.

¿Qué comes por la mañana?

= Beth rwyt ti'n ei fwyta yn y bore?

¿Qué quieres hacer?

= Beth rwyt ti eisiau ei wneud?

3) <u>Cuándo</u> – Pryd ... <u>Por qué</u> – Pam ... <u>Dónde</u> - Ble

Mae llawer o eiriau y gellwch eu rhoi mewn brawddeg ar y dechrau yn lle '<u>qué</u>'.

Edrychwch ar y geiriau cwestiwn hyn - wedyn gorchuddiwch nhw a'u dysgu.

pryd?:	¿cuándo?
pam?:	¿por qué?
ble?:	¿dónde?
sut?:	¿cómo?
faint / sawl?	¿cuánto?
	¿cuántos/as?
am faint o'r gloch?	¿a qué hora?

¿ Cuándo vuelves a casa?

= Pryd rwyt ti'n dod adref?

pwy?:	¿quién?
pa?:	¿cuál?

¿ Quién rompió la ventana?

= Pwy dorrodd y ffenest?

beth?:	¿qué?
ydy...?:	¿es...?

... pǝɹǝɐʍ ! ɥǝunʍ ǝ ǝɐɯ – uʍɥ uǝllɹɐp nllɐƃ uʎ ɯıpp ! ʍ◖

Mae'r tudalen yma'n llawn geiriau cwestiwn – dechreuwch trwy'u <u>dysgu nhw i gyd</u>. Caewch y llyfr ac ysgrifennwch y geiriau <u>cwestiwn i gyd</u>. <u>Edrychwch</u> ar y tudalen am y rhai y gwnaethoch chi eu hanghofio a rhowch <u>dro arall</u> arni nes eich bod chi'n eu cael nhw <u>i gyd</u>.

Mynegi Barn

Mae'n talu bod â barn, mewn mwy nag un ffordd.
Dysgwch sut i ddweud yr hyn rydych chi'n ei feddwl neu byddwch yn fud!

¿Qué piensas de ... ? Beth rwyt ti'n ei feddwl o ... ?

Mae'r holl ymadroddion gwych hyn yn golygu'r un peth – 'Beth rwyt ti'n ei feddwl o ... ?'. Cadwch olwg allan amdanyn nhw. Os gellwch eu defnyddio nhw bydd eich Sbaeneg yn hynod o ddiddorol – ac mae hynny'n golygu mwy o farciau.

Holi ynglŷn â barn rhywun arall
Beth rwyt ti'n ei feddwl? : ¿Qué piensas?
Beth rwyt ti'n ei feddwl o ... ? : ¿Qué piensas de...? / ¿Qué te parece...?
Beth yw dy farn am ... ? : ¿Cuál es tu opinión de...?
Wyt ti'n meddwl ei fod e'n/ei bod hi'n neis? : ¿Le encuentras simpático/a?
¿Te parece simpático/a?

¿Qué piensas de mi novio? = Beth rwyt ti'n ei feddwl o'm cariad?

Pienso que está loco. = Dw i'n meddwl ei fod yn wallgof.

Juan me parece muy simpático.

= Dw i'n meddwl bod Juan yn neis iawn.

Dw i'n credu / meddwl...
Dw i'n credu / meddwl bod ... : Pienso que ...
Creo que ...
Dw i'n credu / meddwl bod ... yn ... : ... me parece ...

Dywedwch beth rydych yn ei feddwl – bydd yn creu argraff ar yr arholwr

Mae gallu dweud eich bod yn hoffi neu ddim yn hoffi rhywbeth yn ddechrau da, ond gwnewch ymdrech i ddysgu rhywbeth sy'n mynd i greu mwy o argraff hefyd.

Hoffi pethau
Dw i'n hoffi ... : Me gusta (unigol)...
Me gustan (lluosog)...
Dw i'n hoffi ... yn fawr: Me gusta(n) mucho...
Dw i'n dwlu ar: Me encanta(n)...
Mae gen i ddiddordeb mewn : Me interesa(n)...
Dw i'n meddwl bod ... yn wych: Encuentro ... fantástico

Me gusta el tenis de mesa, pero no me gusta el fútbol.

= Dw i'n hoffi tennis bwrdd ond dw i ddim yn hoffi pêl-droed.

Pan ydych yn hoffi mwy nag un peth, cofiwch ychwanegu'r "n".

Tennis bwrdd ynteu pêl-droed?

Ddim yn hoffi pethau
Dw i ddim yn hoffi ... : No me gusta...(unigol)/
No me gustan...(lluosog)
Dw i ddim yn hoffi o gwbl ... : No me gusta nada...(unigol)/
No me gustan nada...(lluosog)
Does gen i ddim diddordeb yn ... : ...no me interesa
Dw i'n meddwl bod ... yn ofnadwy: Encuentro ... horrible/muy mal

Ymadroddion defnyddiol eraill
Mae'n iawn: Vale
Does dim ots gen i: Me da igual
Mae'n well gen i ... : Prefiero...
Mae'n iawn: Está bien

Na – peidiwch â dweud beth rydych yn ei feddwl o'r Arholwr ... .

Dylech chi gofio bob amser bwysigrwydd mynegi barn. Efallai ei bod yn anodd credu ond maen nhw yn wir am ichi ddweud beth rydych yn ei feddwl. Gwnewch yn siŵr eich bod yn dysgu un ffordd i ddweud 'dw i'n hoffi' a 'dw i ddim yn hoffi' yn gyntaf. Dyna'r pethau hollol sylfaenol – ewch chi ddim i unman hebddyn nhw. Wedyn ychwanegwch yr holl bethau ffansi.

Mynegi barn

Peidiwch â dweud eich bod yn hoffi rhywbeth neu yn casáu rhywbeth yn <u>unig</u>. Eglurwch <u>pam</u> ac fe wnewch syfrdanu'r Arholwyr – wel, cewch farciau da ganddyn nhw beth bynnag ...

Defnyddiwch eiriau fel 'bueno' ('da') i ddisgrifio pethau

Dyma eiriau defnyddiol i ddisgrifo pethau rydych yn eu <u>hoffi</u> neu <u>ddim yn eu hoffi</u>.
Maen nhw'n hawdd iawn eu defnyddio, felly mae'n werth eu dysgu nhw.

da:	bueno/a	ffantastig:	fantástico/a	rhyfeddol:	maravilloso/a
gwych:	estupendo/a		magnífico/a	drwg:	malo/a
gwych:	fenomenal	rhyfeddol:	fabuloso/a	ofnadwy:	horrible
hardd:	precioso/a	diddorol:	interesante		
cyfeillgar:	amable	neis(person):	simpático/a		
ardderchog:	excelente	ffeind, caredig:	agradable		

Owen es estupendo.

= Mae Owen yn wych.

Los niños son horribles.

= Mae'r plant yn ffiaidd.

Er mwyn dweud 'achos'/'oherwydd', dywedwch 'porque'

Mae 'porque' yn <u>uffar' o bwysig</u> – fiw ichi ei anghofio!

Llongyfarchiadau. Mae gyda chi farn, felly rydych chi'n berson <u>diddorol</u>!
Ond er mwyn bod yn berson <u>siwper-diddorol</u>, mae'n rhaid ichi wybod sut i gefnogi'ch barn â '<u>porque</u>'.

Me gusta esta película porque los actores son muy buenos.

= Dw i'n hoffi'r ffilm yma achos mae'r actorion yn dda iawn.

Pienso que esta película es horrible porque la historia es aburrida.

= Dw i'n meddwl bod y ffilm yma yn ofnadwy, achos mae'r stori'n ddiflas.

Peidiwch â chymysgu 'por qué' a 'porque'

Byddwch yn ofalus i beidio â <u>chymysgu</u> 'pam' ac 'achos'. Maen nhw bron yr un fath – ond ddim yn hollol:

PAM = POR QUÉ   **ACHOS = PORQUE**

ACHOSwch fwy o farciau ichi'ch hun!

Does dim llawer o werth gwybod sut i ofyn barn rhywun arall, neu sut i ddweud 'Dw i'n meddwl', heb allu dweud <u>beth</u> rydych chi'n ei feddwl a <u>pham</u>. Mae'r ymadroddion yma i gyd yn hawdd – <u>rhowch nhw at ei gilydd</u> ac fe fydd gyda chi frawddeg. Ond gwnewch yn siŵr nad ydych chi'n dweud rhywbeth <u>gwirion</u> fel 'Dw i'n ei gasáu achos mae'n hyfryd.'

Crynodeb Adolygu

Mae'r adran hon yn hollol sylfaenol. Dylech chi ei gwybod yn drylwyr erbyn ichi fynd i'r arholiadau. Gall yr holl bethau am farn ac amserau (gan gynnwys heddiw, yfory, bob wythnos, ar ddydd Llun ayb.) wneud gwahaniaeth mawr i'ch marciau. Y ffordd orau o sicrhau eich bod yn ei wybod i gyd yw ateb pob un o'r cwestiynau hyn – os na ellwch chi wneud un neu os ydych chi'n gwneud camgymeriad, ewch yn ôl dros yr adran a rhowch dro arall ar y cwestiynau nes eich bod chi'n eu cael nhw'n gywir bob tro.

1) Cyfrifwch yn uchel o 1 i 20 yn Sbaeneg.

2) Sut rydych chi'n dweud y rhifau yma yn Sbaeneg? a) 22 b) 35 c) 58 ch) 71 d) 71 dd) 112 e) 2101

3) Beth yw'r rhain yn Sbaeneg? a) 1af b) 2ail c) 5ed ch) 10fed d) 25ain dd) 52ail

4) Beth yw ystyr y geiriau yma? a) cada   b) unos

5) Gofynnwch 'Faint o'r gloch yw hi?' yn Sbaeneg.
Edrychwch ar eich oriawr a dywedwch yr amser yn uchel yn Sbaeneg.

6) Sut byddech chi'n dweud yr amserau yma yn Sbaeneg? a) 5.00 b) 10.30 c) 13.22 ch) 16.45

7) Dywedwch holl ddyddiau'r wythnos yn Sbaeneg, o ddydd Llun i ddydd Sul.

8) Sut rydych chi'n dweud y rhain yn Sbaeneg? a) ddoe b) heddiw c) yfory

9) Dywedwch holl fisoedd y flwyddyn o Ionawr i Ragfyr.

10) Sut rydych chi'n dweud <u>dyddiad</u> eich pen-blwydd yn Sbaeneg?

11) Mae ¿Qué haces <u>esta noche</u>? yn golygu 'Beth rwyt ti'n ei wneud <u>heno</u>?'
Sut byddech chi'n dweud 'Beth rwyt ti'n ei wneud   a) y bore yma? b) y prynhawn yma
c) y penwythnos nesaf?

12) Mae 'Practico <u>pocas veces</u> el deporte' yn golygu 'Dw i ddim yn gwneud chwaraeon yn <u>aml</u>.'
Sut byddech chi'n dweud: a) 'Dw i'n gwneud chwaraeon bod dydd.'
b) 'Dw i'n gwneud chwaraeon yn aml.'   c) 'Dw i'n gwneud chwaraeon weithiau.'

13) Sut byddech chi'n dweud a) 'Hoffwn i ychydig o goffi.' b) 'Ga i'r coffi?'
c) 'Mae'n ddrwg gen i' (rhowch ddwy ffordd)

14) Sut rydych chi'n dweud y rhain yn Sbaeneg? a) Os gwelwch yn dda b) Diolch c) Sut wyt ti?

15) Mae 'Cantas' yn golygu 'Rwyt ti'n canu'. Beth yw ystyr y cwestiynau yma?
a) ¿Por qué cantas? b) ¿Dónde cantas? c) ¿Qué cantas? d) ¿Cantas bien? e) ¿Cuándo cantas?
f) ¿Cantas?

16) Sut byddech chi'n gofyn i rywun beth mae'n ei feddwl o Elvis Presley? (Yn Sbaeneg.)
Rhowch gymaint o ffyrdd ag y gellwch.

17) Sut byddech chi'n dweud y pethau hyn yn Sbaeneg? Rhowch o leiaf un ffordd o ddweud pob un.
a) Dw i'n hoffi Elvis Presley. b) Dw i ddim yn hoffi Elvis Presley.
c) Dw i'n meddwl bod Elvis Presley yn ddiddorol. ch) Dw i'n dwlu ar Elvis Presley.
d) Dw i'n meddwl bod Elvis Presley yn ofnadwy. dd) Dw i'n meddwl bod Elvis Presley yn ffantastig.

18) I ennill gwobr arbennig yr wythnos hon, cwblhewch y frawddeg ganlynol mewn 10 gair neu lai (yn Sbaeneg): 'Dw i'n hoffi Elvis Presley achos ... '

19) I ennill wyau pwdr yr wythnos ddiwethaf, cwblhewch y frawddeg ganlynol mewn 10 gair neu lai (yn Sbaeneg): 'Dw i ddim yn hoffi Elvis Presley achos ... '

Llwyddo yn yr Arholiad

Mae'r tudalennau hyn yn dweud wrthoch chi sut i wella'ch marciau heb ddysgu rhagor o Sbaeneg – felly darllenwch ymhellach …

Darllenwch y cwestiynau yn ofalus

Peidiwch â cholli marciau hawdd y dylai pawb eu sicrhau – gwnewch yn siŵr eich bod yn gwneud y pethau hyn:

1) Darllenwch y cyfarwyddiadau i gyd yn iawn.

2) Darllenwch y cwestiwn yn iawn.

3) Atebwch y cwestiwn – peidiwch â malu awyr am rywbeth amherthnasol.

4) Ysgrifennwch mewn paragraffau a defnyddiwch Gymraeg cywir yn y Profion Darllen a Gwrando.

5) Cymerwch amser i gynllunio'ch ateb yn y Papur Ysgrifenedig – peidiwch â rhuthro ati yn fyrbwyll.

Mae geirfa a gramadeg yn gwneud ichi edrych yn dda.

Po fwyaf o ramadeg a geirfa gywir y gellwch chi eu stwffio i mewn i'ch Sbaeneg, gorau oll. Disgrifiwch bethau mor fanwl â phosibl – peidiwch â dweud y lleiaf posibl (gweler tudalen 73). Ond peidiwch â cheisio bod yn rhy glyfar – bydd brawddeg syml gywir yn rhoi mwy o farciau ichi nag ymdrech gymhleth nad yw'n gwneud synnwyr.

Peidiwch â gwylltio os dywedwch chi rywbeth a sylweddoli wedyn nad oedd e'n hollol gywir – does dim rhaid i'ch gramadeg fod yn berffaith. Ond y ffordd i gael y marciau gorau yw dysgu'ch gramadeg – gweler tudalen 11.

Mae arholwyr yn hoffi teithio trwy amser

Cewch chi farciau ychwanegol os gellwch chi ddweud pryd gwnaethoch chi rywbeth. Dysgwch yr adran am amser a dyddiadau yn ofalus (tudalennau 2-3), a dywedwch pryd neu pa mor aml rydych chi'n gwneud pethau.

Bydd hel atgofion am y gorffennol neu ymffrostio am eich cynlluniau at y dyfodol yn creu argraff fawr iawn ar yr arholwr (gweler tudalen 88 am amserau'r ferf).

Felly, os ychwanega i un diferyn eto fe awn ni'n ôl ddwy awr mewn amser.

… ddwy awr wedyn …

Mae arholwyr yn hoffi clywed eich barn

Mae arholwyr wrth eu bodd ag unrhyw un sy'n mynegi barn – felly dysgwch y pethau yn y llyfr yma am farn (yn arbennig tudalennau 6-7) yn drylwyr iawn.

Peidiwch â phoeni os bydd rhaid ichi esgus bod gennych chi farn – y peth pwysig yw eich bod yn dweud rhywbeth call am y pwnc a'ch bod yn swnio fel pe baech chi â diddordeb ynddo.

Mae arholwyr yn teithio trwy amser – Scersli bilif …

Dyw hyn ddim yn annisgwyl – po fwyaf o eirfa a gramadeg sy gyda chi, gorau oll. A bydd defnyddio'r stwff am amserau a barn yn rhoi dechrau gwych ichi. Peidiwch â meddwl 'Does dim Sbaeneg ar y tudalen yma – wna i ddim o'i ddarllen e'. Os nad ydych chi'n gwybod y stwff yma fe gollwch chi farciau, a dyna'r gwir.

Sut i Ddefnyddio Geiriaduron

Dydych chi ddim yn cael defnyddio geiriadur yn yr arholiad bellach, dw i'n gwybod. Ond mae dysgu sut i ddefnyddio un yn dal i fod o werth – e.e. pan ydych chi'n gwneud gwaith dosbarth a gwaith cartref gellwch wirio'ch sillafu neu chwilio am eiriau newydd. Felly dyma ddau dudalen gwych am sut i gael y gorau o'ch geiriadur ...

RHYBUDD: Peidiwch â gorddefnyddio'ch geiriadur

1) Mae geiriaduron yn <u>ddefnyddiol iawn</u>, ond peidiwch â dibynnu arnyn nhw <u>yn lle dysgu</u> geirfa a gramadeg yn drylwyr – wedi'r cwbl, fydd dim un gyda chi yn yr arholiad.

2) <u>Ceisiwch</u> ateb y cwestiwn bob amser gan ddefnyddio <u>geiriau</u> rydych yn eu <u>gwybod yn gyntaf</u>. Os ydych chi wedi dysgu gair yn y gwersi rydych chi'n fwy tebyg o'i <u>ddefnyddio'n gywir</u>.

3) Wedyn <u>defnyddiwch</u> y geiriadur i wirio eich <u>sillafu</u> os nad ydych yn siŵr ohono, neu i chwilio am unrhyw <u>eiriau arbennig</u> nad ydych yn eu gwybod.

Gwnewch yn siŵr eich bod yn gwybod sut i edrych i weld a yw gair yn <u>wrywaidd</u> neu'n <u>fenywaidd</u>.

Gall y <u>Tablau Berfau</u> yn y cefn fod yn ddefnyddiol iawn – defnyddiwch nhw os oes rhaid ichi wirio <u>rhangymeriadau'r gorffennol</u> (gweler tudalen 92).

RHYBUDD: DYW GEIRIADUR DDIM YN CYMRYD LLE YMENNYDD

Cadwch at yr hyn rydych yn ei <u>wybod</u>

<u>Peidiwch</u> â cheisio defnyddio'r geiriadur i ddweud pethau <u>anhygoel o gymhleth</u>.

EDRYCHWCH AR Y CWESTIWN YMA:

¿Qué regalos recibiste para Navidad?

(Pa anrhegion gefaist ti i'r Nadolig?)

<u>Peidiwch</u> â rhuthro at y geiriadur i chwilio am anrheg <u>ryfedd, ecsotig</u> gawsoch chi mewn gwirionedd.

Beth am <u>esgus</u> eich bod wedi cael rhywbeth <u>hawdd</u> rydych <u>yn</u> ei wybod yn Sbaeneg – fel pêl-droed er enghraifft.

Peidiwch â chyfieithu air am air – dyw e ddim yn gweithio

Os trowch chi bob gair o'r frawddeg yma i'r Gymraeg, fe gewch chi <u>rwtsh</u>.

¿Qué tal? ✗ Beth y fath?

 NA!

Beth sy'n bod? ✗ ¿Qué es ser?

Mae'r <u>un peth</u> yn wir y ffordd arall rownd – trowch frawddeg Gymraeg i'r Sbaeneg air am air a fe gewch chi <u>rwtsh</u> – <u>peidiwch â'i wneud e</u>.

Geiriaduron – defnyddiol i gadw'r drws ar agor ...*

Peidiwch â meddwl ar ôl darllen hyn nad yw geiriaduron yn dda i ddim. Maen nhw'n wych. Ond gwnewch yn siŵr nad yw eich techneg ysgrifennu yn dibynnu ar chwilio am bob gair unigol ac wedyn eu rhoi nhw ar bapur yn yr un drefn. Achos bydd hynny'n rwtsh.

* Rhif 37 yn y rhestr o '100 ffordd wych o ddefnyddio'ch geiriadur'

Sut i Ddefnyddio Geiriaduron

Dysgwch y ffaith yma: os nad yw e'n gwneud synnwyr all e ddim bod yn gywir – nid Miss Marple na Poirot ydych chi.

Mae'n gallu bod yn ANODD dod o hyd i'r gair cywir yn Sbaeneg

Dyw geiriadur ddim o unrhyw ddefnydd o gwbl os nad ydych chi'n gwybod dim i ddechrau.
Gall gair Cymraeg olygu llawer o bethau a gall fod yna lawer o wahanol gyfieithiadau ohono –
mae'n rhaid bod rhyw syniad gyda chi beth sy'n gywir cyn eich bod yn dechrau chwilio.

Os nad yw e'n gwneud synnwyr, rydych chi wedi ei gael e'n anghywir

Mae gan rai geiriau nifer o ystyron – peidiwch â dewis yr un cyntaf welwch chi. Edrychwch ar y rhestr ystyron a dyfalwch pa un yw'r ystyr rydych chi'n chwilio amdano.

Os darllenwch chi hyn ...   *Me duele el ojo derecho.*

... gallech chi chwilio am 'derecho' a dod o hyd i hyn:

derecho, a
ansoddair union, syth, unionsyth,
de, llaw dde
// adferf yn syth // enw gwrywaidd:
cyfraith
tener derecho a hacer algo:
bod â'r hawl i wneud rhywbeth
derecho de paso: hawl tramwyo
// derechos: hawliau; trethi

Felly gallai'r frawddeg olygu:

Mae fy llygaid syth yn brifo. ✗

Mae fy llygad dde yn brifo. ✔

Mae fy llygad union yn brifo. ✗

Dyma'r unig un sy'n swnio'n synhwyrol.

Mae'n ddigon syml mewn gwirionedd:

Os nad yw e'n gwneud synnwyr – rydych chi wedi dewis y gair anghywir.

Mae berfau'n newid yn ôl y person

Pan ydych chi'n chwilio am ferf yn y geiriadur, fe welwch chi'r berfenw. Ond efallai y byddwch chi eisiau dweud 'dw i'n rhedeg' neu 'rydyn ni'n canu' – felly bydd yn rhaid ichi wybod sut i newid y terfyniad.

Er enghraifft, os ydych chi eisiau dweud 'dw i'n gweithio'.

1) Petaech chi'n chwilio am y gair 'gweithio' byddech chi'n gweld y gair 'trabajar'.
2) Ond 'trabajar' yw'r berfenw – ellwch chi ddim dweud 'yo trabajar'.
3) Rhaid ichi ddefnyddio ffurf 'fi' (yo) y ferf – '(yo) trabajo'.
4) Gwnewch yn siwr o amser y ferf hefyd – yn y gorffennol, gallai fod '(yo) trabajé'.

Mae'r adran ramadeg yn dangos ichi sut i gael y ffurf 'yo' o'r berfenw a sut i gael amserau'r ferf yn gywir.

Am wybodaeth am ferfau a'u terfyniadau, gweler yr adran ramadeg.

Os ydych chi'n chwilio am air Sbaeneg, chwiliwch am y berfenw (bydd yn gorffen gydag 'ar', 'er' neu 'ir'). Os ydych chi eisiau gwybod beth yw ysytyr 'limpiamos', fe welwch chi 'limpiar' (glanhau) yn y geiriadur. Felly mae'n rhaid bod 'limpiamos' yn golygu 'rydyn ni'n glanhau'.

... hefyd yn ddefnyddiol ar gyfer estyn pethau o silffoedd uchel ...*

Mae'n rhaid ichi fod 100% yn sicr eich bod wedi cael y gair cywir – os yw'r geiriadur yn rhoi mwy nag un ateb, defnyddiwch eich synnwyr cyffredin i ddyfalu pa un sy'n gywir. Peidiwch â dewis un heb feddwl.

Y Tywydd

Mae'n bosibl y byddan nhw'n gofyn cwestiwn ichi am y tywydd yn yr prawf llafar. Neu efallai y bydd yn rhaid ichi wrando ar ragolygon y tywydd yn eich prawf gwrando – neu efallai y byddwch chi'n trefnu picnic yn Sbaen ...

¿Qué tiempo hace? – Sut mae'r tywydd?

Y brawddegau byr yma yw'r rhai hanfodol – ac maen nhw'n hawdd.

Está lloviendo . = Mae hi'n bwrw glaw.

Wrth gwrs dyw hi ddim yn bwrw glaw drwy'r amser, felly dyma rai eraill y gallech chi eu defnyddio:

Hace frío . = Mae hi'n oer.

Mae hi'n bwrw eira: Está nevando
Mae'r awyr yn glir: Está despejado
Mae hi'n gymylog: Está nublado
Mae hi'n niwlog: Hay niebla
Mae hi'n stormus: Hay tormenta

twym / poeth: calor   braf: buen tiempo
gwyntog: viento   gwael: mal tiempo
heulog: sol

Gellwch chi ddefnyddio unrhyw un o'r rhain ar ôl 'Hace ...'

¿Qué tiempo hará mañana? – Sut bydd y tywydd yfory?

Mae hyn yn eitha hawdd ond mae'n creu argraff dda:

Mañana lloverá / va a llover . = Bydd hi'n bwrw glaw yfory.

Bydd hi'n wlyb yfory.

yr wythnos nesaf:
la semana próxima
ddydd Mawrth:
el martes

Bydd hi'n bwrw eira: nevará / va a nevar
Bydd hi'n bwrw glaw: lloverá / va a llover
Bydd taranau: habrán truenos
Bydd hi'n dwym / poeth: hará calor / va a hacer calor
Bydd hi'n oer: hará frío / va a hacer frío
Bydd hi'n wyntog: hará viento / va a hacer viento
Bydd hi'n gymylog: estará nublado / va a estar nublado

Gweler tudalennau 2-3 am fwy am amserau a dyddiadau, a thudalen 91 am amser dyfodol y ferf

Does dim rhaid ichi ddeall pob gair o ragolygon y tywydd

Reit, dyma ragolygon y tywydd go iawn – mae'n bryd ichi ddangos beth gellwch chi ei wneud. Fyddwch chi ddim yn gwybod y geiriau i gyd ond does dim rhaid. Edrychwch ar y geiriau rydych chi yn eu gwybod a cheisiwch ddeall prif sylwedd y testun.

Gweithiwch trwy hyn ac yna mynnwch weld a ellwch chi ddyfalu pa ran sy'n golygu beth. Chwiliwch am unryw eiriau nad ydych yn eu gwybod mewn geiriadur.

heddiw: hoy
yn y de: en el sur
yn y gogledd: en el norte

Ar ôl ichi ddyfalu cymaint ag y gellwch, edrychwch fan hyn i weld a gawsoch chi'r cwbl yn gywir.

El tiempo de hoy
Hoy hará calor en España. Mañana hará viento en el sur y estará nublado en el norte. Lloverá en la costa.

Rhagolygon y Tywydd ar gyfer Heddiw
Heddiw bydd hi'n gynnes yn Sbaen. Yfory bydd hi'n wyntog yn y de ac yn gymylog yn y gogledd. Bydd yn bwrw glaw ar yr arfordir.

Pethau anodd Pethau anodd Pethau anodd

Gwnewch hin braf arnoch chi'ch hun yn yr arholiad

Mae'r stwff yma am y tywydd a rhagolygon yn ymddangos bron bob amser yn yr arholiadau – felly mae'n rhaid ichi ei ddysgu. Y cwbl sy'n rhaid ichi ei wneud yw dysgu'r prif frawddegau ar y tudalen yma a'r pytiau geirfa – a byddwch chi'n gweithio yn swyddfa'r tywydd ymhen fawr o dro. Neu o leiaf cewch chi farc da yn eich arholiad TGAU.

Gwledydd

Rydych chi'n <u>estron</u> yn Sbaen felly bydd yn rhaid ichi fedru dweud o ba wlad rydych yn dod a beth yw eich <u>cenedl</u>. Bydd yn ddefnyddiol gwybod enwau gwledydd eraill hefyd achos gallen nhw ymddangos yn eich <u>Arholiadau</u>.

¿De dónde eres? – O ble rwyt ti'n dod?

<u>Ymadroddion defnyddiol iawn</u> – a mor hawdd eu dysgu. <u>Does dim esgus</u> am eu hanghofio nhw, oes e ... Os nad yw eich gwlad chi yn y rhestr hon, chwiliwch amdani yn y geiriadur.

Soy **de Gales** . Soy **galés/galesa** .

= Dw i'n dod o Gymru.
Dw i'n Gymro / Gymraes.

Cymru: (del país) de Gales
Gogledd Iwerddon: de Irlanda del Norte
Lloegr: de Inglaterra
Yr Alban: de Escocia

Cymro / Cymraes: galés/galesa
o Ogledd Iwerddon:
norirlandés/norirlandesa
Sais/ Saesnes: inglés/inglesa
Albanwr/Albanes: escocés/escocesa

NODYN PWYSIG:
Mae'n rhaid ichi ychwanegu '<u>a</u>' at y diwedd a hepgor yr acen ar gyfer <u>menywod a merched</u>. (Gweler tudalen 76).
Soy inglesa.

¿Dónde vives?   = Ble rwyt ti'n byw?

Vivo en **el pais de Gales** .   = Dw i'n byw yng Nghymru.

Dysgwch y <u>gwledydd tramor</u> hyn

Mae enwau <u>gwledydd</u> bob amser yn ddefnyddiol – wrth siarad am wyliau, cynlluniau at y dyfodol, newyddion, pêl-droed ... deall?

Ffrainc: Francia (ben.)
Yr Almaen: Alemania (ben.)
Yr Eidal: Italia (ben.)
Sbaen: España (ben.)
Awstria: Austria (ben.)
Yr Iseldiroedd: Holanda (ben.)
America: América (ben.)
UDA: los Estados Unidos (gwr.)

Ffrancwr/Ffrances: francés/francesa
Almaenwr/Almaenes: alemán/alemana
Eidalwr/Eidales: italiano/a
Sbaenwr/Sbaenes: español/a
Awstriad: austríaco/a
Iseldirwr/aig: holandés/holandesa
Americanwr/Americanes: americano/a
o Ogledd America: norteamericano/a

PWYSIG: <u>Peidiwch</u> â defnyddio llythyren fawr ar gyfer galés, inglés, francés ayb.

Er mwyn ennill <u>marciau</u> ychwanegol, dysgwch y llefydd hyn hefyd:

Gwlad Belg: Bélgica (ben.)
Denmarc: Dinamarca (ben.)
Norwy: Noruega (ben.)
Y Swistir: Suiza (ben.)
Prydain Fawr:
Gran Bretaña (ben.)

Y Deyrnas Unedig:
el Reino Unido
Sweden: Suecia (ben.)
Rwsia: Rusia (ben.)
Ewrop: Europa (ben.)
Affrica: África (ben.)

DinaMARCa ychwanegol ...?

Mae'n syniad da dysgu <u>gwledydd</u> a <u>chenedloedd</u> yn Sbaeneg hyd yn oed os ydych chi'n drewi mewn daearyddiaeth. Chwiliwch am <u>atlas</u> i weld <u>faint</u> o'r gwledydd rydych chi'n eu gwybod yn Sbaeneg. Gyda'r rhai lle mae'r gair Sbaeneg <u>ychydig bach</u> fel y Saesneg neu'r Gymraeg, gwnewch yn siŵr o'r <u>sillafu</u> – fel '<u>Holanda</u>'.

Geirfa Gwestai a Hostelau

Mae <u>gwyliau</u> yn <u>ffefryn</u> arall yn yr <u>arholiadau</u>. Mae'r tudalen yma yn cynnwys yr holl eiriau y bydd eu hangen arnoch am <u>westai</u>, <u>hostelau</u> a <u>gwersylla</u>. Mae'r arholiadau TGAU yn llawn o'r math yma o bethau, felly gwell ichi fynd ati i'w <u>dysgu</u>.

Las vacaciones – Gwyliau

Mae bwcio'r math cywir o <u>ystafell</u> yn y math cywir o westy yn bwysig iawn i'r
Arholwyr – gwell ichi <u>ddysgu sut i'w wneud e</u> ...

Geirfa <u>gyffredinol</u>

gwyliau: las vacaciones
tramor: el extranjero
person: la persona
nos: la noche

Berfau sy'n cael eu defnyddio mewn gwestai.

bwcio/cadw: reservar
aros: alojarse/quedarse
costio: costar
gadael: irse

Pethau y byddech chi efallai eisiau <u>gofyn</u> amdanyn nhw:

ystafell: la habitación
ystafell ddwbl: la habitación doble
ystafell sengl: la habitación individual

Pa <u>fath</u> o lety (am fwy am brydau bwyd, gweler tudalennau 50-52).

llety, cinio a swper: la pensión completa
llety, brecwast a swper: la media pensión

gwesty: el hotel

lle gwely a brecwast: la pensión

gwersyll: el camping

hostel ieuenctid: el albergue juvenil

Rhagor o eirfa gwyliau i'w <u>dysgu</u>

Efallai y bydd yn rhaid ichi holi ynglŷn â'ch <u>ystafell</u>, ble <u>mae pethau</u> yn y gwesty ... o, a <u>thalu'r bil</u>.

Rhannau <u>gwesty</u>.

tŷ bwyta: el restaurante
ystafell fwyta: el comedor
lifft: el ascensor
grisiau: la escalera
maes parcio: el aparcamiento
lolfa: el salón

Pethau am eich <u>ystafell</u>.

allwedd: la llave
balconi: el balcón
bath: el baño
cawod: la ducha
basn ymolchi: el lavabo

el comedor

Talu.

bil: la cuenta
pris: el precio

Geiriau ychwanegol am <u>wersylla</u>.

pabell: la tienda
sach gysgu: el saco de dormir
gwersylla: acampar
safle: la plaza, el terreno
dŵr yfed: el agua potable

Pensión? - Dim ond 16 oed ydw i ...

Iawn, dw i'n cyfaddef mai dim ond llwyth o eirfa sy fan hyn. Os ydych chi wir eisiau dysgu sut i ddefnyddio a deall y geiriau hyn mae'n rhaid ichi ysgrifennu o leiaf un frawddeg am bob un. Ewch ati ...

Bwcio Ystafell / Safle

Dysgwch y tudalen hwn os nad ydych chi eisiau'ch cael eich hunan yn rhannu ystafell yn Sbaen gyda dau feiciwr chwyslyd o Sweden – neu efallai bod hynny'n apelio atoch chi. O, ac mae holi ynglŷn ag ystafelloedd yn ymddangos yn aml yn yr arholiadau hefyd.

¿Tiene habitaciones libres? – Oes ystafelloedd gwag gyda chi?

Quisiera una habitación **individual** . = Hoffwn i ystafell sengl.

Os ydych chi eisiau siarad am wahanol fathau o fwcio, defnyddiwch yr eirfa rydych chi newydd ei dysgu ar dudalen 14.

ystafell ddwbl: doble

Gallech chi fanylu ychydig bach mwy a defnyddio'r rhain:

ystafell gyda bath: habitación con baño
ystafell gyda balconi: habitación con balcón

Quisiera quedarme aquí **dos noches** . = Hoffwn i aros yma am ddwy noson.

Rhowch nifer y nosweithiau rydych chi eisiau fan hyn. Gweler tudalen 1 am fwy o rifau.

NODYN PWYSIG:
Os ydych chi'n aros un noson, defnyddiwch una noche.

¿Cuánto es por noche para **una persona** ? = Faint mae'n gostio am noson i un person?

Os oes mwy nag un person, defnyddiwch dos personas, tres personas ayb.

La tomo. = Cymera i e   **No la tomo.** = Wna i ddim o'i gymryd e.

¿Se puede acampar aquí? – Alla i wersylla fan hyn?

Hyd yn oed os nad ydych chi'n dwlu ar weithgareddau awyr agored bydd yr ymadroddion hyn yn ddefnyddiol yn eich arholiadau.

Quisiera **una plaza** para **una noche** . = Hoffwn i un safle am un noson.

Rhowch fan hyn am faint rydych chi eisiau aros.

Efallai y byddwch chi eisiau'r ymadroddion hyn hefyd:

Oes dŵr yfed yma?: ¿Hay agua potable aquí?
Alla i gynnau tân fan hyn?: ¿Puedo hacer un fuego aquí?
Ble galla i ddod o hyd i ... ? ¿Dónde hay…?

safle (ar gyfer pabell): la plaza

pabell: la tienda

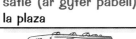

carafan: la caravana   sach gysgu: el saco de dormir

Efallai y bydd yn rhaid ichi fwcio ymlaen llaw. Gweler tudalen 67 am wybodaeth ar sut i ysgrifennu llythyr ffurfiol.

Safle ar gyfer carafan? Na, car a fan ...

Hyd yn oed os na fyddwch chi byth yn mynd i Sbaen ar eich gwyliau, dysgwch y tudalen yma. Gwnewch yn siŵr eich bod yn gwybod y brawddegau enghreifftiol i gyd ac ymarferwch wahanol bosibiliadau gan ddefnyddio'r eirfa ychwanegol.

Ble / Pryd mae ...

Yn yr <u>Arholiad</u> fyddan nhw ddim yn gofyn ichi <u>fwcio ystafell</u> yn unig – gallan nhw ofyn ichi wneud <u>llawer mwy</u>. Dyma sut mae <u>gofyn</u> i bobl <u>ble mae pethau</u> a sut i <u>gael bwyd</u>. Pwysig iawn.

Gofyn ble mae pethau – defnyddiwch '¿Dónde está ...?'

Mae'n bwysig iawn gwybod sut mae gofyn <u>ble</u> mae pethau – <u>dysgwch</u> y rhain.

¿Dónde está **el comedor**, por favor? = Ble mae'r ystafell fwyta, os gwelwch yn dda?

maes parcio: el aparcamiento
ystafell chwaraeon: la sala de juegos
ffôn: el teléfono

Gweler <u>tudalen 14</u> am fwy o bethau y gallai fod rhaid ichi eu gofyn.

Ble mae'r toiledau?: ¿Dónde están los servicios?

Está en el **tercer piso**. = Mae ar y trydydd llawr.

pedwerydd llawr: cuarto piso
ail lawr: segundo piso
llawr cyntaf: primer piso
llawr gwaelod: la planta baja

I gyfeirio at loriau uwch gweler <u>tudalen 1</u>.

Dyma eiriau eraill y gallai fod eu hangen arnoch chi wrth ddisgrifio ble mae rhywbeth.

y tu allan: fuera
ar y chwith / dde: a la izquierda/derecha
yn syth ymlaen: todo recto / derecho
i fyny'r grisiau: arriba
i lawr y grisiau: abajo
ar ben y coridor: al final del pasillo

Es un "stick-up."
¿Dónde está el arian?

¿Cuándo es ... ? – Pryd mae ...

Llond sach o gwestiynau – rydych chi eisoes wedi gweld 'pryd' ar <u>dudalen 5</u>. Dyma <u>un achlysur</u> lle byddwch chi'n ei ddefnyddio.

¿Cuándo se sirve **el desayuno**, por favor? = Pryd mae brecwast yn cael ei weini, os gwelwch yn dda?

cinio: el almuerzo / la comida
swper: la cena

Am fwy o amserau, gweler tudalen 2.

Se sirve a **las ocho**. = Mae'n cael ei weini am wyth o'r gloch.

Ydy – mae izquierda yn air go iawn ...

Y ffordd orau o wneud yn siŵr eich bod yn <u>gwybod hyn</u> i gyd yw <u>gorchuddio'r</u> tudalen a cheisio <u>ysgrifennu</u>'r geiriau. Pan fyddwch chi'n gallu ysgrifennu'r geiriau'n iawn yn unigol, <u>ewch ati</u> i'w defnyddio nhw mewn brawddegau <u>llawn</u>. Mae'r pethau am lawr cyntaf, ail lawr, ayb, yn <u>ddefnyddiol</u> iawn ar gyfer unrhyw adeiladau uchel ...

Gofyn am Wybodaeth

Yn y prawf llafar mae'n bosibl y byddan nhw am ichi esgus eich bod mewn swyddfa dwristiaeth yn gofyn am bamffledi am wibdeithiau. Neu efallai y bydd yn rhaid ichi ysgrifennu llythyr at swyddfa dwristiaeth yn yr Arholiad Ysgrifennu.

La oficina de turismo – Y swyddfa dwristiaeth

Dyma sut i ddarganfod beth sy gan dref i'w gynnig.

¿Puede darme información sobre *el parque zoológico* **, por favor?**

= Ellwch chi roi gwybodaeth i fi am y sŵ, os gwelwch yn dda?

atyniadau Madrid: los monumentos de Madrid
yr amgueddfa: el museo

swyddfa dwristiaeth la oficina de turismo

Am ragor o bethau y gallech chi eu gofyn, gweler tudalennau 21 a 36.

¿Cuándo *abre* *el museo* **?**

= Pryd mae'r amgueddfa'n agor?

Cau: cierra

yr arddangosfa: la exposición
yr oriel: la galería

Gweler tudalen 22 am fwy ynglŷn â gofyn am gyfeiriadau.

Arddangosfa Diemyntau Heddiw

Holwch am las excursiones – byddwch chi'n swnio'n glyfar iawn

¿Tiene unos folletos sobre *excursiones por Sevilla* **?**

= Oes gyda chi bamffledi am wibdeithiau yn Sevilla?

Amgueddfeydd yn Toledo: los museos de Toledo

Mae'r lle rydych chi eisiau holi amdano yn mynd fan hyn.

¿Qué clase de excursión quiere hacer?

= Pa fath o wibdaith rydych chi eisiau mynd arni?

Quisiera *visitar Aranjuez* **.**

= Hoffwn i ymweld ag Aranjuez.

mynd i amgueddfa: visitar un museo
gweld y castell: ver el castillo

¿Cuánto es? = Faint yw e?

Son treinta euros por persona. = Mae'n costio 30 ewro y person.

Este autocar va a Aranjuez. El autocar sale *del ayuntamiento* *a la una* *y media* **.**

= Mae'r bws yma yn mynd i Aranjuez. Mae'r bws yn gadael o neuadd y dref am hanner awr wedi un.

o'r eglwys: de la iglesia
o'r farchnad: del mercado

y trên: el tren

2 o'r gloch: a las dos
3.15: a las tres y cuarto

pethau anodd

'Ga i bamffled am draethau yn ardal Llandrindod?'

Mae arholwyr wrth eu bodd â chwestiynau fel 'mae'n rhaid ichi esgus eich bod ar eich gwyliau yn Sbaen' – dyna ble mae'r stwff yma yn profi ei werth. A'r tro nesaf yr ewch chi ar eich gwyliau i Sbaen trwy gamgymeriad a chithau ddim yn gwybod ble rydych chi ....

Siarad Am Eich Gwyliau

Mae pawb yn mwynhau diflasu pobl eraill trwy <u>siarad</u> am eu <u>gwyliau</u>. Ie, chithau hefyd ... Erbyn ichi orffen y tudalen yma byddwch chi'n gallu diflasu pobl yn <u>Sbaeneg</u> ... a chael <u>marciau</u> da.

¿Adónde fuiste? – Ble est ti?

Fui **a los Estados Unidos** **hace dos semanas** .

= Es i i UDA bythefnos yn ôl.

Dyma <u>ble</u> aethoch chi ...

a dyma <u>pryd</u> aethoch chi.

Sbaen: a España
Ffrainc: a Francia
Iwerddon: a Irlanda

wythnos yn ôl: hace una semana
fis yn ôl: hace un mes
ym mis Gorffennaf: en julio
yn yr haf: en el verano

• Dyddiadau ac amserau eraill: tudalennau 2-3
Pwyntiau'r cwmpawd: tudalen 23.
Rhestr hwy o wledydd: tudalen 13.

¿Con quién fuiste de vacaciones?

<u>Atebwch</u> y cwestiwn yma neu bydd pob math o straeon yn codi.

– Gyda phwy est ti ar dy wyliau?

Fui de vacaciones con **mi familia** **por** **un mes** .

fy mrawd: mi hermano
fy ffrindiau: mis amigos/as

pythefnos: quince días
pythefnos: dos semanas
mis: un mes

= Es i ar fy ngwyliau gyda fy nheulu am fis.

Am ffrindiau a theulu – gweler tudalen 55.

Am amserau gorffennol y ferf, gweler tudalennau 92 i 95.

¿Qué hiciste? – Beth wnest ti?

Mae angen ichi fedru dweud beth <u>wnaethoch</u> chi ar eich gwyliau – <u>dysgwch</u> e'n dda.

Fui **a la playa** .

= Es i i'r traeth.

i'r disgo: a la discoteca
i amgueddfa: a un museo

Am lefydd eraill, gweler tudalen 21.

Me relajé.

= Ymlaciais i.

mwynheuais i: Lo pasé muy bien
chwaraeais dennis: Jugué al tenis

Am chwaraeon a gweithgareddau eraill, gweler tudalen 36.

Mae hon yn ferf atblygol – gweler tudalen 96.

Dyma ymadrodd bach da – dywedwch 'lo pasé bomba' (Cefais i amser gwych).

¿Cómo fuiste allí? – Sut est ti yno?

Cofiwch y gair '<u>allí</u>' sy'n golygu 'yno' neu 'yna'. Mae'n ddefnyddiol iawn (gweler tudalen 78 am fwy ar hyn).

Fuimos allí **en coche** .

= Aethon ni yno yn y car.

Am 'Es i', 'aeth hi' ayb, gweler tudalen 94.

awyren: en avión
cwch / bad: en barco   beic: en bici (bicicleta)

Am ragor o fathau o drafnidiaeth gweler tudalennau 24-25.

Dywedwch, Mr Branson – sut aeth eich taith yn y balŵn? ....

Mae angen ichi <u>ddeall</u> pobl eraill yn siarad am eu gwyliau a <u>siarad</u> am eich gwyliau eich hunan. <u>Gorchuddiwch y tudalen</u>, <u>ysgrifennwch</u>, <u>edrychwch yn ôl</u> ayb. Cadwch ati nes eich bod wedi <u>dysgu popeth</u> ar y tudalen.

Siarad Rhagor Am Eich Gwyliau

Manylion – mae Arholwyr yn dwlu arnyn nhw. Felly ymlaen â chi a dysgwch y stwff yma hefyd ...

¿Qué tiempo hacía? – Sut oedd y tywydd?

Fyddai dim disgrifiad o'ch gwyliau yn gyflawn heb fanylu ar y tywydd.

Hacía sol y *hacía calor*. = Roedd hi'n heulog ac roedd hi'n dwym.

roedd hi'n bwrw glaw: Llovía
roedd hi'n bwrw eira: Nevaba

roedd hi'n oer: hacía frío
roedd hi'n wyntog: hacía viento

Gweler tudalen 12 am ragor o ffyrdd o siarad am y tywydd.

¿Cómo fue el viaje? – Sut oedd y daith?

Ellwch chi byth fod â gormod i'w ddweud cyn belled ag y mae TGAU Sbaeneg yn y cwestiwn.

¿Cómo fueron tus vacaciones? = Sut oedd dy wyliau?

Newyddion da i rywun fel fi sy'n methu cau ei geg.

Me gustaron. = Mwynheuais i nhw.

Así así. = Gweddol.

No me gustaron. = Fwynheuais i mohonyn nhw.

¿Adónde irás? – Ble byddi di'n mynd?

Mae'n rhaid ichi fod yn gallu siarad am y dyfodol – pethau y byddwch chi'n eu gwneud ...

Am fwy am yr amser dyfodol, gweler yr adran ramadeg – tudalen 91.

pethau anodd

Ble byddi di'n mynd?
¿Adónde irás?

Dw i'n mynd i fynd i America mewn pythefnos.
Voy a ir a América dentro de dos semanas.

Sut byddi di'n mynd yno?
¿Cómo irás?

Dw i'n mynd i fynd yn y car.
Voy a ir en coche.

Beth fyddi di'n ei wneud?
¿Qué harás?

Dw i'n mynd i fynd i'r traeth.
Voy a ir a la playa.

Gyda phwy byddi di'n mynd ar wyliau?
¿Con quién irás de vacaciones?

Dw i'n mynd i fynd ar fy ngwyliau am fis gyda fy nheulu.
Voy a ir de vacaciones con mi familia por un mes.

Gwyliau ecsotig – a'r cwbl maen nhw'n siarad amdano yw'r tywydd ...

Mwy o fanylion = mwy o farciau. Hawdd. Gellwch chi ddychmygu gwyliau na chawsoch chi wrth gwrs, neu ddychmygu pethau wnaethoch chi, cyhyd â'ch bod chi'n gwybod y geiriau Sbaeneg amdanyn nhw. Gwenwch – gallai pethau fod yn waeth. Allen nhw?

Crynodeb Adolygu

Mae'r cwestiynau hyn yma i sicrhau eich bod chi'n gwybod eich stwff. Gweithiwch trwyddyn nhw i gyd a gwiriwch y rhai nad oeddech chi'n gallu eu gwneud. Edrychwch yn ôl trwy'r adran i chwilio am yr atebion, a rhowch gynnig arall ar y rhai roeddech chi'n methu eu gwneud. Wedyn chwiliwch am yr atebion i unrhyw rai rydych chi'n dal yn methu eu gwneud. Cariwch ymlaen nes eich bod yn gallu eu gwneud nhw i gyd – fel eich bod chi'n gwybod eich bod chi wedi dysgu'n drwyadl.

1) Mae eich ffrind o Sbaen, Juan Antonio eisiau gwybod sut mae'r tywydd lle rydych chi. Dywedwch ei bod yn gymylog ac yn bwrw glaw ac yn oer.

2) Rydych chi newydd wrando ar ragolygon y tywydd. Dywedwch y bydd hi'n dwym yfory ac y bydd yr haul yn tywynnu.

3) Ysgrifennwch bedair gwlad y DU a phum gwlad arall, yn Sbaeneg.

4) Sut byddech chi'n dweud eich bod chi'n dod o bob un o'r gwledydd hyn?

5) Ysgrifennwch y genedl sy'n mynd gyda phob un o'r llefydd – e.e. 'Almaenwr'/'Almaenes', 'Cymro'/'Cymraes' neu beth bynnag (ond yn Sbaeneg).

6) Beth yw'r rhain yn Sbaeneg? a) gwesty b) hostel ieuenctid c) gwersyll ch) lle gwely a brecwast

7) Sut rydych chi'n dweud y rhain yn Sbaeneg? a) allwedd b) sach gysgu c) bil ch) grisiau d) pabell

8) Rydych chi'n cyrraedd gwesty yn Sbaen. Gofynnwch iddyn nhw a oes ystafelloedd gwag gyda nhw.

9) Dywedwch eich bod chi eisiau un ystafell ddwbl a dwy sengl. Dywedwch eich bod chi eisiau aros bum noson. Dywedwch eich bod chi'n cymryd yr ystafelloedd.

10) Sut rydych chi'n gofyn lle mae'r tŷ bwyta, yn Sbaeneg?

11) Maen nhw'n dweud wrthoch chi: 'Gire a la izquierda y siga todo recto. Está al final del pasillo.' Beth mae hynny'n ei olygu?

12) Gofynnwch pryd mae brecwast yn cael ei weini, ar lafar ac yn Sbaeneg.

13) Rydych chi'n cyrraedd gwersyll. Gofynnwch a oes safleodd ar ôl. Gofynnwch a oes dŵr yfed.

14) Rydych chi'n cyrraedd Granada gyda'ch teulu ac yn mynd i'r swyddfa dwristiaeth. Sut rydych chi'n gofyn am wybodaeth am yr atyniadau?

15) Mae gwibdaith i amgueddfa gerllaw. Gofynnwch am bamffled am y wibdaith. Gofynnwch faint o'r gloch mae'r bws yn gadael o neuadd y dref.

16) Rydych chi newydd fod ar eich gwyliau yn yr Eidal. Aethoch chi am bythefnos gyda'ch chwaer. Aethoch chi yno mewn awyren. Ymlacioch chi a mwynhau. Dywedwch hynny i gyd yn Sbaeneg.

17) Aeth Teresa ar ei gwyliau ddau fis yn ôl ac aeth Javier flwyddyn yn ôl. Sut bydden nhw'n dweud hynny wrthoch chi yn Sbaeneg?

18) Sut byddech chi'n gofyn i rywun sut oedd eu gwyliau?
Sut bydden nhw'n ateb os oedden nhw wedi'u mwynhau nhw?

19) Meddyliwch am rywle yr hoffech chi fynd iddo'r flwyddyn nesaf.
Dywedwch eich bod chi'n mynd i fynd yno a sut byddwch chi'n teithio, e.e. mewn awyren, mewn car.

Enwau Adeiladau

Os ydych chi'n mynd i siarad am eich tref, mae angen ichi wybod enwau'r adeiladau. Ydy, mae braidd yn ddiflas, ond mae'n <u>rhaid</u> ichi eu dysgu nhw.

Dysgwch yr <u>edificios</u> yma i gyd – adeiladau

Dyma'r adeiladau hollol sylfaenol, <u>mae'n-rhaid-eu-dysgu-nhw</u>. (<u>Adeilad</u> = <u>el edificio</u>.) Peidiwch â mynd gam ymhellach nes eich bod yn eu gwybod nhw <u>i gyd</u>.

y banc: el banco

siop y cigydd: la carnicería

yr eglwys: la iglesia

y theatr: el teatro

gorsaf y rheilffordd: la estación (de ferrocarril)

swyddfa'r post: Correos (gwrywaidd)

y siop fara: la panadería

y sinema: el cine

yr archfarchnad: el supermercado

y farchnad: el mercado

y castell: el castillo

y llyfrgell: la biblioteca

<u>Otros edificios</u> – Adeiladau Eraill

Waeth i fi ddweud y gwir. Mae <u>llwythi</u> o adeiladau y dylech chi fod yn eu gwybod. Fel y rhain:

y siop: la tienda
y fferyllfa: la farmacia
y siop gacennau: la pastelería
y siop bapurau newydd / y siop losin: el kiosco / el quiosco
y siop amladran: los grandes almacenes
siop dybaco: el estanco
(lle gellwch chi brynu stampiau)

RHAGOR O SIOPAU:

Gweler tudalen 44 am fwy o siopau.

y gwesty: el hotel
yr hostel ieuenctid: el albergue juvenil
y tŷ bwyta: el restaurante
y swyddfa dwristiaeth: la oficina de turismo
yr amgueddfa: el museo
y sŵ: el zoo

PETHAU TWRISTAIDD

LLEFYDD PWYSIG ERAILL

neuadd y dref: el ayuntamiento
yr eglwys gadeiriol: la catedral
y parc: el parque
y maes awyr: el aeropuerto
y brifysgol: la universidad
y pwll nofio: la piscina
y cae chwarae: el campo deportivo
y cylch teirw: la plaza de toros
y ganolfan hamdden: el polideportivo
y stadiwm: el estadio
yr ysgol: el instituto, el colegio, la escuela
yr ysbyty: el hospital

Edi Ficio – Adeiladwr o Sbaen efallai ...

Mae dysgu geirfa'n hwyl, on'd yw hi, on'd ydych chi'n cytuno ... iawn, mae'n ddiflas ar y diawl! Y ffordd orau o'i dysgu yw <u>troi</u>'r tudalen drosodd a cheisio ysgrifennu'r geiriau i gyd. Ar ôl ichi eu dysgu nhw <u>i gyd</u>, dechreuwch ysgrifennu <u>brawddegau</u> clyfar yn eu cynnwys nhw. Dim <u>maeth</u> heb waith ...

Gofyn am Gyfarwyddiadau

Rydych chi'n mynd i gael o leiaf <u>un</u> cwestiwn am ofyn y <u>ffordd</u> i rywle. Dim byd rhy gymhleth – ond waeth ichi ei ddysgu nawr.

¿Dónde está ...? Ble mae....?

Mae'n hawdd iawn gofyn <u>ble</u> mae lle – dywedwch '¿Dónde está..?' a rhowch y <u>lle</u> ar y diwedd.

¿Dónde está la estación , por favor?

= Ble mae'r orsaf, os gwelwch yn dda?

Gweler tudalen 21 am fwy o adeiladau.

¿Hay una biblioteca por aquí?

= Oes llyfrgell yn y cyffiniau?

¿Está lejos de aquí? – Ydy e'n bell o fan hyn?

Os yw'r lle rydych yn chwilio amdano filltiroedd i ffwrdd dydych chi ddim eisiau dechrau cerdded yno.

¿ Está el cine lejos de aquí?

= Ydy'r sinema yn bell o fan hyn?

y swyddfa dwristiaeth: la oficina de turismo
y parc: el parque
yr amgueddfa: el museo

Está a dos kilómetros .

= Mae e ddau gilometr i ffwrdd.

can metr: a cien metros
agos: cerca   *pell:* lejos

Defnyddiwch 'para ir a ...' i ofyn y ffordd

Efallai y bydd yn rhaid ichi ofyn y ffordd mewn un o'r ymarferion bach <u>chwarae rôl</u> sy'n cael eu cynnwys yn y prawf <u>llafar</u>.

¿Por favor, señor , para ir al banco ?

= Esgusodwch fi, sut mae mynd i'r banc, os gwelwch yn dda?

(wrth siarad â menyw): señora

Pwt bach Pwysig:
Rhowch unrhyw le fan hyn, gan ddefnyddio 'al' ar gyfer geiriau 'el' a 'a la ' ar gyfer geiriau 'la'. Gweler tudalen 76.

i'r orsaf: a la estación
i'r llyfrgell: a la biblioteca
i'r castell: al castillo

Felly, dywedwch wrtho i eto, sut mae cyrraedd y llyfrgell?

Bydd angen yr <u>holl</u> eirfa yma arnoch chi i <u>ddeall</u> y cyfarwyddiadau.

ewch yn syth ymlaen: siga todo recto / derecho
ewch i'r dde: gire a la derecha
ewch i'r chwith: gire a la izquierda
ar y gornel: en la esquina
ychydig rownd y gornel: justo a la vuelta de la esquina

i'r dde wrth y goleuadau: gire a la derecha en el cruce de los semáforos
yn syth ymlaen, heibio i'r eglwys: todo recto, pasando la iglesia
Cymerwch y stryd gyntaf ar y chwith: tome / coja la primera a la izquierda

Edrychwch ar dudalen 1 am fwy o stwff ar 1^{af}, ail ayb.

Pwy yw'r Dón de Está 'ma te...?

Gorchuddiwch y tudalen, ysgrifennwch y geiriau, edrychwch i weld beth rydych wedi ei gael yn anghywir a rhowch dro arall arni. Dyna'r ffordd i ddysgu'r stwff yma. Cadwch ati nes eich bod chi'n ei wybod e <u>i gyd</u> – wedyn byddwch chi'n barod am yr arholiad. Dyw darllen y tudalen yma yn unig <u>ddim yn agos</u> at fod yn ddigon – fyddech chi ddim yn ei gofio yfory, heb sôn am erbyn yr arholiad.

pethau anodd (left and right margins, repeated)

Beth Rydych yn ei Feddwl o Ble Rydych yn Byw

Barn, barn, barn – dyna'r unig beth o ddiddordeb i'r arholwyr.
Maen nhw eisiau gwybod nid yn unig ble rydych chi'n byw ond sut le yw e hefyd.

¿Dónde vives? – Ble rwyt ti'n byw?

Gweler tudalen 13 am ragor o wledydd.

Vivo en Bangor. = Dw i'n byw ym Mangor.

Bangor está en el noroeste de Gales. = Mae Bangor yng ngogledd-orllewin Cymru.

gogledd: el norte   de: el sur   de-ddwyrain: el sureste
dwyrain: el este   gorllewin: el oeste   yng ngogledd yr Alban: en el norte de Escocia

Mae'n rhaid ichi siarad am fywyd 'en tu ciudad' – 'yn dy dref'

Dyma gwestiwn arall sy'n codi'n aml – ymarferwch eich atebion cyn yr Arholiad.

¿Qué hay en tu ciudad? = Beth sydd yn dy dref?

Hay un mercado. = Mae marchnad.

Gweler tudalen 21 am ragor o adeiladau a llefydd.

¿Te gusta vivir en Bangor? = Wyt ti'n hoffi byw ym Mangor?

Me gusta vivir en Bangor. = Dw i'n hoffi byw ym Mangor.

Dw i ddim yn hoffi: No me gusta

¿Cómo es Bangor? – Sut le yw Bangor?

Os ydych chi eisiau marc gwirioneddol dda, gwnewch yn siŵr eich bod yn barod i roi rhagor o fanylion.

Os ydych yn byw mewn pentref neu dref fach, sef 'el pueblo', bydd unrhyw ansoddeiriau rydych yn eu defnyddio gydag e un gorffen gydag 'o' nid 'a'.

La ciudad es muy interesante. = Mae'r dref yn ddiddorol iawn.

diflas: aburrida
gwych: estupenda
brwnt: sucia
glân: limpia
tawel: tranquila

Hay mucho que hacer. = Mae llawer i'w wneud.

Gweler tudalennau 6-7 am fwy am fynegi barn.

does dim llawer: no hay mucho
mae rhywbeth bob amser: siempre hay algo

does dim byd i'w wneud: No hay nada que hacer

Rhowch nhw i gyd at ei gilydd i wneud brawddegau hirach – cewch farciau ychwanegol os ydyn nhw'n gywir.

Me gusta vivir en Bangor, porque siempre hay algo que hacer. = Dw i'n hoffi byw ym Mangor achos mae rhywbeth i'w wneud bob amser.

No me gusta vivir en Bangor, porque no hay nada que hacer. = Dw i ddim yn hoffi byw ym Mangor achos does dim byd i'w wneud.

pethau anodd

Bangor – Nefoedd ar y ddaear ...*

Os ydych chi'n dod o le gwirioneddol ddiflas heb ddim byd o'i blaid o gwbl, gellwch chi ddyfeisio pethau (o fewn rheswm) – ond mae'n bur debyg y bydd rhywbeth i'w ddweud am le agos atoch chi. Dechreuwch gan ddweud ble mae e a cheisiwch ddweud cymaint â phosibl amdano heb edrych ar y tudalen.

* Ni chafwyd unrhyw nawdd gan Fwrdd Twristiaeth Bangor wrth baratoi'r tudalen hwn.

Dal y Trên

Trenau, awyrennau a cheir – wel, dim ond <u>trenau</u> am y tro. Mae geirfa trafnidiaeth yn anhepgor ar gyfer gwaith siarad. Dysgwch sut i <u>siarad am drenau</u> – nid fel parot ond fel eich bod chi'n gallu <u>defnyddio</u>'r eirfa yn iawn.

Quisiera tomar el tren – Hoffwn i ddal y trên

Dyma sut mae prynu <u>tocyn</u>.

¿Hay un tren **para Madrid** ?   = Oes trên i Madrid?

Benidorm

i Toledo: para Toledo
i Malaga: para Málaga

Un **billete sencillo** para Madrid, **de primera clase** .   = Un tocyn unffordd i Madrid, dosbarth cyntaf.

dau: dos
tri: tres

unffordd: billete(s) sencillo(s) / billete(s) de ida
dwyffordd: billete(s) de ida y vuelta

dosbarth cyntaf: de primera clase
ail ddosbarth: de segunda clase

Un billete de ida y vuelta para Madrid, por favor.   = Un tocyn dwyffordd i Madrid, os gwelwch yn dda.

¿Cuándo va a viajar? – Pryd rydych chi'n mynd i deithio?

Mae hyn yn fwy <u>cymhleth</u> ond mae'n <u>bwysig</u>. Ewch chi ddim <u>ymhell</u> (yn Sbaen na'r arholiad) hebddo.

Quisiera ir a Santander **el sábado** .   = Hoffwn i fynd i Santander ddydd Sadwrn.

Heddiw: hoy   *dydd Llun nesaf:* el lunes próximo   *ar y degfed o Fehefin:* el diez de junio

¿Cuándo sale el tren para Santander?   = Pryd mae'r trên yn gadael am Santander?

¿Cuándo llega el tren a Santander?   = Pryd mae'r trên yn cyrraedd Santander?

¿De qué andén sale el tren?   = O ba blatfform mae'r trên yn gadael?

Rhagor o <u>eirfa</u> .... ydy, mae'n <u>ddiflas</u> ond mae hefyd yn <u>hollbwysig</u> eich bod yn gwybod <u>cymaint</u> ag y <u>gellwch chi</u>.

gadael: salir	*cyrraedd:* llegar	*newid (trên):* hacer transbordo, cambiar
ymadawiad: la salida	*cyrhaeddiad:* la llegada	*platfform / trac:* el andén / la vía
yr ystafell aros: la sala de espera	*tocyn:* el billete	*swyddfa docynnau:* la taquilla
amserlen: el horario	*mynd ar:* subir a	*mynd i lawr:* bajar de
rheilffyrdd Sbaen: RENFE	*cerbyd ysmygu;* fumadores	*dim ysmygu:* no fumadores
y rheilffordd: el ferrocarril	*oedi:* retraso (gwrywaidd)	*swyddfa cadw bagiau:* la consigna

Byddwn i'n dal y trên – ond mae ychydig bach yn rhy drwm ...*

Gwell ichi wneud yn siŵr eich bod chi'n gallu ateb <u>pob</u> cwestiwn am deithio y gallen nhw ei daflu atoch chi yn yr Arholiad. Os ydych chi'n meddwl bod hyn yn ddiflas nawr, pan ddaw'r arholiad byddwch chi'n edifarhau nad oeddech chi wedi gwneud mwy o ymdrech. A pheidiwch â gwneud <u>dim ond</u> dysgu'r geiriau – dysgwch <u>sut</u> i'w defnyddio nhw mewn <u>brawddegau</u> hefyd.

Pob Math o Drafnidiaeth

Dyma beth sy'n rhaid ichi ei <u>wybod</u> am fathau eraill o <u>drafnidiaeth</u>. Dyma un arall o'r pynciau sy'n rhaid ichi eu gwybod yn <u>dda iawn</u> – a bydd yn rhaid ichi wybod llwyth o <u>eirfa</u> ar ei gyfer hefyd.

¿Cómo vas? – Sut rwyt ti'n mynd yno?

Bydd yn rhaid ichi ddweud sut rydych chi'n <u>teithio</u>. Er mwyn dweud '<u>yn</u>' (e.e. yn y car) neu 'ar', defnyddiwch 'en'.

Voy a pie. = Dw i'n cerdded (mynd ar droed).

Normalmente voy a la ciudad en autobús.

= Fel arfer dw i'n mynd i'r dref ar y bws.

ar y bws: en autobús
ar y trên tanddaearol: en el metro
ar y beic: en bici (bicicleta)
yn y car: en coche
ar feic modur: en moto (motocicleta)
mewn cwch / bad: en barco
mewn awyren: en avión

Voy en tren.

= Dw i'n mynd ar y trên.

La salida y la Llegada – Gadael a Chyrraedd

Rydych chi'n siŵr o orfod gofyn cwestiynau fel hyn pan fyddwch yn teithio.

¿Hay un autobús para <u>Córdoba</u>? = Oes bws i Córdoba?

awyren: un avión
cwch: un barco

Roedd rhaid i fi ddefnyddio'r cwestiwn yma yn Mecsico – o leiaf ar ôl ei ddefnyddio yn yr Arholiad, fyddwch chi ddim yn gorfod dioddef taith ddeg awr mewn bws heb system awyru. Ffiw.

¿A qué hora sale el próximo autobús para Almería? = Pryd mae'r bws nesaf i Almería yn gadael?

y cwch (nesaf): el (próximo) barco

¿Cuándo llega el avión a Barcelona? = Pryd mae'r awyren yn cyrraedd Barcelona?

¿Qué autobús ...? Pa fws ... ?

Does dim amheuaeth – bydd yn rhaid ichi fedru gofyn pa fws neu drên sy'n mynd i ble. Dysgwch hyn.

¿ Qué autobús va al centro, por favor? = Pa fws sy'n mynd i ganol y dref, os gwelwch yn dda?

Pa drên ... : ¿Qué tren ... ?
i'r arhosfa fysiau: a la parada (de autobuses)
i'r maes awyr: al aeropuerto
i'r porthladd / harbwr: al puerto

Bant a'r Cart!

Chwarae plant bach, ynte! Wel, fe fydd hi os ewch chi i'r drafferth o <u>ddysgu hyn nawr</u>. Mae'r stwff yma'n ddigon syml, a dweud y gwir. Mae'r holl eiriau ac ymadroddion yn <u>ymddwyn yn iawn</u> – dim o'r pethau od yna sy'n newid gan ddibynnu ar ble rydych chi'n mynd na dim byd fel 'na. 'Dw i'n mynd...' yw 'voy...' a dyna'i diwedd hi. Diolch byth ...

Newid Arian ac Eiddo Coll

Rydyn ni i gyd yn gobeithio bod popeth yn mynd i fynd yn <u>llyfn</u> ond, rhag ofn, paratowch eich hunan ar gyfer y posibiliadau gwaethaf. Mae <u>colli rhywbeth</u> yn Sbaen yn dod i fyny yn eitha aml yn yr <u>arholiadau</u>. Dysgwch hyn i fod yn <u>dawel eich meddwl</u>.

<u>El cambio</u> – Y Gyfnewidfa Arian

Mae hyn yn dod i fyny drwy'r amser yn y <u>prawf llafar</u>.

Quisiera cambiar **dinero** *, por favor.*

= Hoffwn i newid arian, os gwelwch yn dda.

> Edrychwch ar dudalennau 45 ac 1 am fwy am arian a rhifau.

arian Prydeinig: dinero inglés
£50: cincuenta libras esterlinas

Quisiera cambiar **este cheque de viaje** *, por favor.*

= Hoffwn i newid y siec deithio yma, os gwelwch yn dda.

y sieciau teithio yma: estos cheques de viaje

<u>La comisaría</u> – swyddfa'r heddlu

Dyma sefyllfa arall sy'n debyg o godi yn y <u>prawf llafar</u> – ond mae dipyn yn anoddach.

He perdido **mi bolso** *.* = Dw i wedi colli fy mag.

¿Dónde perdió **su bolso** *?* = Ble colloch chi eich bag?

Perdí **mi bolso** **en la estación** *.* = Collais i fy mag yn yr orsaf.

fy mag: mi bolso   *f'arian:* mi dinero
fy mhasbort: mi pasaporte   *f'allwedd:* mi llave
fy mhwrs: mi monedero

> Am fwy o <u>adeiladau a llefydd</u>, edrychwch ar dudalen 21.

Alguien me ha robado **el bolso** *.* = Mae rhywun wedi dwyn fy mag.

Me robaron **el bolso** **hace una hora** *.* = Cafodd fy mag ei ddwyn awr yn ôl.

pethau anodd   pethau anodd   pethau anodd

<u>¿Cómo es?</u> – Sut un yw e?

Mae'r ymadrodd bach disgrifiadol hwn yn <u>ddefnyddiol</u> iawn – ac <u>nid yn unig ar gyfer</u> eiddo coll chwaith.

Mi monedero es **pequeño y negro** *.*

= Mae fy mhwrs yn fach ac yn ddu.

glas: azul   *mawr:* grande
hen: viejo/a   *wedi ei wneud o ledr:* de cuero

> Gweler tudalennau 45 a 79 am fwy ar <u>liwiau</u> a disgrifiadau.

<u>Ble colloch chi eich bag?</u> – Pe bawn i'n gwybod hynny fyddwn i ddim yma ...

Whiw ... sut i <u>newid arian</u> a <u>siec deithio</u>, a sut i ddweud eich bod wedi <u>colli</u> rhywbeth neu ei fod e wedi cael ei <u>ddwyn</u>. Stwff gwefreiddiol – ond andros o ddefnyddiol hefyd. A sut i ddweud sut mae'r peth a gollwyd <u>yn edrych</u> hefyd. Rydych chi'n gwybod y drefn: <u>gorchuddiwch</u> y tudalen a gwneud yn siŵr eich bod yn ei wybod.

Crynodeb Adolygu

Y peth pwysicaf wrth wneud TGAU Sbaeneg yw dysgu'r eirfa ac ymadroddion allweddol a medru eu haddasu at wahanol gwestiynau. Gwnewch hynny ac rydych chi'n siŵr o lwyddo. Ond os nad ydych chi'n gwybod yr ymadroddion, mae gyda chi broblem. Bydd y cwestiynau hyn yn profi beth rydych chi'n ei wybod am yr adran yma. Cadwch ati nes eich bod yn gallu eu gwneud nhw i gyd.

1) Rydych chi wedi cyrraedd Sevilla ac yn ysgrifennu llythyr at eich ffrind llythyru María Eugenia yn sôn am yr atyniadau. Sut rydych chi'n dweud bod castell, pwll nofio, prifysgol, sŵ, amgueddfa a theatr?

2) Ysgrifennwch enwau pum siop a phum adeilad arall y gallech eu gweld mewn tref (ar wahân i'r rhai uchod).

3) Mae angen ichi fynd i'r fferyllfa. Gofynnwch ble mae hi a pha mor bell yw hi.

4) Beth mae'r cyfarwyddiadau hyn yn ei olygu?: 'La farmacia está a un kilómetro de aquí. Gire a la derecha, tome la primera calle a la izquierda, siga todo recto hasta la iglesia. La farmacia está a la derecha.'

5) Mae ymwelydd o Sbaen wedi dod i weld eich tref ac yn chwilio am yr hostel ieuenctid. Dywedwch wrtho am fynd yn syth ymlaen, troi i'r chwith wrth y goleuadau ac mae'r hostel ieuenctid ar y dde.

6) Dywedwch wrth eich ffrind llythyru José María ble rydych chi'n byw a ble mae e (pa dref neu bentref ac a yw yn y gogledd-ddwyrain ayb).

7) Dywedwch eich bod yn hoffi byw yn eich tref, bod llawer i'w wneud yno a'i bod yn eitha glân. Dywedwch fod canolfan chwaraeon a sinema yno.

8) Dyw Julio ddim yn hoffi'r dref achos mae'n fawr iawn ac yn frwnt. Dyw María Pilar ddim yn hoffi cefn gwlad achos mae'n ddiflas a thawel. Beth fyddai'r ddau yn ei ddweud yn Sbaeneg?

9) Rydych chi mewn gorsaf drenau yn Sbaen. Sut byddech chi'n gwneud y rhain yn Sbaeneg?
Dweud eich bod eisiau teithio i Bilbao ddydd Sul. b) Gofyn a oes trenau.

10) Sut rydych chi'n dweud y rhain yn Sbaeneg?
a) y platfform b) yr ystafell aros c) yr amserlen ch) dim ysmygu d) ymadael

11) Gofynnwch am ddau docyn dwyffordd i Pontevedra, ail ddosbarth. Gofynnwch o ba blatfform mae'r trên yn ymadael a ble mae'r ystafell aros. Gofynnwch a oes rhaid ichi newid trên.

12) Dywedwch eich bod yn mynd i'r ysgol yn y car ond bod eich ffrind yn cerdded.

13) Rydych chi wedi colli'r bws i Vigo. Gofynnwch pryd mae'r bws nesaf yn ymadael a phryd mae'n cyrraedd Vigo.

14) Rydych chi ar goll yn Madrid. Gofynnwch pa fws sy'n mynd i amgueddfa'r Prado (el museo del Prado).

15) Rydych chi wedi cyrraedd Sbaen heb ewros. Dywedwch wrth y swyddog yn y gyfnewidfa arian eich bod eisiau newid 50 punt a siec deithio.

16) Rydych chi wedi colli'ch pwrs – dywedwch wrth yr heddlu a dywedwch eich bod wedi ei golli yn y siop fara awr yn ôl.

17) Maen nhw'n gofyn am ddisgrifiad – dywedwch fod y pwrs yn goch ac wedi ei wneud o ledr.

Pynciau Ysgol

Does dim modd osgoi trafod yr ysgol a swyddi faint bynnag o boen meddwl maen nhw'n ei achosi ichi. Ond dyma'r newyddion gwych – dysgwch hyn i gyd yn dda iawn ar gyfer eich arholiadau a bydd llai o reswm ichi boeni.

¿Qué asignaturas estudias? –

Ysgrifennwch eich amserlen yn Sbaeneg a dysgwch hi i gyd.

Pa bynciau ysgol rwyt ti'n eu gwneud?

Estudio español .   = Dw i'n gwneud Sbaeneg.

Ieithoedd
Ffrangeg: el francés
Almaeneg: el alemán
Sbaeneg: el español
Eidaleg: el italiano
Cymraeg: el galés
Saesneg: el inglés

Addysg gorfforol
addysg gorfforol: la educación física

Dyniaethau
hanes: la historia
daearyddiaeth: la geografía
athroniaeth: la filosofía
addysg grefyddol: la religión

Rhifau a Phethau
mathemateg: las matemáticas
technoleg gwybodaeth: la informática
astudiaethau busnes: las ciencias empresariales

Celfyddydau a Chrefft
celf: el arte
dylunio: el dibujo
cerdd: la música

Gwyddorau
gwyddoniaeth: las ciencias
ffiseg: la física
cemeg: la química
bioleg: la biología

¿Cuál es tu asignatura favorita?

Neu'r pwnc rydych chi'n ei gasáu leiaf os dyna sut rydych chi'n teimlo ...

– Beth yw dy hoff bwnc?

¿Cuál es tu asignatura favorita / preferida?   = Beth yw dy hoff bwnc?

Mi asignatura preferida es el español.   = Fy hoff bwnc yw Sbaeneg.

Prefiero la biología.   = Mae'n well gen i fioleg.

> Mae mwy am sut i ddweud beth rydych yn ei hoffi neu ddim yn ei hoffi ar dudalennau 6-7.

Me gustan las matemáticas.   = Dw i'n hoffi mathemateg.

Odio el deporte.   = Dw i'n casáu chwaraeon.

Asignaturas? Na, nid eisiau'ch llofnod chi maen nhw...

Chwaraewch o gwmpas gyda'r tudalen yma nes eich bod chi wedi ei chael hi yn glir yn eich pen. Gwnewch yn siŵr eich bod chi'n gallu dweud yr holl bynciau rydych chi'n eu gwneud ac o leiaf yn deall y rhai nad ydych yn eu gwneud os byddwch yn eu clywed nhw.

Trefn Ddyddiol yr Ysgol

Nid dyma'r ddalen fwya cyffrous yn y llyfr, ond bydd yn werth yr holl ymdrech pan gewch chi gwestiynau anodd ar drefn ddyddiol yr ysgol. Defnyddiwch frawddegau byr, cryno – fel y byddan nhw'n haws eu cofio.

¿Cómo vas al instituto?

Ymarferwch ddweud y frawddeg rydych chi'n mynd i'w defnyddio yn y prawf llafar.

– Sut rwyt ti'n mynd i'r ysgol?

Voy al instituto **en coche** . = Dw i'n mynd i'r ysgol yn y car.

ar droed: a pie
yn y bws: en autobús
ar y beic: en bicicleta

Defnyddiwch 'al instituto' ar gyfer 'i'r ysgol'. Defnyddiwch 'en' gyda'r math o drafnidiaeth ond 'a' gyda 'pie' (ar droed = yn cerdded).

Ond peidiwch â stopio fan'na – gallai unrhyw un o'r posibiliadau eraill ddod i fyny yn yr arholiadau ysgrifennu neu ddarllen, felly dysgwch nhw i gyd.

Una clase – gwers

Ysgrifennwch y brawddegau hyn i gyd ac ymarferwch roi i mewn yr amserau a rhifau cywir ar gyfer eich ysgol chi.

Las clases comienzan a **las nueve**. = Mae'r ysgol yn dechrau am 9.00.

Las clases terminan a **las tres y cuarto**. = Mae'r ysgol yn gorffen am 3.15.

Tenemos **ocho** clases por día. = Rydyn ni'n cael 8 gwers y dydd.

Cada clase dura **cuarenta minutos**. = Mae pob gwers yn para deugain munud.

El recreo es a las once . = Rydyn ni'n cael egwyl am 11.00.

Am fwy am amserau, gweler tudalen 2 yn 'Pethau Cyffredinol'.

egwyl: el recreo
awr ginio: la hora de comer

Hacemos una hora de **deberes** por día. = Rydyn ni'n gwneud awr o waith cartref bob dydd.

Una clase – boed hynny'n wers ichi ...

Peidiwch ag anghofio yr ymadroddion am eich diwrnod ysgol cyffrous a'r brawddegau am sut rydych chi'n mynd i'r ysgol. Cofiwch yr ymadrodd defnyddiol 'por día' – gellwch ei ddefnyddio mewn llwyth o frawddegau.

Rheolau a Gweithgareddau'r Ysgol

Mae'r ysgol yn cymryd tua 99% o'ch bywyd felly mae'n amlwg y bydd disgwyl ichi fedru siarad amdani yn Sbaeneg. Mae darllen y tudalen hwn ar lafar yn ffordd wych o ymarfer ar gyfer eich prawf llafar.

¿Qué haces en tus ratos libres?

Mae'n bryd datgelu'ch holl weithgareddau allgyrsiol rhyfedd – neu esgus eich bod yn gwneud rhywbeth sy'n hawdd ei ddweud.

Am fwy am hobïau, gweler tudalen 36 yn 'Amser Hamdden a Hobïau'.

Beth rwyt ti'n ei wneud yn dy amser hamdden?

Hago deporte .   = Dw i'n gwneud chwaraeon.

Dw i'n chwarae mewn band.: Toco en un grupo.
Dw i'n casglu stampiau.: Colecciono sellos.

¿Cuánto tiempo hace que...? – Ers faint....?

Dyw hyn ddim yma achos fy mod i'n ei hoffi e. Mae e yma achos y gallai fod yn eich arholiad chi. Felly dysgwch e.

¿Cuánto tiempo hace que aprendes español?   = Ers faint rwyt ti'n dysgu Sbaeneg?

Am fwy am rifau, gweler tudalen 1 yn 'Pethau Cyffredinol'.

Aprendo español desde hace tres años.   = Dw i'n dysgu Sbaeneg ers tair blynedd.

El horario etc. – Yr amserlen ayb.

Mae hyn i gyd ychydig bach yn fwy anodd a hefyd yn eitha di-drefn ond os ydych chi eisiau marc uchel, bydd yn rhaid ichi ei ddysgu.

Tenemos seis semanas de vacaciones en el verano .   = Rydyn ni'n cael chwe wythnos o wyliau yn yr haf.

wyth wythnos: ocho semanas   dros y Nadolig: en Navidad
pum dydd: cinco días   dros y Pasg: en Semana Santa

Hay tres trimestres.   = Mae tri thymor.

Gweler tudalen 45 am fwy ar liwiau a thudalen 47 am fwy o ddillad.

Las reglas son estrictas.   = Mae'r rheolau'n llym.

Rydych chi'n iawn. Mae'r amserlen yma'n rhy gymhleth.

Llevamos uniforme en el instituto.   = Rydyn ni'n gwisgo gwisg ysgol yn yr ysgol.

Nuestro uniforme es un jersey rojo, pantalones grises, una camisa blanca y una corbata verde.   = Ein gwisg ysgol yw siwmper goch, trowsus llwyd, crys gwyn a thei gwyrdd.

(ymyl chwith: pethau anodd)

Semana Santa – dylai hynny olygu Nadolig, nid y Pasg....

Mae rhifau Sbaeneg yn angenrheidiol ar gyfer yr adran hon. Caewch y llyfr i weld faint ohono rydych chi'n ei gofio – gorau po fwyaf y gellwch chi ei ddweud am eich ysgol.

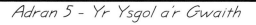

Iaith y Dosbarth

Rydyn ni i gyd yn cael diwrnod gwael weithiau, felly mae'n ddefnyddiol iawn medru gofyn i rywun ailadrodd rhywbeth, neu sillafu gair dydych chi ddim yn siŵr ohono. Mae'r stwff ar frig y tudalen hwn yn ddefnyddiol hefyd.

¡Siéntese' – Eisteddwch!

Dysgwch y tri ymadrodd byr yma rhag i'ch athro golli ei dymer.

¡Levántate! = Cod!   ¡Siéntate! = Eistedd!   ¡Silencio! = Tawelwch!

¿Habla usted español? – Ydych chi'n siarad Sbaeneg?

Rydyn ni i gyd yn gwneud camgymeriadau ac yn camddeall pethau weithiau ond os gellwch chi ofyn am help, efallai na wnewch chi'r un camgymeriad ddwywaith. Felly mae'r pethau hyn yn gallu'ch helpu i ddeall yn well, iawn?

¿Entiendes? = Wyt ti'n deall?   ¿Cómo se escribe? = Sut rwyt ti'n sillafu hynny?

(No) entiendo/comprendo. = Dw i ddim yn deall.

¿Cómo se pronuncia? = Sut rwyt ti'n ynganu hynny?

¿Cómo se dice en español? = Sut rwyt ti'n dweud hynny yn Sbaeneg?

Os nad ydych chi'n deall, dywedwch 'No entiendo'

Gall yr ymadroddion hyn fod yn hollbwysig yn eich prawf llafar. Hyd yn oed os bydd y gwaethaf yn digwydd, mae'n llawer gwell dweud 'dw i ddim yn deall' yn Sbaeneg na chodi eich ysgwyddau, gwenu'n bert a dweud rhywbeth dan eich anadl yn Gymraeg.

¿Me puedes explicar esta palabra? = Elli di egluro'r gair yma?

Ellwch chi: puede

¿Qué quiere decir eso? = Beth mae hynny'n ei olygu?

¿No es correcto? = Ydy hynny'n anghywir?

No es correcto. = Mae hynny'n anghywir.   No lo sé. = Dw i ddim yn gwybod.

¿Puede repetir eso, por favor? = Ellwch chi ddweud hynny eto, os gwelwch yn dda?   Eso es. = Dyna fe / Iawn.

Iaith y Dosbarth – athro, bwrdd du ...

Gellwch arbed distawrwydd chwithig yn y prawf llafar ac ennill marciau trwy ofyn i'r Arholwr ailadrodd rhywbeth – y cwbl sydd eisiau ichi ei wneud yw dysgu'r ymadroddion defnyddiol yma i gyd. Cofiwch, mae pawb yn anghofio rhywbeth weithiau – PEIDIWCH Â CHYNHYRFU.

Mathau o Swyddi

Mae digon o swyddi fan hyn i'ch cadw chi'n brysur – a gallai <u>unrhyw</u> un ohonyn nhw godi yn eich <u>arholiadau</u> Sbaeneg. Mae'r swyddi rydych chi a'ch teulu yn eu gwneud yn <u>arbennig</u> o bwysig.

Mae <u>cenedl</u> swydd yn dibynnu ar <u>bwy</u> sy'n ei gwneud

Bydd yn rhaid ichi fedru <u>dweud</u> ac <u>ysgrifennu</u> unrhyw un o'r swyddi rydych chi a'ch teulu yn eu gwneud – ac <u>adnabod</u> y gweddill pan fyddwch yn eu gweld neu yn eu clywed.

Helô! Sut gallaf eich helpu chi?

Mae cenedl swydd bob amser yn <u>wrywaidd</u> ar gyfer dyn a <u>benywaidd</u> ar gyfer menyw, er mai'r unig beth sy'n newid weithiau yw'r fannod – 'el turista' neu 'la turista'.

Swyddi-siwtiau-llwyd
cyfrifydd: el/la contable
ysgrifennydd/ysgrifenyddes: el/la secretario/a
peiriannydd: el/la ingeniero/a

Swyddi'r Celfyddydau
actor/es: el actor, la actriz
cerddor/es: el/la músico/a

Swyddi-dwylo-brwnt
mecanydd: el/la mecánico/a
trydanwr/aig: el/la electricista
plymiwr/aig: el/la fontanero/a
cogydd/es: el/la cocinero/a
pobydd/es: el/la panadero/a
cigydd/es: el/la carnicero/a

Llwyth o swyddi eraill
gwerthwr/aig: el/la dependiente/a
newyddiadurwr/aig: el/la periodista
athro/athrawes: el profesor, la profesora
person trin gwallt: el/la peluquero/a
plismon/es: el policía, la mujer policía
postmon/es: el cartero, la mujer cartero
gwerthwr/aig tai: el/la agente inmobiliario/a

Swyddi Meddygol
deintydd/es: el/la dentista
fferyllydd/es: el farmacéutico/a
nyrs: el/la enfermero/a
meddyg: el doctor, la doctora / el médico, la médica

Bod yn fyfyriwr neu bod â swydd ran amser
myfyriwr/aig: el/la estudiante
gweithiwr rhan-amser/gweithwraig ran-amser: trabajador a tiempo parcial / trabajadora a tiempo parcial

Gall teitlau <u>benywaidd</u> swyddi fod yn <u>anodd</u>

Mae <u>rheolau</u> digon clir ynglŷn â'r ffordd mae teitlau benywaidd swyddi yn cael eu ffurfio <u>ond</u> mae hefyd <u>eithriadau</u> i bob rheol. Yr <u>unig</u> ffordd o sicrhau eich bod yn gwybod y fersiwn benywaidd yn gywir yw <u>ei ddysgu</u>.

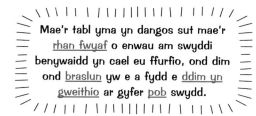

Mae'r tabl yma yn dangos sut mae'r <u>rhan fwyaf</u> o enwau am swyddi benywaidd yn cael eu ffurfio, ond dim ond <u>braslun</u> yw e a fydd e <u>ddim yn gweithio</u> ar gyfer <u>pob</u> swydd.

<u>Gwrywaidd</u>		<u>Benywaidd</u>	
el ingenier<u>o</u>	⇒	la ingenier<u>a</u>	(mae 'o' yn newid i 'a')
el doct<u>or</u>	⇒	la doct<u>ora</u>	(mae 'or' yn newid i 'ora')
el contabl<u>e</u>	⇒	la contabl<u>e</u>	(dyw 'e' ddim yn newid)

Gobeithio eich bod wedi dysgu hyn yn drylwyr ...

Dyw hyn ddim yn hawdd, ond dechreuwch trwy ddysgu'r swyddi sy <u>hawsaf</u> ichi – wedyn <u>dysgwch</u> y lleill. Cofiwch mai'r swyddi mae pobl yn eich teulu'n eu gwneud yw'r <u>rhai pwysicaf</u> – ond dylech chi <u>ddeall</u> y lleill hefyd. Mae'n rhaid dysgu fersiynau <u>benywaidd</u> pob swydd – a hefyd y rhai <u>od</u>, anodd.

Swyddi Rydych Chi a'ch Rhieni yn eu Gwneud

Peidiwch â baglu yn yr arholiad trwy geisio siarad am swydd eich mam fel <u>cynhalwraig deinamo-gwrthbolaraidd</u>. Yn lle hynny dywedwch ei bod hi'n athrawes neu rywbeth – fe wnaiff yr Arholiadau lawer yn haws.

Mi padre – Fy nhad, Mi madre – Fy mam

Dewiswch swyddi sy'n hawdd eu dweud o dudalen 32 i'w rhoi yn y brawddegau hyn ar gyfer eich teulu i gyd – wedyn dysgwch nhw.

> Am fwy am deuluoedd, gweler tudalen 55. Am fwy am rifau, gweler tudalen 1.

| Mi padre | es | vendedor | . | = Mae fy nhad yn werthwr. |

fy mrawd: Mi hermano
fy chwaer: Mi hermana

cogydd: cocinero
meddyg: médico

five days: cinco días

> Cofiwch: peidiwch â rhoi 'un' neu 'una' cyn disgrifiad y swydd. Dim ond 'es' a'r swydd sydd eisiau.

| Mi madre | trabaja | treinta y cinco horas | por semana. |

= Mae fy mam yn gweithio 35 awr yr wythnos.

Tengo un trabajo a tiempo parcial – Mae gen i swydd ran-amser

Gwnewch y rhain yn hawdd trwy ddewis swyddi <u>hawdd</u> a gwerthoedd <u>syml</u> – o na bai bywyd i gyd fel yna.

| Tengo | trabajo a tiempo parcial | . | = Mae gen i swydd ran-amser. |

Mae digon o swyddi i'w rhoi yn y blwch gwyn yma ar dudalen 32.

| Soy | carnicero/a | . | = Dw i'n gigydd. |

| Gano | cinco libras por hora | . | = Dw i'n ennill £5 yr awr. |

£3.00 yr awr: tres libras por hora
£15 yr wythnos: quince libras por semana

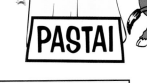
PASTAI

Dywedwch pa swydd yr hoffech chi ei gwneud a pham

Dywedwch wrth yr Arholwyr pa swydd yr hoffech chi ei gwneud gyda rheswm byr a syml pam – hawdd.

| Quisiera ser <u>médico</u>, ... | = Hoffwn i fod yn feddyg ... |

> Defnyddiwch 'ser' (bod) i ddweud pa fath o swydd yr hoffech chi ei gwneud.

> Am fwy o eiriau i'w defnyddio i ddweud beth rydych chi'n ei feddwl o rywbeth, gweler tudalennau 6-7.

| ... porque el trabajo sería | interesante | . | = achos byddai'r gwaith yn ddiddorol. |

anodd: difícil   hwyl: divertido   hawdd: fácil

Dw i'n wneuthurwr oriau – dw i'n gwneud pum punt yr awr ...

Stwff pwysig. Mae dweud beth rydych chi a'ch rhieni yn ei wneud yn eitha <u>hanfodol</u>. Os yw'r gwir yn rhy anodd ei ddweud, dywedwch rywbeth symlach ond gwnewch yn siŵr ei fod yn <u>gredadwy</u> a chadwch at yr un peth bob tro rydych chi'n ymarfer fel nad ydych yn anghofio. Mae rhoi <u>rhesymau</u> am bethau yn allweddol i gael marciau uchel – felly ewch amdani.

Cynlluniau at y Dyfodol

Os eich syniad chi o gynllunio at y dyfodol yw'r hyn rydych chi'n ei wneud y penwythnos nesaf, bydd yn rhaid ichi feddwl yn gyflym am ychydig o syniadau am beth rydych chi'n bwriadu ei wneud ar ôl gadael yr ysgol. Mae'n ffefryn yn yr arholiadau.

¿Qué te gustaría hacer después del instituto?

Meddyliwch am reswm pam rydych chi eisiau ei wneud e hefyd.

– Beth hoffet ti ei wneud ar ôl yr ysgol?

Quisiera estudiar para el bachillerato.

= Hoffwn i wneud cwrs Lefel Uwch.

'El bachillerato' yw'r fersiwn Sbaeneg o Lefel Uwch ond maen nhw'n gwneud mwy o bynciau na ni.

Quisiera tomar un año sabático.

= Hoffwn i gymryd blwyddyn allan.

Quisiera estudiar geografía.

= Hoffwn i astudio daearyddiaeth.

Os hoffech wneud swydd benodol, defnyddiwch yr ymadroddion ar dudalen 33.

Quisiera ir a la universidad.

= Hoffwn i fynd i'r brifysgol.

Rhowch resymau byr, bachog am eich atebion

Paratowch eglurhad am yr ateb rydych chi wedi ei roi uchod. Cadwch eich esboniad yn fyr, yn glir ac yn syml. Er enghraifft 'Dw i eisiau cymryd blwyddyn allan er mwyn teithio' – digon cryno.

Quisiera estudiar música, porque quiero ser músico/a.

= Hoffwn i astudio cerdd achos dw i eisiau bod yn gerddor/es.

technoleg gwybodaeth: informática
mathemateg: matemáticas

cyfrifydd: contable
athro: profesor/profesora

Am y gwahanol bynciau ysgol i gyd gweler tudalen 28.

Quisiera prepararme para el bachillerato, porque después quiero estudiar biología.

= Hoffwn i wneud Lefel Uwch achos dw i eisiau astudio bioleg wedyn.

pethau anodd   pethau anodd   pethau anodd

Cynlluniau at y dyfodol – Hoffwn i adeiladu peiriant amser...

Weithiau mae'r Arholiad yn ymddangos fel rhyw ddirgelwch bygythiol ond mae stwff fel yr hyn sy ar y tudalen hwn yn codi flwyddyn ar ôl blwyddyn yn yr arholiadau. Yn y bôn rydych chi'n gwybod beth sy'n mynd i fod yn eich arholiad – felly does dim esgus. Dysgwch e a byddwch chi'n chwerthin. Defnyddiwch eiriau fel 'porque' i gael marciau ychwanegol.

Crynodeb Adolygu

Mae gwir angen ichi wybod y stwff yma. Ewch trwy'r cwestiynau hyn – os gellwch chi eu hateb nhw i gyd heb orfod chwilio am unrhyw atebion, canmolwch eich hun a gwenwch yn braf. Os oes rhai na ellwch mo'u gwneud, chwiliwch am yr atebion. Wedyn rhowch dro eto. Ac eto. Nes eich bod chi'n gallu eu gwneud nhw i gyd heb anhawster. Efallai y gwnaiff gymryd peth amser ond, waeth inni wynebu'r gwir, ellwch chi ddim disgwyl dysgu'r cwbl mewn un diwrnod.

1) Dywedwch beth yw eich holl bynciau TGAU yn Sbaeneg (neu gynifer â phosibl). Mae'n siŵr mai 'el español' fydd un ohonyn nhw ...

2) Beth yw eich hoff bwnc? Pa bwnc (bynciau) dydych chi ddim yn eu hoffi? Atebwch yn Sbaeneg.

3) Mae María yn mynd i'r ysgol ar y beic ond mae Carlos yn mynd yn y car.
Sut byddai'r naill a'r llall yn dweud hyn?

4) Sut byddech chi'n dweud bod eich amser cinio yn dechrau am 12.45 y prynhawn a'ch bod yn cael awr?

5) Sut rydych chi'n dweud eich bod yn cael chwe gwers bob dydd, bod pob gwers yn para bum deg munud a'ch bod chi'n gorfod gwneud gwaith cartref?

6) Mae Siôn yn disgrifio ei ysgol i'w ffrind llythyru o Sbaen, Miguel. Sut byddai'n dweud bod tri thymor, ei fod yn gwisgo gwisg ysgol a bod y rheolau'n llym iawn?

7) Sut rydych chi'n dweud eich bod chi'n dysgu Sbaeneg ers pum mlynedd ac Almaeneg ers pedair blynedd?

8) Mae eich athro newydd ddweud brawddeg hir yn Sbaeneg a dydych chi ddim yn deall. Sut byddech chi'n gofyn iddo fe neu iddi hi ailadrodd?

9) Dydych chi ddim yn deall o hyd. Beth gallech chi ei ddweud nawr?
Sut rydych chi'n gofyn sut mae sillafu gair sy'n eich drysu chi?

10) Sut rydych chi'n dweud y swyddi hyn yn Sbaeneg? (Rhowch y fersiynau gwrywaidd a benywaidd os ydyn nhw'n wahanol. a) peiriannydd b) actor/es c) plismon/es ch)person trin gwallt d) cyfrifydd dd) meddyg

11) Dywedwch pa swyddi mae eich rhieni yn eu gwneud.

12) Mae gennych swydd ran-amser fel gwerthwr/aig mewn siop.
Rydych chi'n gweithio am dair awr ar ddydd Sadwrn ac rydych yn ennill £4.50 yr awr. Ysgrifennwch sut byddech chi'n dweud hyn wrth eich ffrind llythyru José.

13) Mae Susana eisiau astudio ffiseg. Sut gall hi ddweud ei bod eisiau gwneud y 'bachillerato' fel ei bod hi'n gallu mynd i'r brifysgol? Sut gall hi ddweud mai mathemateg, ffiseg a chemeg yw ei hoff bynciau?

14) Mae Pablo eisiau cymryd blwyddyn allan ac astudio wedyn. Sut gall e ddweud hyn?

15) Ysgrifennwch yr enwau Sbaeneg am bedair swydd y byddwch efallai yn eu gwneud yn y dyfodol a phedair fyddech chi byth yn eu hystyried. Ar gyfer yr un rydych chi'n ei hoffi fwyaf a'r un rydych chi'n ei hoffi leiaf, rhowch resymau.

Chwaraeon a Hobïau

Fues i erioed yn dda iawn mewn chwaraeon – doeddwn i byth yn cofio'r eirfa. Iawn, efallai <u>nad oes</u> rhaid ichi ei wybod yn <u>berffaith</u>, ond mae'n rhaid ichi fedru <u>adnabod</u> y geiriau hyn os byddan nhw'n dod i fyny yn yr arholiad.

<u>¿Practicas algún deporte?</u> – Wyt ti'n gwneud unrhyw chwaraeon?

Enwau chwaraeon

badminton: el bádminton
pêl-droed: el fútbol
gêm: el partido, el juego
tennis: el tenis
tennis bwrdd: el tenis de mesa,
        el ping pong
sboncen: el squash
hoci: el hockey

Berfau am chwaraeon awyr agored

mynd i bysgota: ir de pesca
mynd allan: salir
rhedeg: correr
seiclo: hacer ciclismo
nofio: nadar
sgïo: esquiar, hacer esquí
mynd am dro: dar un paseo
chwarae: jugar
cerdded: hacer senderismo
loncian: hacer footing/futing

Llefydd lle gellwch chi wneud chwaraeon

canolfan chwaraeon, canolfan hamdden:
    el polideportivo, el centro de deportes
pwll nofio: la piscina
cae chwarae: el campo de deportes
campfa: el gimnasio
parc: el parque
canolfan sglefrio: la pista de hielo

<u>¿Tienes un pasatiempo?</u> – Oes gyda ti hobi?

Daro – rhagor o restri. <u>Hobïau</u> y tro yma. Mae'r un peth yn wir eto – fydd <u>dim</u> o'u hangen nhw i gyd arnoch chi ond <u>gallai</u> <u>unrhyw</u> un ohonyn nhw godi – ond yn gyntaf <u>dysgwch</u> y rhai sy'n berthnasol i'ch hobïau <u>chi</u>.

Cyffredinol ond hollbwysig

hobi: el pasatiempo
diddordeb: el interés
clwb: un club (de...)
aelod: el/la miembro/a

Enwau pwysig eraill

gwyddbwyll: el ajedrez
ffilm: la película
perfformiad: la sesión
drama: la obra de teatro

Offerynnau cerddorol

ffidil: el violín
ffliwt: la flauta
drymiau: la batería
clarinet: el clarinete
gitâr: la guitarra
trwmped: la trompeta
piano: el piano
soddgrwth: el violoncelo

Berfau ar gyfer gweithgareddau dan do

dawnsio: bailar
canu: cantar
casglu: coleccionar
darllen: leer

Er mwyn gweld sut mae defnyddio berfau gyda gwahanol bobl, gweler tudalennau 88-94

Geiriau cerddorol

grŵp: el grupo
crynoddisg: el CD, el disco compacto
offeryn: el instrumento
casét: el casete, la cinta
cyngerdd: el concierto
record: el disco
hi-fi: el equipo de música

La batería – rhywbeth i'ch cadw chi i fynd ...

Mae <u>chwaraeon</u> a <u>hobïau</u> yn destunau digon cyffredin – bydd angen <u>ystod</u> dda o eirfa arnoch chi, yn arbennig ar gyfer unrhyw beth <u>rydych chi'n ei wneud</u> eich hunan. Os nad <u>ydych</u> chi'n gwneud unrhyw un o'r pethau hyn, <u>dywedwch hynny</u> neu <u>esgus eich bod chi</u> – peidiwch â disgwyl gallu eistedd heb siarad yn eich prawf llafar. <u>Ymarferwch</u> feddwl am <u>rywbeth</u> i'w ddweud.

Chwaraeon a Hobïau

Mae beth rydych chi'n ei wneud yn eich <u>amser hamdden</u> yn codi yn yr Arholiadau <u>bob blwyddyn</u>. Mae'n rhaid ichi fedru dweud beth rydych <u>chi</u>'n ei wneud a rhoi <u>barn</u> am hobïau eraill. Mae'n stwff sy'n <u>rhaid ichi ei ddysgu</u>.

¿Qué haces en tus ratos libres?

Ymarferwch <u>ysgrifennu</u>'ch brawddegau <u>eich hunan</u> am eich amser hamdden.

– Beth rwyt ti'n ei wneud yn dy amser hamdden?

| Los fines de semana | juego | al fútbol | . |

= Dw i'n chwarae pêl-droed ar y penwythnos.

bob dydd: todos los días
bob wythnos: todas las semanas
ddwyaith y mis: dos veces al mes

badminton: al bádminton
tennis: al tenis

Gellwch chi ddarllen mwy am chwaraeon ar dudalen 36.

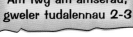

Am fwy am amserau, gweler tudalennau 2-3

| Toco | el piano | . |

= Dw i'n chwarae'r piano.

| Soy miembro de un | club de tenis | . |

clwb gwyddbwyll: club de ajedrez
clwb sboncen: club de squash

= Dw i'n aelod o glwb tennis.

PWYSIG
Os ydych chi'n siarad am gemau, defnyddiwch '<u>jugar a</u>', ond gydag offerynnau, dywedwch '<u>tocar</u>'.

<u>Tip defnyddiol</u>: Os oes rhaid ichi siarad am unrhyw glwb chwaraeon, rhowch '<u>club de</u>' ac enw'r gamp.

¿Te gusta el fútbol? – Wyt ti'n hoffi pêl-droed?

Dyma sut mae dweud beth rydych chi'n ei <u>feddwl</u> o wahanol hobïau – ymadroddion da i'w gwybod hyd yn oed os nad oes <u>ots</u> gyda chi mewn gwirionedd.

| Sí, | me encanta | el fútbol | . |

= Ydw, dw i'n dwlu ar bêl-droed.

| Creo que | el fútbol | es aburrido | . |

= Dw i'n meddwl bod pêl-droed yn ddiflas.

y sinema: el cine
cerdded; el senderismo

cyffrous: emocionante
diddorol: interesante

I <u>gytuno</u> ac <u>anghytuno</u> gellwch ddefnyddio'r ymadroddion hyn.

Dw i'n cytuno: Estoy de acuerdo
Dw i ddim yn cytuno: No estoy de acuerdo
Mae hynny'n wir: Es verdad
Dyw hynny ddim yn wir: No es verdad

| ¿Por qué piensas eso? |

= Pam rwyt ti'n meddwl hynny?

| No me gusta | correr | porque es | difícil | . |

= Dw i ddim yn hoffi rhedeg achos mae'n <u>anodd</u>.

cerdd: la música

diflas: aburrido/a

Ratos libres – llygod mawr wedi dianc? Na, dim ond ychydig o amser hamdden...

Mae'n hawdd <u>drysu</u> gyda'r holl eirfa yma – ond does dim rhaid. Y gyfrinach yw <u>ymarfer ei defnyddio</u> mewn <u>brawddegau</u> – y math o beth y byddech chi'n ei roi mewn llythyr neu'n dweud mewn prawf llafar.

Mynd Allan

Eisiau mynd allan? – yna mae'n rhaid <u>prynu tocynnau</u>, holi am <u>amserau agor</u> a chael gwybod <u>ble mae pethau</u>.

Gofyn faint mae'n gostio – 'Cuánto cuesta?

¿Cuánto cuesta una sesión de natación ?

       tennis: de tenis
       seiclo: de ciclismo

= Faint mae'n gostio i fynd i nofio?

Cuesta un euro la hora. = Mae'n costio 1 ewro yr awr.

Cuesta un euro .

= Mae'n costio 1 ewro.

¿Cuándo está abierta la piscina?

– Pryd mae'r pwll nofio ar agor?

¿Cuándo está abierta la piscina ?   = Pryd mae'r pwll nofio ar agor?

    ar gau: cerrado/a   *canolfan chwaraeon:* el polideportivo
    ar agor: abierto/a   *canolfan sglefrio ar iâ:* la pista de hielo

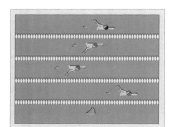

Abre a las nueve y media y cierra a las cinco .

= Mae'n agor am hanner awr wedi naw ac yn cau am bump o'r gloch.

Quisiera una entrada , por favor. = Hoffwn i un tocyn mynediad, os gwelwch yn dda.

    dau docyn mynediad: dos entradas

Am ragor o wybodaeth am amserau a rhifau <u>gweler tudalennau 1-3</u>.

... por aquí? - ... yn y cyffiniau?

¿Hay un teatro por aquí? = Oes theatr yn y cyffiniau?

cae chwarae: un campo deportivo
canolfan fowlio: una bolera

chwarae tennis: jugar al tenis
mynd am dro: pasear

¿Se puede nadar por aquí? = Ellwch chi nofio fan hyn?

Am hobïau a mwy o lefydd, <u>gweler tudalennau 21 a 23</u>.

Polideportivo – parot athletaidd?

Dim byd anodd fan hyn – hynny yw, os gwnewch chi <u>ddysgu</u>'ch stwff. Bydd llawer o'r eirfa hon yn dod i fyny mewn <u>nifer o sefyllfaoedd</u> – mynd allan, gofyn y ffordd, prynu tocynnau. Mae'n <u>werth</u> ei ddysgu.

Gwahodd Pobl Allan

Cyfarwyddiadau byr am gael hwyl: a) perswadiwch rywun i <u>gytuno</u> i ddod i <u>gael hwyl</u> gyda chi.
b) penderfynwch <u>pryd</u> a <u>ble</u> i gyfarfod. Yr unig beth yw – <u>rhaid</u> ichi wneud hyn yn <u>Sbaeneg</u> ...

¡Salimos! – Awn ni allan!

Dyma <u>un ffordd</u> o <u>awgrymu</u> mynd allan:

Vamos **a la piscina** .   = Gadewch inni fynd i'r pwll nofio.

i'r theatr: al teatro
i'r parc: al parque

¡Me encantaría!

Efallai y bydd eich ffrind yn <u>ateb</u>:

Sí, me encantaría .   ... NEU ...   **No, gracias.**   = Dim diolch.

= Ie, hoffwn i.

Syniad da: Buena idea.
Gwych!: ¡Estupendo!

Mae bob amser yn syniad da rhoi <u>rheswm</u> os ydych chi'n dweud na:

Mae'n flin gen i: Lo siento.
Yn anffodus alla i ddim: Desafortunadamente no puedo.
Does dim digon o arian gen i: No tengo bastante dinero.

Byddwch chi'n cael <u>marciau ychwanegol</u> os defnyddiwch chi 'preferiría' i ddweud beth fyddai'n <u>well</u> gennych chi ei wneud:

Preferiría **jugar al fútbol** .   = Byddai'n well gen i chwarae pêl-droed.

¿Dónde nos encontramos? – Ble gwnawn ni gyfarfod?

Gallech chi benderfynu cyfarfod o flaen neuadd y dref:

Nos vemos **delante del ayuntamiento** .   = Gad inni gyfarfod o flaen neuadd y dref.

Beth am gyfarfod a fi

yn y bar byrgers?

yn dy dŷ: en tu casa
wrth ochr yr eglwys: al lado de la iglesia

Am lefydd eraill, gweler tudalennau 21, 36 a 44.

Gallai'ch ffrind ofyn <u>faint o'r gloch</u>:

¿A qué hora nos encontramos?   = Faint o'r gloch gawn ni gyfarfod?

Byddwch chi'n ateb:

Nos encontramos a **las diez** .   = Gwnawn ni gyfarfod am 10 o'r gloch.

Am fwy am amserau, <u>gweler tudalennau 2-3.</u>

hanner awr wedi dau: las dos y media
hanner awr wedi tri: las tres y media

Vamos a la Playa? (h.y. y traeth ac nid y theatr)

Mae <u>trefnu cyfarfod</u> yn edrych yn destun anodd. Mae llawer o eirfa i fynd i'r afael â hi. Wedyn mater o <u>ymarfer brawddegau</u> yw hi, dw i'n ofni. Cofiwch <u>roi rhesymau</u> a dweud beth fyddai'n <u>well</u> gyda chi.

Sinema, Cyngherddau, Dramâu

Dyma lond berfa o eirfa am fynd i'r sinema neu ddrama neu gyngerdd. Rhai pethau eitha diflas, dw i'n ofni, ond dyna'r pris sy'n rhaid ichi ei dalu os ydych chi eisiau gwneud yn dda. Eich dewis chi yw e.

¡Vamos al cine! – Gadewch inni fynd i'r sinema!

Mae'n syniad da holi am y prisiau yn gyntaf:

¿Cuánto cuesta una entrada ? = Faint mae un tocyn yn gostio?

Faint mae dau docyn yn gostio?:
¿Cuánto cuestan dos entradas?

Gallech chi gael ateb fel hyn:

Una entrada cuesta cinco euros.
= Mae un tocyn yn costio 5 ewro.

Byddwch yn ofalus – mae angen terfyniadau lluosog ar gyfer mwy nag un tocyn.

Dyma'r ffordd fwyaf sylfaenol o ofyn am docyn:

Quisiera dos entradas , por favor. = Hoffwn i ddau docyn, os gwelwch yn dda.

el espectáculo = sioe, perfformiad
el concierto = cyngerdd
la película = ffilm
la obra de teatro = drama
la sesión = perfformiad
empezar = dechrau
comenzar = dechrau
terminar = gorffen

Mae'n gwneud synnwyr gofyn pryd mae pethau yn dechrau ac yn gorffen hefyd:

¿A qué hora empieza la sesión ?

¿A qué hora termina la película ?

Comienza a las ocho y termina a las diez y media . = Mae'n dechrau am 8 o'r gloch ac yn gorffen am hanner awr wedi deg.

¿Era buena la película? – Oedd y ffilm yn dda?

Ie, mynegi barn eto – mae'n rhaid ichi fedru dweud beth rydych chi'n feddwl.

¿Qué piensas de la película ? = Beth rwyt ti'n feddwl o'r ffilm?

Era bastante buena . = Roedd hi'n eitha da.

da iawn: muy buena
gwael: mala
diflas: aburrida

Os ydych chi'n siarad am 'el concierto' neu 'el espectáculo' bydd angen 'bueno' / 'malo' / 'aburrido' ayb.

¿Era buena la película?
¡Genial!

¿A qué hora termina Terminator?

Cyngherddau, dramâu, sinema – maen nhw i gyd yn defnyddio'r un eirfa prynu tocynnau a gofyn am faint o'r gloch mae'r sioe yn dechrau – mewn gair, mae'n rhaid ichi ei dysgu. Ac efallai y bydd yn rhaid ichi roi eich barn am y sioe.

Teledu a Radio

Dw i'n gwybod, weithiau mae'n bosibl gweld <u>gormod</u> o'ch teulu cyfnewid – efallai y byddwch chi eisiau <u>gwylio'r teledu</u> am dipyn. Dyna lle mae'r tudalen hwn yn ddefnyddiol – mae'n cynnwys llawer o ymadroddion <u>sgwrsio perthnasol</u>.

Gofyn yn gwrtais: ¿Puedo ...? – Ga i ...?

Weithiau gallech chi fod eisiau <u>adloniant nad oes rhaid meddwl i'w fwynhau</u>:

¿Puedo ver la televisión , por favor?

= Ga i wylio'r teledu, os gwelwch yn dda?

gwrando ar y radio: escuchar la radio
defnyddio'r ffôn: hacer una llamada telefónica

Neu gallech chi fod eisiau gwylio neu wrando ar <u>raglen arbennig</u>:

¿A qué hora empieza el programa?

= Faint o'r gloch mae'r rhaglen yn dechrau?

El programa empieza a las ocho
y termina a las nueve y media.

= Mae'r rhaglen yn dechrau am wyth ac yn gorffen am hanner awr wedi naw.

Dyma gwestiwn cyffredin am beth <u>rydych chi'n hoffi ei wylio</u>:

¿Qué programas te gusta ver?

= Pa raglenni rwyt ti'n hoffi eu gwylio?

Byddwch yn ofalus: <u>el</u> programa yw e, <u>NID</u> la .... <u>Peidiwch</u> â'i gael e'n anghywir.

A dyma sut mae <u>ateb</u>:

Me gusta ver Pobol y Cwm .

= Dw i'n hoffi gwylio Pobol y Cwm.

¿Qué has hecho recientemente?

Hanner y pleser o fynd i'r sinema neu glywed cân newydd yw sôn amdano <u>wrth eich ffrindiau</u>:

– Beth rwyt ti wedi ei wneud yn ddiweddar?

Hace poco vi 'Gladiator' .

= Gwelais i 'Gladiator' yn ddiweddar.

yr wythnos diwethaf: la semana pasada
bythefnos yn ôl: hace dos semanas
fis yn ôl: hace un mes

clywais: escuché
darllenais: leí

cân newydd y Chwilod:
la nueva canción de los Chwilod
nofel newydd Eigra Lewis Roberts:
la nueva novela de Eigra Lewis Roberts

Cofiwch: rhaglen dELedu – EL programa

Efallai bod y tudalen yn edrych fel llwyth o frawddegau wedi eu dewis ar hap a damwain am y cyfryngau. Ond dyna sut gallai'ch arholiad fod. Gallen nhw ofyn unrhyw beth fel hyn – nid dim ond y pethau hawdd. Does <u>dim pwynt</u> dysgu'r atebion enghreifftiol – efallai <u>na</u> fyddwch chi'n cael yr un cwestiwn. Yr unig ffordd o wneud yn dda yw <u>dysgu'r eirfa</u> a'i <u>defnyddio</u> trwy <u>ymarfer</u> ateb y <u>gwahanol</u> gwestiynau. <u>Tipyn o ymdrech</u>, dyna sy eisiau.

Beth Rydych Chi'n ei Feddwl o ... ?

Mae <u>mynegi barn</u> yn un o'r <u>prif bethau</u> mae Arholwyr yn cadw golwg amdanyn nhw. Mae wedi codi eisoes mewn perthynas â thestunau penodol ond mae'n werth mynd i'r afael â'r <u>eirfa gyffredinol</u> yma hefyd.

Defnyddiwch 'creo que ...' neu 'pienso que ...' i roi eich barn

Dw i'n meddwl ei bod hi'n ddiogel ...

Creo que **este grupo** es **bueno** .

= Dw i'n meddwl bod y grŵp yma'n dda.

y tîm yma: este equipo
y cylchgrawn yma: esta revista
y gerddoriaeth yma: esta música

gwael: malo/a
rhagorol: excelente
diflas: aburrido/a
eitha da: bastante bueno/a
gwych: fantástico/a

Geiriau i fynegi barn.

¿Te gusta ...? - Wyt ti'n hoffi?

Weithiau mae'n bosibl y bydd yn rhaid ichi <u>holi ynglŷn â barn rhywun arall</u> hefyd.

¿Te gusta **este grupo** ?

= Wyt ti'n hoffi'r grŵp yma?

y ffilm yma: esta película
y papur newydd yma: este periódico
y llyfr yma: este libro

Dyma ateb:

No me gusta **este grupo** . Creo que es **malo** .

Mae'r rhain yn <u>gysylltiedig</u>. Os yw'r <u>rhan gyntaf</u> yn <u>wrywaidd</u>, mae'r <u>ail ran</u> yn gorfod bod yn wrywaidd hefyd.

Efallai y byddwch chi eisiau gofyn a yw'r person arall yn <u>cytuno</u> â'r hyn rydych chi newydd ei ddweud:

¿Estás de acuerdo?

= Wyt ti'n cytuno?

... neu ...

Creo que este periódico es aburrido. <u>¿Y tú?</u>

= Dw i'n meddwl bod y papur newydd yma yn ddiflas. A ti?

Ac i ateb:

Estoy de acuerdo.

= Dw i'n cytuno.

Creo que — fy hoff gamp yw e ...

Mae <u>mynegi barn</u> yn ennill <u>llwyth o farciau</u> ichi yn yr Arholiad. Mater yw e o gael yr eirfa ar flaenau eich bysedd, yn barod i'w defnyddio. A'r ffordd orau o wneud hynny yw, ie, digonedd o <u>ymarfer</u>.

Crynodeb Adolygu

Mae'r cwestiynau hyn yn profi beth rydych chi'n ei wybod neu ddim yn ei wybod – sy'n golygu eich bod chi'n gallu treulio'ch amser yn dysgu'r pethau lle rydych chi braidd yn ansicr. Ond dyw hi ddim yn syniad da gwneud hyn mewn un diwrnod ac wedyn anghofio amdano. Dewch yn ôl at y rhain ar ôl diwrnod neu ddau a rhowch dro arnyn nhw eto. Ac wedyn wythnos ar ôl hynny...

1) Beth yw'r Sbaeneg am y chwaraeon hyn a'r llefydd lle byddech chi'n eu gwneud nhw?
   a) pêl-droed b) nofio c) sboncen ch) sglefrio

2) Escribe cinco pasatiempos que te gustan, y cinco que no te gustan.

3) Ysgrifennwch gynifer o eiriau ag y gellwch yn ymwneud â chwarae neu wrando ar gerddoriaeth.

4) Mae Juan Martín yn gofyn i Marisol a oes ganddi hobi. Mae hi'n dweud ei bod yn chwarae'r gitâr, yn seiclo ac yn darllen llyfrau. Ysgrifennwch eu sgwrs yn Sbaeneg.

5) Mae Francisco ac Anne yn dadlau. Mae Francisco yn dweud ei fod yn hoffi tennis achos mae'n gyffrous. Mae Anne yn meddwl bod tennis yn ddiflas ac yn anodd. Ysgrifennwch eu sgwrs yn Sbaeneg.

6) Dywedwch eich bod yn mynd am dro ar benwythnos a'ch bod yn aelod o glwb tennis bwrdd.

7) Rydych chi eisiau chwarae sboncen. Gofynnwch pryd mae'r ganolfan chwaraeon ar agor a faint mae'n gostio i chwarae sboncen. Gofynnwch am ddau docyn.

8) Sut byddech chi'n gofyn a) a oes canolfan chwaraeon yn y cyffiniau?
   b) a ellwch chi chwarae badminton yn y cyffiniau?

9) Mae Dafydd eisiau gweld 'Don Quijote' yn y sinema ond mae Isabel yn dweud ei bod hi eisiau gweld 'Como agua para chocolate'. Maen nhw'n trefnu cyfarfod o flaen y sinema am 8 o'r gloch. Ysgrifennwch eu sgwrs yn Sbaeneg.

10) Dywedwch yr hoffech chi fynd i'r sinema ond yn anffodus does dim digon o arian gyda chi. Awgrymwch fynd am dro yn lle.

11) Quieres ir a un concierto. El concierto empieza a las nueve y media y termina a las diez y media. Una entrada cuesta cinco euros. ¿Cómo se dice eso en galés?

12) Pa gwestiynau byddai rhaid ichi eu gofyn i gael y wybodaeth yng Nghwestiwn 11?

13) Rydych chi yn nhŷ eich ffrind llythyru. Gofynnwch a gewch wrando ar y radio. Dywedwch hefyd eich bod yn hoffi gwylio'r teledu.

14) Meddyliwch am ffilm welsoch chi yn ddiweddar ac un welsoch chi fis yn ôl a dywedwch hyn yn Sbaeneg. (Does dim rhaid ichi gyfieithu teitl y ffilm i'r Sbaeneg).

15) Rydych chi'n hoffi'r grŵp 'Y Cneifwyr Defaid' ond rydych chi'n meddwl bod 'Dewi a'r Dewiniaid' yn rhagorol. Sut byddech chi'n dweud hyn wrth rywun yn Sbaeneg?

16) Sut byddech chi'n gofyn i'ch ffrind llythyru a ydy e/hi'n cytuno? (Mae dwy ffordd).

Ble a Phryd

Mae'r adran hon yn rhoi'r holl <u>stwff allweddol</u> sydd angen ichi ei wybod am <u>siopa</u> a <u>bwyta</u> – o'r diwedd adran at fy nant i ... ymlaen â'r eirfa...

¿Dónde está..? – Ble mae...?

Cwestiwn <u>defnyddiol iawn</u> yw hwn.

¿Dónde está   el supermercado   , por favor?

siop y cigydd: la carnicería
siop fara: la panadería
siop y groser: la tienda de comestibles

= Ble mae'r archfarchnad, os gwelwch yn dda?

Mae trefn y frawddeg yr un peth yn Sbaeneg ac yn Gymraeg.

Gofyn <u>pryd</u> mae siopau yn <u>agor</u> gan ddefnyddio ¿cuándo ....? – pryd...?

Mae'n iawn mynd i siopa ond peidiwch ag anghofio mai Sbaen yw gwlad y <u>siesta</u> – mae amserau agor yn <u>amrywio</u> ...

¿Cuándo está   abierto   el supermercado   ?

ar gau: cerrado/a

= Pryd mae'r archfarchnad ar agor?

neu unrhyw siop arall

¿Cuándo   cierra   el supermercado?

agor: abre

= Pryd mae'r archfarchnad yn cau?

Ar gyfer amserau gweler tudalen 2 yn yr Adran Pethau Cyffredinol.

El supermercado   cierra   a   las siete   .

= Mae'r archfarchnad yn cau am 7.00.

Otras tiendas – Siopau eraill

fferyllfa: la farmacia
siop lyfrau: la librería
siop bapur newydd: el quiosco
siopau amladran: los grandes almacenes
canolfan siopa: el centro comercial
siop gacennau: la pastelería

siop losin: el quiosco/la confitería
siop bapur: la papelería
siop bysgod: la pescadería
marchnad: el mercado
delicatessen: la charcutería
goruwchfarchnad: el hipermercado

Hipermercado – archfarchnad wedi'i chynhyrfu....

Reit, gellwch chi ddechrau trwy ddysgu'r rhestr <u>siopau</u> fendigedig yna – gorchuddiwch nhw, ysgrifennwch nhw ac edrychwch i weld a ydych chi'n iawn. Dyma'ch geirfa fara menyn ar gyfer yr adran hon – ynghyd â geirfa <u>agor</u> a <u>chau</u>.

Dweud Beth Hoffech Chi

Mae hwn yn dudalen i'ch helpu chi i ddechrau dysgu geirfa ar gyfer <u>prynu pethau</u> – yn arbennig <u>dweud</u> <u>beth ydych chi eisiau</u>. Mae'n eitha <u>hanfodol</u>, yn fy marn i.

La moneda española — Arian Sbaen

Mae arian Sbaen yn hawdd. Mae <u>100 céntimo</u> mewn <u>ewro</u>, fel mae 100 ceiniog mewn punt.

Dyma beth <u>welech</u> chi ar <u>label pris</u> yn Sbaen:  5,50

Dyma sut mae <u>dweud</u> y pris: → 'Cinco euros y cincuenta céntimos' = 5 ewro 50 centimo

Am <u>rifau</u> gweler <u>tudalen 1.</u>

Quisiera ... Hoffwn i ...

Mae <u>quisiera</u> yn gwrtais iawn – mae'n <u>fwy ffurfiol</u> na 'quiero' (dw i eisiau), ac mae'n <u>fwy cyffredin</u> yn Sbaen.

Quisiera una barra de pan , por favor.

= Hoffwn i dorth o fara, os gwelwch yn dda.

Quisiera unos pantalones ; mi talla es la cuarenta y seis .

= Hoffwn i bâr o drowsus. Fy maint yw 46.

Pwt Bach Pwysig; Fordd arall o ddweud 'hoffwn i' yw '<u>me gustaría</u> <u>(mucho) ...</u>'

Am <u>ddillad</u> gweler tudalen 47.

Meintiau Ewropeaidd:
maint: la talla   *maint troed / esgid:* el número de pie
maint dillad: 10 / 12 / 14 / 16: 38 / 40 / 42 / 44
maint esgid: 5 / 6 / 7 / 8 / 9 / 10: 38 / 39 / 40 / 41 / 42 / 43

Gallen nhw ofyn ichi pa liw ydych chi eisiau - ¿de qué color...?

Mae <u>lliwiau</u> yn dod <u>ar ôl</u> yr enw ac mae'n rhaid iddyn nhw <u>gytuno</u> ag e (mae'r rhan fwyaf o liwiau yn newid ac yn gorffen gydag 'a' os yw'r enw'n fenywaidd ac 's' neu 'es' os yw'n lluosog.

Quisiera unos pantalones azul<u>es</u> .

= Hoffwn i bâr o drowsus glas.

Lliwiau: los colores

du: negro/a	*gwyrdd:* verde	*pinc:* rosa
gwyn: blanco/a	*glas:* azul	*porffor/piws:* púrpura / morado/a
coch: rojo/a	*brown:* marrón	*glas golau:* azul claro
melyn; amarillo/a	*oren:* naranja	*glas tywyll:* azul oscuro

Am <u>derfyniadau</u> ansoddeiriau, gweler tudalen 79.

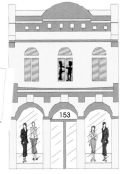

Quisiera una falda roj<u>a</u> . = Hoffwn i sgert goch.

Quiero neu quisiera – eich dewis chi

Mae'n <u>hollbwysig</u> dysgu dweud beth ydych chi eisiau. Treuliwch ychydig o amser ar <u>liwiau</u> hefyd, yn arbennig i sicrhau'r <u>terfyniadau cywir</u>. Os yw'r enw yn <u>fenywaidd</u> neu'n <u>lluosog</u> bydd y gair am y lliw yn <u>newid</u> hefyd.

Siopa: Y Pethau Pwysicaf

Siopa – sŵn y dyrfa, gwthio yn y ciw. Rydyn ni i gyd yn gorfod siopa weithiau – <u>yn aml</u> yn yr arholiadau. Ydy, mae <u>siopa</u> yn un o'r <u>pynciau hanfodol</u> sy'n rhaid ichi eu meistroli.

¿En qué puedo servirle? – Ga i'ch helpu chi?

Yn gyntaf, mae'n <u>rhaid ichi</u> fedru <u>gofyn</u> a yw'r hyn rydych chi ei eisiau yn y siop.

¿Tiene pan , por favor?   = Esgusodwch fi, oes bara gyda chi?

Byddech chi'n disgwyl ateb fel hyn: **Sí, allí está** ... neu ... **No, no tenemos.**

= Oes, dyna fe.   = Nac oes, does gyda ni ddim.

Gellwch ddweud beth ydych chi eisiau trwy ddefnyddio 'quisiera...':

Quisiera quinientos gramos de azúcar, por favor.

= Hoffwn i 500 gram o siwgr, os gwelwch yn dda.

1 cilo: un kilo
2 gilo: dos kilos

Efallai y bydd y <u>siopwr/aig</u> yn dweud:

¿Algo más? = Rhywbeth arall? ... neu ... **¿Eso es todo?** = Ai dyna'r cyfan?

Gallech <u>chi</u> ateb: **No, gracias.** = Na, diolch.

Sí, por favor, también quisiera una patata . = Ie, hoffwn i daten hefyd, os gwelwch yn dda.

¿Lo quiere? – Ydych chi ei eisiau fe?

Prynu neu beidio – dyna'r cwestiwn mawr ...
a dyma'r <u>atebion</u>...

Lo/La quiero. = Cymera i e. (Yn llythrennol – Dw i ei eisiau fe)

No lo quiero. No me gusta el color.

Mae'n rhy fach: Es demasiado pequeño.
Mae'n rhy ddrud: Es demasiado caro.

= Dw i ddim o'i eisiau fe.
Dw i ddim yn hoffi'r lliw.

lo = pethau gwrywaidd, la = benywaidd

Ydych chi'n mynd â hwnna? – Na, roeddwn i'n mynd i dalu...

Y gyfrinach o ran siopa yw <u>gwybod yr eirfa sylfaenol</u> yn gyntaf – mae'n hunllef ceisio taflu llwch i lygaid yr arholwr os nad ydych chi'n gwybod y geiriau. Mae <u>ymarfer</u> yr ymadroddion hyn gyda <u>geirfa wahanol</u> yn helpu.

pethau anodd (left margin)
pethau anodd (right margin)

Dillad ac Arian Poced

Rhagor o restri geirfa, dw i'n ofni – ond mae'n <u>stwff bob dydd</u> sy'n codi <u>yn aml</u>. Ar wahân i <u>ddillad</u>, mae ychydig o eirfa am <u>arian poced</u> a <u>sêls</u> ...

La ropa – dillad

el sombrero

el niki

la falda

Me gusta **este zapato** . = Dw i'n hoffi'r esgid yma.

No me gustan **estos zapatos** . = Dw i ddim yn hoffi'r esgidiau yma.

crys: la camisa
trowsus: los pantalones
sgert: la falda
siwmper:
  el jersey, el suéter
sanau: los calcetines
esgid: el zapato
esgidiau: los zapatos
ffrog: el vestido

côt: el abrigo
het: el sombrero
crys-T: la camiseta,
  el niki
siwt: el traje
siaced: la chaqueta
tei: la corbata
maneg: el guante
menig: los guantes

pâr o deits: las medias
trowsus byr: los pantalones cortos
côt law: el impermeable
pâr o sanau: un par de calcetines
jîns: los vaqueros, los tejanos
tracwisg: el chandal

El dinero de bolsillo – Arian poced

Recibo **cinco libras** *de dinero de bolsillo por* **semana** . = Dw i'n cael £5 o arian poced yr wythnos.

£3: tres libras
£10: diez libras

Gweler tudalennau <u>1-3</u> am <u>rifau</u> ac <u>amseroedd eraill</u>.

mis: mes

Gasto mi dinero de bolsillo en **CDs** . = Dw i'n gwario f'arian poced ar grynoddisgiau.

dillad: ropa
llyfrau: libros

gemau cyfrifiadur: juegos de ordenador
losin: caramelos

Las rebajas – Y sêls

<u>Geirfa siopa safon uwch</u> i siopwyr safon uwch
– ac i ennill <u>marciau ychwanegol am eirfa</u>.

Hay rebajas en **el supermercado** . = Mae sêl ymlaen yn yr archfarchnad.

Dw i'n hoffi siopa: Me gusta ir de tiendas / ir de compras
Dw i'n hoffi siopa am lyfrau yn arbennig: Más que nada, me gusta comprar libros.
Dw i'n mynd i'r siop fara yn aml: Voy a menudo a la panadería.
Dw i'n siopa unwaith yr wythnos: Voy de compras una vez por semana.

pethau anodd

El calcetín – rhoddais i fy nhroed ynddi, chi'n gwybod...

Peidiwch byth ag anghofio'ch dillad – mae hynny'n synnwyr cyffredin. Yn ffodus, mae rhai ohonyn nhw'n hawdd iawn – <u>el jersey</u>, <u>el sombrero</u> ayb. Mae angen ychydig bach mwy o <u>ymdrech</u> i ddysgu rhai eraill – ond byddan nhw'n ddefnyddiol.

Bwyd

Whiw – tudalen llawn geirfa … Gallai <u>unrhyw</u> beth o'r stwff yma godi, felly mae'n rhaid ichi fod yn effro.

La carnicería y la tienda de comestibles – Siop y Cigydd a'r Groser

Llysiau: Las verduras
taten: la patata
moronen: la zanahoria
tomato: el tomate
cucumer: el pepino
nionyn: la cebolla
blodfresych: la coliflor
ffeuen Ffrengig: la judía
madarchen: el champiñón
bresych: la col
letysen: la lechuga
pysen: el guisante

Cig: la carne
cig eidion: la carne de vaca
cig moch: la carne de cerdo
cyw iâr: el pollo
cig oen: el cordero
selsig: la salchicha
selsig sych: el chorizo,
el salchichón
ham: el jamón
stecen: el filete
pysgodyn: el pescado
bwyd y môr: los mariscos

Ffrwythau: la fruta
afal: la manzana
banana: el plátano
mefusen: la fresa
lemwn: el limón
oren: la naranja
mafonen: la frambuesa
eirinen wlanog: el melocotón
gellygen: la pera

Las bebidas y los postres – Diodydd a Phwdin

Mmm, fy hoff eirfa – dyna welliant …

Diodydd: las bebidas
cwrw: la cerveza
te: el té
coffi: el café
coffi drwy laeth: el café con leche
gwin: el vino
gwin coch/gwyn: el vino tinto/blanco
sudd oren: el zumo / jugo de naranja
dŵr mwynol: el agua mineral

Pwdin: los postres
teisen: la tarta / el pastel
bisgïen: la galleta
hufen iâ: el helado
siocled: el chocolate
siwgr: el azúcar
hufen: la nata
crempogen: el crep
iogwrt: el yogur
mêl: la miel
jam: la mermelada

Otros alimentos – Bwydydd eraill

Mae rhai pethau <u>hollol sylfaenol</u> fan hyn – a rhai prydau Sbaenaidd allai <u>godi</u>.

bara: el pan
llaeth: la leche
menyn: la mantequilla
caws: el queso
rhôl fara: el panecillo
cawl: la sopa
bwyd brecwast: los cereales
sglodion: las patatas fritas
creision: las patatas

ŵy: el huevo
halen: la sal
pupur: la pimienta
reis: el arroz
pasta: las pastas

Prydau Sbaenaidd: las especialidades españolas

olifau: las aceitunas

cawl tomato sbeislyd, oer: el gazpacho

byrbrydau bach a fwyteir mewn caffis a thafarnau: las tapas

pryd o reis gyda chyw iâr, bwyd môr a llysiau: la paella

siocled a churros: (toes melys wedi'i ffrïo sy'n cael ei roi mewn siocled twym): chocolate y churros

Bwyd melys sy'n cael ei wneud allan o almonau melys a gwahanol flasau: el turrón

Llond tudalen o eirfa bwyd – maeth i'r ymennydd..

Mae enwau llawer o fwydydd yn Sbaeneg yn debyg i'r Gymraeg neu'r Saesneg – fel <u>el café</u>, <u>el chocolate</u>, <u>el limón</u>, ond mae llawer yn wahanol. Bydd yn rhaid ichi <u>ddysgu'r rheini</u> – ond gwnewch yn siŵr eich bod chi'n gallu eu <u>sillafu</u> nhw hefyd, neu byddwch chi mewn <u>trwbl</u> yn yr arholiad ysgrifenedig. Edrychwch ar y <u>prydau Sbaenaidd</u> hefyd – gallen nhw godi yn yr arholiad.

Beth Rydych Chi'n ei Hoffi a Gofyn am Bethau

Mae'n debyg eich bod chi'n <u>casáu</u> rhai bwydydd, ac yn <u>hoffi</u> rhai eraill — wel, dyma <u>sut mae dweud hynny.</u>

Me gusta / Me gustan ... Dw i'n hoffi ...

Defnyddiwch yr ymadroddion hyn i siarad am <u>unrhyw beth</u> rydych yn ei <u>hoffi</u> neu <u>ddim yn ei hoffi</u> — <u>nid yn unig o ran bwyd.</u>

(No) me gusta la nata .
= Dw i'n hoffi hufen/Dw i ddim yn hoffi hufen.

coffi: el café

fegan: vegetariano/a estricto/a

Soy vegetariano/a . = Dw i'n llysieuydd.

(No) me gustan las manzanas .

bananas: los plátanos
llysiau: las verduras

= Dw i'n hoffi afalau/Dw i ddim yn hoffi afalau.

Gweler tudalen 48 am enwau bwydydd.

¿Puede...? – Ellwch chi...?

Dyma ymadrodd <u>defnyddiol iawn</u> i'w <u>ddysgu.</u>
Defnyddiwch e'n <u>gywir</u> a bydd pawb yn meddwl eich bod yn gwrtais iawn.

¿Puede pasarme la sal , por favor?
= Wnewch chi estyn yr halen, os gwelwch yn dda?

napcyn: una servilleta
y siwgr: el azúcar
yr hufen: la nata
y llaeth: la leche
y pupur: la pimienta

¿Tienes hambre o sed? – Oes chwant bwyd neu syched arnat ti?

Wrth gwrs, fydd e ddim o unrhyw ddefnydd ichi fedru dweud beth rydych chi'n ei hoffi os nad ydych chi'n gallu dweud wrth bobl eich bod chi <u>eisiau bwyd</u> yn y lle cyntaf ...

¿Tienes hambre **?** = Wyt ti eisiau bwyd?

(Wyt ti) yn sychedig: sed

Tengo hambre . = Dw i eisiau bwyd.

(Dw i) yn sychedig: sed

No gracias, no tengo hambre . Dim diolch, dw i ddim eisiau bwyd (dw i ddim yn sychedig).

¿Tienes s(ych)ed?

Gwnewch yn siŵr eich bod chi'n gallu dweud wrth bobl beth rydych chi'n ei <u>hoffi</u> a <u>ddim yn ei hoffi</u> — mae'n siŵr o godi yn yr arholiad. Ac os dywedwch eich bod yn <u>llysieuydd</u> neu'n <u>fegan</u>, dysgwch y geiriau am <u>lysiau</u> a phethau y gellwch eu bwyta.

Cinio

Mae llawer o'r pethau yma'n ddefnyddiol mewn gwahanol sefyllfaoedd – nid yn unig mewn sgyrsiau wrth y bwrdd cinio. Mae bron bob amser yn codi yn yr arholiadau – y math o beth sy'n rhaid ichi ei wybod yn dda.

¿Te gusta la cena? – Wyt ti'n hoffi'r cinio?

Bydden nhw'n gofyn am eich barn yn y rhan fwyaf o dai bwyta.

La comida estaba **buena**.
= Roedd y bwyd yn dda.

yn dda iawn: muy rico/a
yn wael: malo/a
yn wael iawn: muy malo/a

La comida no estaba buena.
= Doedd y bwyd ddim yn dda.

El desayuno estaba **delicioso**, *gracias.*
= Roedd y brecwast yn flasus iawn, diolch.

¿Quisiera...? – Hoffech chi..?

Cofiwch: Mae 'quisiera' yn golygu 'hoffwn i' neu 'hoffech chi' neu 'a hoffech chi?'

¿Quisiera tomar **sal**?
= Hoffech chi'r halen?

y pupur: pimienta
y gwin: vino
y menyn: mantequilla

¿Le puedo pasar **una servilleta**?
= Ga i estyn napcyn ichi?

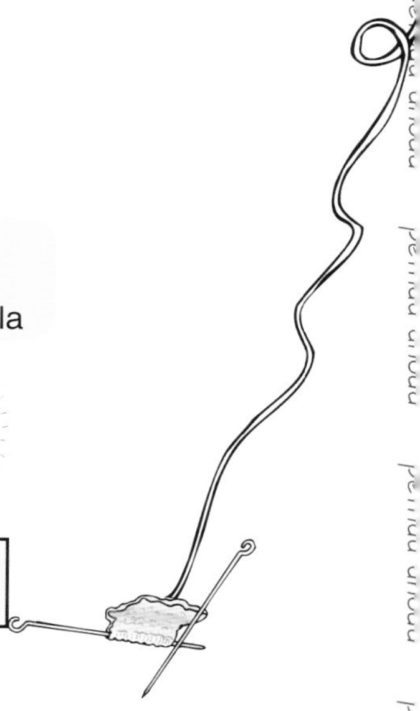

Os dim ond ychydig rydych chi ei eisiau, gofynnwch am 'un poco'

Mae'r geiriau hyn yn ddefnyddiol iawn, ac nid fan hyn yn unig ...

Quisiera **mucho** *azúcar, por favor.*
= Hoffwn i lawer o siwgr, os gwelwch yn dda.

ychydig o: un poco de

Quisiera **una porción grande** *de tarta.*
= Hoffwn i ddarn mawr o deisen.

He comido **bastante**, *gracias.*
= Dw i wedi bwyta digon, diolch.

llawer o: mucho

Tengo suficiente.
= Mae gen i ddigon.

Am fwy o wybodaeth am eirfa llawer/ychydig ayb, edrychwch ar dudalen 1.

Geiriau blasus – geiriau i gnoi cil arnynt ...

Mae llawer o stwff gwirioneddol ddefnyddiol ar y tudalen hwn. Mae triliynau o sefyllfaoedd lle y gallech chi fod eisiau dweud 'llawer', 'dim llawer', 'ychydig', ayb. Ysgrifennwch y geiriau yna a dysgwch nhw – a pheidiwch ag anghofio gweddill y tudalen. Treuliwch ychydig o amser yn ymarfer ychydig o frawddegau – fe wnaiff wahaniaeth mawr.

Cinio

Whiw – mae'r holl siarad am giniawau a thai bwyta yn codi chwant bwyd ar rywun … Efallai ei bod hi'n bryd cael bar o siocled neu afal … Dydych chi ddim am i sŵn yn eich bol darfu arnoch chi.

En el restaurante – Yn y tŷ bwyta

¡Camarero! = Gweinydd!   **¡Señorita!** = Gweinyddes!

gweinydd: el camarero
gweinyddes: la camarera

Dyma'r geiriau y byddech chi'n eu defnyddio i alw'r gweinydd neu'r weinyddes …

A dyma enwau'r swyddi:

Gweler tudalen 16 ar westai am ofyn lle mae pethau.

¿Me trae el menú, por favor? = Wnewch chi ddod â'r fwydlen, os gwelwch yn dda?

¿Dónde están los servicios, por favor? = Ble mae'r toiledau, os gwelwch yn dda?

mae: está   *y ffôn:* el teléfono

¿Dónde está el teléfono, por favor? = Ble mae'r ffôn, os gwelwch yn dda?

Quisiera… – Hoffwn i…

Gweler tudalen 48 am eirfa bwyd.

¿Tiene paella? = Oes paella gyda chi?

bara: pan
bananas: plátanos
yr omled: la tortilla
pryd arbennig y dydd: el plato del día
salad: ensalada
reis: arroz
moron: zanahorias

Quisiera / Para mí el filete con patatas fritas. = Hoffwn i'r stecen gyda sglodion.

Quisiera probar… – Hoffwn i flasu …

Fyddwch chi byth yn dysgu'r holl wahanol fwydydd – mae miloedd ar filoedd.
Felly dyma frawddeg ddefnyddiol os ydych chi wedi anghofio sut flas sydd ar rywbeth.

¿A qué sabe el turrón? = Sut flas sy ar 'turrón'?

(turrón = nyget)   *cwningen:* el conejo

¿Ha terminado? – Ydych chi wedi gorffen?

¿Puedo pagar? = Ga i dalu?   **La cuenta, por favor.** = Y bil, os gwelwch yn dda.

Y bil? – Roeddwn i eisiau talu, nid galw'r heddlu – er bod y stecen yn wael…

Tudalen arall sy'n rhaid ei ddysgu, dw i'n ofni. Mae geirfa'r tŷ bwyta yn ddefnyddiol mewn pob math o sefyllfaoedd – nid yn unig yn ymwneud â bwyd. Mae llawer i'w gofio – dechreuwch trwy ysgrifennu'r cwbl, ei orchuddio a'i ddysgu.

Yn y Tŷ Bwyta

Mae mwy i gwestiynau chwarae rôl yn y tŷ bwyta <u>na gofyn am fwyd</u>
– bydd yr eirfa hon yn <u>ennill marciau</u> ichi hefyd...

¿Tiene una mesa libre?

Peidiwch ag anghofio – mae'n bwysig bod yn <u>gwrtais</u>.

— Oes bwrdd gyda chi'n rhydd?

Una mesa para **cuatro** *, por favor.* = Bwrdd i bedwar, os gwelwch yn dda.

dau: dos
tri: tres

Gweler tudalen 1 am fwy am rifau.

Somos **cuatro** *.* = Mae pedwar ohonon ni.

dau: dos
tri: tres

Quisiéramos sentarnos **fuera** *.* = Hoffen ni eistedd y tu allan.

ar y teras: en la terraza

No estoy satisfecho/a – Dw i ddim yn fodlon

Os ydych chi eisiau <u>cwyno</u> am rywbeth ...

... cofiwch ddweud beth rydych chi'n cwyno amdano:

Quisiera quejarme.

= Hoffwn i gwyno.

La carne de ternera **está** *poco hecha* *.* = Dyw'r cig llo ddim wedi cael ei goginio ddigon.

y stecen: El filete
y cig moch: La carne de cerdo
y coffi: El café

Gweler tudalen 48 am eirfa bwyd.

rhy boeth: demasiado caliente
rhy oer: demasiado frío/a

el servicio – tâl am wasanaeth

Cofiwch y <u>tâl am wasanaeth</u> – byddwch chi'n ffrind i'r gweinydd am byth ...

¿Está incluido el servicio? = Ydy'r tâl gwasanaeth wedi ei gynnwys?

Rhai geiriau defnyddiol y gallech chi eu gweld ar fwydlen:

Servicio incluido: (=yn cynnwys gwasanaeth)
El cubierto: (= tâl y pen)
El precio fijo: (= pris penodedig)

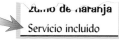
Zumo de naranja
Servicio incluido

Ydy'r bwrdd yma'n rhydd? – Na, mae yn y carchar...*

Dw i'n hoff iawn o <u>dai bwyta</u> – cyfle i ddangos eich sgiliau ieithyddol, archebu bwydydd ecsotig a'ch gwneud eich hunan yn sâl am wythnosau ar ôl eu bwyta nhw. Wel, na, dw i ddim yn hoffi hynny, chwaith. Mae hyn i gyd yn stwff sy'n siŵr o godi yn yr arholiad – gwnewch yn siŵr eich bod yn <u>gwybod yr eirfa</u> ar eich cof ... a sut i'w <u>defnyddio</u>.

* Hoffai CAA ymddiheuro am y jôc ofnadwy hon.

Crynodeb Adolygu

Mae'r math yma o beth yn codi bob amser yn yr arholiadau, felly gwnewch yn siŵr eich bod yn gwybod yr eirfa am siopa a phrydau bwyd. Rydych chi'n gwybod sut mae'n gweithio – gwnewch y cwestiynau hyn, wedyn chwiliwch am yr atebion i'r rhai rydych chi'n methu â'u gwneud, WEDYN ewch drostyn nhw i weld a ydych chi yn sicr eich bod yn gallu eu gwneud nhw i gyd.

1) Does dim bara ar ôl gyda chi. Sut rydych chi'n gofyn ble mae'r siop fara ac a yw hi ar agor?

2) Mae arnoch chi ben tost ofnadwy. Gofynnwch ble mae'r fferyllfa agosaf ac a yw hi ar agor nawr. Gofynnwch beth yw oriau agor y fferyllfa.

3) Beth yw'r geiriau Sbaeneg am a) siop bapur b) siop gacennau c) siop gig ch) siop lyfrau d) siop losin e) archfarchnad?

4) Rydych chi wedi bod yn edrych ar jîns ond rydych wedi penderfynu peidio â'u prynu. Mae gwerthwraig yn gofyn ichi '¿En qué puedo ayudarle?' Beth fyddai eich ateb?

5) Rydych chi eisiau prynu siwmper frown, maint 48, a thri phâr o sanau. Sut rydych chi'n dweud hyn wrth y gwerthwr?

6) Mae eich ffrind llythyru yn gofyn a ydych chi'n hoffi ei chôt newydd. Dywedwch nad ydych yn ei hoffi, eich bod yn hoffi cotiau mawr coch neu gotiau bach melyn. Gofynnwch faint gostiodd y gôt.

7) Sut byddech chi'n gofyn a oes sêl yn yr archfarchnad?

8) Gofynnwch am gilo o afalau. Mae'r gwerthwr yn dweud '¿Quiere algo más?' Beth mae'n feddwl?

9) Rydych chi'n sôn wrth eich ffrind Claudio am eich arferion siopa. Dywedwch eich bod yn cael £5 o arian poced yr wythnos, eich bod yn hoffi prynu siocled ond nad ydych chi'n hoffi siopa.

10) Rydych chi'n gwneud salad ffrwythau ar gyfer parti. Meddyliwch am gymaint o ffrwythau â phosibl i'w rhoi ynddo – o leiaf 5. Gwnewch restr o 5 diod y gallech eu cynnig i bobl yn y parti.

11) Ysgrifennwch sut byddech chi'n dweud eich bod yn hoffi llysiau ond ddim yn hoffi selsig. Dywedwch hefyd fod chwant bwyd arnoch chi.

12) Diolchwch i'r sawl a'ch gwahoddodd i ginio am y bwyd, a dywedwch eich bod wedi ei fwynhau a'i fod e'n flasus. Cynigiwch estyn y llaeth.

13) Rydych chi'n mynd allan i gael pryd o fwyd. Gofynnwch a ellwch chi gael bwrdd i ddau a gofynnwch ble mae'r toiled.

14) Archebwch stecen a sglodion a sudd oren ichi'ch hun, a chyw iâr gyda thatws a moron i'ch ffrind.

15) Galwch y weinyddes a gofynnwch am y bil. Dywedwch wrthi fod y bwyd yn flasus ond fod y tatws yn oer. Gofynnwch a yw'r bil yn cynnws tâl am wasanaeth.

Amdanoch Chi Eich Hunan

Siarad amdanoch eich hunan – wel, dyna fy hoff destun i. Mae pob math o bethau y gallen nhw eu gofyn – mae'n syniad da meddwl sut i ateb rhai o'r cwestiynau hyn nawr.

Háblame de ti – Dywed rywbeth amdanat ti dy hunan

Beth yw dy enw: ¿Cómo te llamas?

Me llamo Ffion . = Fy enw yw Ffion

Beth yw dy oed?: ¿Cuántos años tienes?

Tengo quince años . = Dw i'n 15 oed.

Pryd mae dy ben-blwydd?: ¿Cuándo es tu cumpleaños?

Mi cumpleaños es el doce de diciembre . = Mae fy mhen-blwydd ar Ragfyr 12ed

Gweler tudalennau 23 a 56 am ble rydych chi'n byw, tudalen 1 am fwy o rifau a thudalen 2 am fwy o ddyddiadau.

Ble rwyt ti'n byw?: ¿Dónde vives?

Vivo en Dolgellau .
 = Dw i'n byw yn Nolgellau.

Beth rwyt ti'n ei hoffi?: ¿Qué te gusta?

Me gusta el fútbol . = Dw i'n hoffi pêl-droed.

¿Cómo eres? – Sut rwyt ti'n edrych?

Soy alto/a . = Dw i'n dal.

Tengo los ojos marrones . = Mae gen i lygaid brown.

bach: pequeño/a
tenau: delgado/a
tew: gordo/a
tenau iawn: flaco/a

byr (taldra):bajo/a
gweddol dal (taldra canolig): de talla mediana

glas: azules
gwyrdd: verdes

Cymru
Annwyl Simon,
Dw i'n ferch un ar bymtheg mlwydd oed gyda gwallt du, croen golau a llygaid brown.

Tengo el pelo largo . = Mae gen i wallt hir.

byr: corto
i lawr at fy ysgwyddau: a media melena
eitha hir: bastante largo

tywyll: moreno
du: negro
brown golau: castaño

moreno
golau: rubio

Mae gen i wallt coch: soy pelirrojo/a

Am fwy o liwiau, gweler tudalen 45.

¿Cómo se deletrea? – Sut rydych chi'n sillafu hynny?

Dyma sut mae ynganu llythrennau'r wyddor Sbaeneg. Ymarferwch eu hynganu ar lafar – byddwch, byddwch chi'n swnio'n wirion ond byddwch chi'n swnio'n fwy gwirion fyth os cewch chi hyn yn anghywir yn yr arholiad.

A — a (fel 'car')	H — atsie	Ñ — enie	U — w
B — be	I — i	O — o	V — ube
C — the*	J — chota	P — pe	W — ube doble
D — de	K — ca	Q — cw	
E — e	L — ele	R — erre	X — ecis
F — effe	M — eme	S — ese	Y — i griega
G — che	N — ene	T — te	Z — theta*

* Yn ne Sbaen ac America Ladin maen nhw'n dweud y rhain fel hyn: C- se, a Z – seta.

Sut berson ydw i – tal, golygus ac yn gelwyddgi llwyr ...
Fydd siarad amdanoch chi eich hunan ddim yn ormod o drafferth – mater o ymarfer, dyna i gyd. Ond mae'r wyddor yn boen.

Teulu, Ffrindiau ac Anifeiliaid Anwes

Y teulu ac anifeiliaid anwes ... Am ddiflas! ... Ond — mae yna farciau i'w hennill.

Tengo una hermana – Mae gen i un chwaer

Os ydych chi'n sôn am fwy nag un person, defnyddiwch 'se llaman' nid 'se llama'.

Mi madre se llama Sioned .

= Sioned yw enw fy mam.

fy nhad: mi padre
fy mrawd: mi hermano
fy chwaer: mi hermana
fy modryb: mi tía
fy ewythr: mi tío
fy nghyfnither: mi prima
fy nghefnder: mi primo
fy nhad-cu/taid: mi abuelo
fy mam-gu/nain: mi abuela
fy ffrind: mi amigo/a
fy sboner/wejen/nghariad: mi novio/a

Tengo un hermano .

= Mae gen i un brawd.

Y teulu – 2.5 o blant?

Ceisiwch ddisgrifio rhai o'ch perthnasau hefyd. Mae'n ffordd dda o gael marciau ychwanegol mewn llythyrau at ffrindiau llythyru.

Es baja .   = Mae hi'n fyr.

Tiene doce años.   = Mae e'n 12 mlwydd oed.

Tiene los ojos azules .

Tiene el pelo liso .   = Mae ganddi wallt syth.

= Mae ganddo lygaid glas.

¿Tienes animales? – Oes anifeilaid anwes gyda ti?

Tengo un perro .   = Mae gen i gi.

ci: un perro
cath: un gato
aderyn: un pájaro
cwningen: un conejo
llygoden: un ratón
ceffyl: un caballo
mochyn cwta:
        un conejillo de Indias

Es amarillo .   = Mae e'n felyn.

Mi perro se llama Mot.

= Mot yw enw fy nghi.

Ymarferwch ddefnyddio gwahanol eiriau disgrifiadol.

Gweler tudalen 45 am liwiau a meintiau a thudalen 54 am eiriau fel 'tew' a 'thenau'.

Mae gen i 32 brawd, 24 chwaer – ac un fam flinedig...

Mae cwestiynau am y teulu yn farciau hawdd ichi – hynny yw, os ydych chi'n gwybod eich stwff. Bydd dysgu'r stwff yma yn eich rhoi chi ar ben y ffordd – os gwnewch chi ei ymarfer, byddwch chi'n fwy tebygol fyth o wneud yn dda.

Ble Rydych yn Byw

Disgrifio pethau – dyna beth sy'n bwysig fan hyn. Po fwyaf o wybodaeth rydych chi'n ei rhoi, mwyaf oll o farciau rydych chi'n mynd i'w cael. Mae hynny'n amlwg, on'd yw hi?

¿Dónde vives? – Ble rwyt ti'n byw?

Vivo en Heol Pontfechan número cuarenta y cuatro, en Penybont.

= Dw i'n byw yn 44 Heol Pontfechan, Penybont.

Penybont es una ciudad *de 130 000 habitantes y mucha industria.*

= Mae Penybont yn dref â 130 000 o drigolion a llawer o ddiwydiant.

pentref/tref fach: un pueblo
tref fawr, dinas: una ciudad
pentref bach: una aldea

trigolyn: el habitante

El paisaje alrededor de Penybont es muy bonito y verde.

= Mae'r wlad o gwmpas Penybont yn bert ac yn las.

pethau anodd *pethau anodd* (left margin)

pethau anodd *pethau anodd* (right margin)

En tu casa – Yn dy gartref

Vivo en una casa *.* = Dw i'n byw mewn tŷ.

fflat un piso, un apartamento

Gweler tudalen 79-80 am ble i roi ansoddeiriau.

Vivo en una pequeña *casa* nueva *.*

= Dw i'n byw mewn tŷ bach newydd.

crand: gran*
pert: bonita

mawr: vieja
oer: fría
modern: moderna
gwyrdd: verde

*Pan fo'n dod o flaen enw, mae 'grande' yn newid i 'gran' ac yn golygu 'crand, mawreddog'. Ar ôl yr enw mae 'grande' yn golygu 'mawr (o ran maint)'.

Molwsg lwcus

Mi apartamento está cerca *de un parque* *.*

= Mae fy fflat yn agos at barc.

fy nhŷ: Mi casa

canol y dref: del centro de la ciudad
y draffordd: de la autopista
y siopau: de las tiendas
canolfan siopa: de un centro comercial
arhosfa fysiau: de una parada de autobús
gorsaf drenau: de una estación de trenes

Ble rydw i'n byw – gartref y rhan fwyaf o'r amser ...

Mae ble rydych chi'n byw yn destun gwych achos does dim rhaid ichi chwilio am unrhyw wybodaeth newydd. Y cwbl sy'n rhaid ichi ei wneud yw meddwl sut i ddisgrifio eich cartref. Dechreuwch trwy ysgrifennu'r tudalen hwn a'i ddysgu.

Yn Eich Tŷ

Wrth gwrs fydd <u>dim</u> rhaid ichi roi disgrifiad llawn o'ch tŷ yn eich arholiadau – dim ond gallu dweud <u>cwpl o bethau</u> am eich paradwys.

¿Cómo es tu casa? – Sut dŷ sy gyda ti?

Mae dweud <u>ble mae pethau</u> a <u>sut bethau ydyn nhw</u> bob amser yn syniad da ar gyfer y math yma o gwestiwn.

¿Dónde está la cocina ?

= Ble mae'r gegin?

¿Cómo es la cocina ?

= sut fath o gegin yw hi?

yr ystafell fyw: el salón
yr ystafell ymolchi: el cuarto de baño
yr ystafell fwyta: el comedor
yr ystafell wely: el dormitorio

bach: pequeño/a
bach iawn: muy pequeño/a

¿ La cocina es grande ?

= Ydy'r gegin yn fawr?

<u>Cofiwch nad</u> oes rhaid i bopeth <u>ddywedwch</u> chi fod yn hollol wir – dim ond yn <u>gywir</u>.

¿Qué muebles hay en tu dormitorio ?

= Pa ddodrefn sy yn dy stafell wely?

En mi dormitorio hay una cama , dos sillas y una mesa pequeña .

= Yn fy stafell wely mae gwely, dwy gadair a bwrdd bach.

<u>Las paredes</u> son <u>púrpuras</u>. = Mae'r waliau'n borffor.

cadair freichiau: un sillón
soffa: un sofá
lamp: una lámpara
bwrdd: una mesa
silff: un estante

cadair: una silla
drych: un espejo
gwely: una cama
gwely dwbl: una cama de matrimonio
wal: una pared

cwpwrdd dillad: un armario
cwpwrdd: un armario
llenni: cortinas
carped: una alfombra
carped wedi'i ffitio: una moqueta

Gweler tudalen 45 am liwiau.

¿Tienes un jardín? – Oes gardd gyda ti?

Mi casa tiene un jardín.

fy fflat: Mi apartamento

= Mae gardd gyda fy nhŷ.

Tenemos flores en nuestro jardín.

coeden: un árbol
lawnt: césped

= Mae blodau gyda ni yn ein gardd.

Does unman yn debyg i gartref – diolch byth ...

Mae hyn i gyd yn stwff allai godi yn yr <u>arholiad</u>. Os yw'r <u>rhestr</u> o bethau yn eich stafell yn <u>frawychus</u>, <u>dechreuwch</u> trwy ddysgu dim ond <u>ychydig</u> ohonyn nhw – ond gwnewch yn siŵr eich bod chi'n <u>deall</u> y geiriau i gyd os byddwch chi'n eu <u>darllen</u> neu yn eu <u>clywed</u>.

Adran 8 - Fi Fy Hunan, Teulu, Ffrindiau a Bywyd Gartref

Gwaith Tŷ a Threfn Ddyddiol y Cartref

Alla i ddim dweud mai hwn yw'r tudalen mwya cyffrous yn y byd – a dweud y gwir, fel mae tudalennau yn mynd mae hwn fel hen hosan ddrewllyd ar lawr ystafell wely TGAU Sbaeneg. Y newyddion drwg yw mai chi sydd i'w chodi.

¿Cuándo se come..? – Pryd rydych chi'n bwyta...?

Peidiwch â gwneud môr a mynydd o hyn – bydd yr eirfa hon yn ddefnyddiol ar gyfer tai bwyta hefyd.

¿Cuándo **se cena** ? = Pryd rydych chi'n cael swper?

brecwast: el desayuno
cinio: el almuerzo, la comida
swper: la cena

cael brecwast: se desayuna
cael cinio: se almuerza, se come

rydyn ni'n cael brecwast:
desayunamos
rydyn ni'n cael cinio:
almorzamos, comemos

Cenamos a las siete.

Gweler tudalen 2 am fwy o amserau. = Rydyn ni'n cael swper am saith o'r gloch.

¿Tienes que ayudar en casa?
– Oes rhaid iti helpu gartref?

Lavo los platos en casa.

Dw i'n tacluso fy stafell:
Arreglo mi cuarto
Dw i'n cyweirio fy ngwely:
Hago mi cama
Dw i'n hwfro: Paso la aspiradora

= Dw i'n golchi'r llestri gartref.

Tengo que **lavar/fregar los platos** .

hwfro: pasar la aspiradora   glanhau: limpiar
clirio'r bwrdd: quitar la mesa
gosod y bwrdd: poner la mesa

= Dw i'n gorfod golchi'r llestri.

¿Necesitas algo? — Oes angen unrhyw beth arnat ti?

Dyw'r rhain ddim yn union yn ymadroddion bob dydd yn y cartref ond maen nhw yn codi o bryd i'w gilydd yn y profion llafar wrth sôn am gyfnewidiadau ac ati.

¿Me da **un poco de pasta de dientes** ? = Elli di roi ychydig bach o bast dannedd ifi?

Oes gyda ti:
¿Tienes...

tywel: una toalla
sebon: jabón

¿Puedo **ducharme** ? = Alla i gael cawod?

¿ **Tiene** pasta de dientes ?

= Oes past dannedd gyda chi?

cael bath: bañarme

A wel – gwell siarad am waith tŷ na'i wneud e...

Ie, efallai nad dyma'r ffordd fwya cyffrous o dreulio blynyddoedd eich ieuenctid, ond dyw hyn ddim yn anodd iawn. Mae'n fater o eistedd a dysgu'r geiriau. Wedyn mae'n gwestiwn o ymarfer. Eich dewis chi yw e.

Gwaith Tŷ a Threfn Ddyddiol y Cartref

Mae sawl modd o ddefnyddio'r stwff yma – mae'n arbennig o ddefnyddiol ar gyfer <u>ymarferion chwarae rôl</u> wedi'u seilio ar ymweliadau cyfnewid. Y tric yw defnyddio geirfa rydych chi'n ei gwybod mewn <u>gwahanol sefyllfaoedd</u> – sy'n golygu ei <u>dysgu</u> yn gyntaf.

<u>¿Le puedo ayudar?</u> – Ga i'ch helpu chi?

Dyma sut mae <u>cynnig helpu</u> rhywun os ydych chi'n aros gyda nhw.

¿Puedo lavar los platos ?   = Ga i olchi'r llestri?

hwfro: pasar la aspiradora
clirio'r bwrdd: quitar la mesa

Neu i gael marciau ychwanegol am gwrteisi: ¿Quiere que yo
lave los platos?
(=Ydych chi am i fi olchi'r llestri?)

<u>¿Quién hace cada cosa?</u> – Pwy sy'n gwneud beth?

Papá friega los platos .

= Mae Dad yn golchi'r llestri.

yn golchi'r llestri: friega los platos
yn glanhau: limpia
yn hwfro: pasa la aspiradora
yn gosod y bwrdd: pone la mesa

Mi hermana Fflur pasa la aspiradora todos los días .

= Mae fy chwaer Fflur yn hwfro bob dydd

bob wythnos: todas las semanas

Gweler tudalennau 2-3 am fwy am yr amser.

Nadie lava los platos en nuestra casa porque tenemos un lavaplatos .

= Does neb yn golchi'r llestri yn ein tŷ ni achos mae peiriant golchi llestri gyda ni.

<u>¿Tienes tu propio dormitorio?</u>

– Oes ystafell gyda ti iti dy hunan?

Tengo mi propio dormitorio.

= Mae gen i fy stafell fy hunan.

Comparto un dormitorio con mi hermano .

= Dw i'n rhannu stafell gyda fy mrawd.

<u>Mae fy nhŷ fel yr ysgol – dw i bob amser yn gorfod gwneud gwaith cartref...</u>

Mae <u>bywyd gartref</u> mor ddiflas – alla i ddim credu eu bod nhw'n treulio <u>cymaint o amser</u> yn gofyn cwestiynau amdano. Ond os oes marciau i'w hennill <u>waeth ichi ddysgu</u>'r eirfa yma. Wedi'r cwbl, byddai'n wirion peidio â gwneud.

Rhannau'r Corff

Geirfa'r corff – mae gwaith stumogi ar hyn. Wrth gwrs mae'n ddefnyddiol mewn sefyllfaoedd meddygol ...

El cuerpo – Y corff

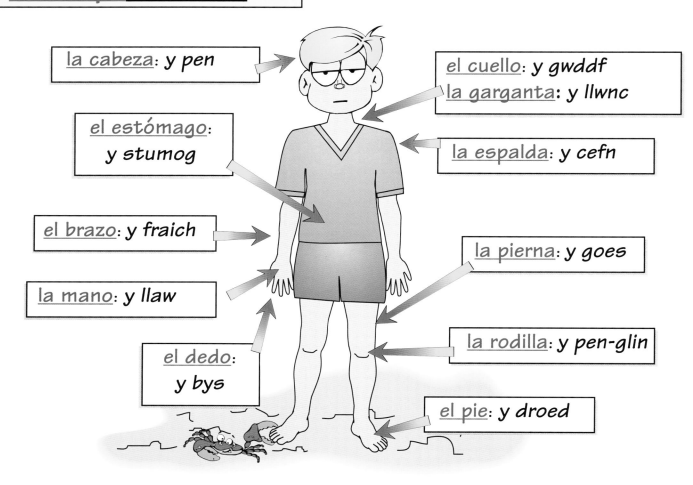

la cabeza: y pen

el cuello: y gwddf
la garganta: y llwnc

el estómago: y stumog

la espalda: y cefn

el brazo: y fraich

la pierna: y goes

la mano: y llaw

el dedo: y bys

la rodilla: y pen-glin

el pie: y droed

La cabeza — Y pen

el pelo (neu el cabello): gwallt

el ojo: y llygad
los ojos: y llygaid

la oreja: y glust (allanol)
el oído: y glust (fewnol)

el diente: y dant

la nariz: y trwyn

la boca: y geg

Mae fy nghi yn hoffi jôcs – mae e bob amser yn tynnu fy nghoes

Mae geirfa'r corff yn werth ei dysgu. Does dim byd gwaeth na chwestiwn chwarae rôl am anaf i'ch coes lle nad ydych chi'n gallu cofio'r gair am 'goes' – mae'n achosi embaras difrifol a byddwch chi'n colli marciau. Gwell dysgu'r cwbl.

Mynd at y Meddyg neu i'r Fferyllfa

Mae gwybod geirfa'r corff yn un peth – mae ei defnyddio yn beth arall. Nid dim ond dysgu'r ymadroddion hyn fel parot sydd eisiau – ceisiwch eu defnyddio nhw gyda geirfa wahanol. Credwch chi fi, dyna'r unig ffordd o sicrhau eich bod chi'n eu gwybod nhw.

¿Cómo está usted? – Sut ydych chi?

Dweud sut rydych chi'n teimlo yw'r peth pwysicaf –
mae'n rhaid ichi fedru dweud beth sy'n bod.

Estoy enfermo/a . = Dw i'n sâl.

wedi blino: cansado/a

Me siento mal . = Dw i'n teimlo'n dost.

Tengo calor . = Dw i'n dwym/boeth.

oer: frío
sychedig: sed
newynog: hambre

Debo ir al médico . = Mae'n rhaid imi fynd at y meddyg.

i'r ysbyty: al hospital
i'r fferyllfa: a la farmacia

¿Qué le duele? – Beth sy'n brifo?

Dyma sut mae dweud beth sy'n brifo.

Me duele el dedo . = Mae fy mys yn brifo.

lluosog: duelen

fy mhen: la cabeza
fy nghlustiau: los oídos

Defnyddiwch 'dolor de ...' i ddweud ble mae'r poen.

Gellwch chi ddefnyddio 'tengo dolor de' gydag unrhyw ran o'r corff sy'n brifo.

Tengo dolor de estómago . = Mae gen i fola tost.

pen tost: dolor de cabeza
llwnc tost: dolor de garganta
trawiad haul: una insolación

tymheredd: fiebre *(ben)*
ffliw: gripe

Mae'r ymadrodd hwn yn ddefnyddiol hefyd:

Estoy resfriado/a. = Mae annwyd arna i.

Tengo dolor de oídos. = Mae gen i glustiau tost / Mae gen i bigyn yn fy nghlustiau.

Ymarferwch ddefnyddio'r ymadrodd hwn gyda gwahanol fathau o ddolur.

Mynd at y meddyg – dyna boen...

Rydych chi'n gwybod y drefn – ymarferwch ddefnyddio'r ymadroddion hyn gymaint ag y gellwch. Os ydych chi'n eu gwybod nhw'n dda, fyddwch chi ddim yn eu cael nhw'n anghywir. A chofiwch – os nad ydych chi'n gwybod sut i ddweud salwch arbennig yn yr arholiad, defnyddiwch 'dolor de' gyda'r rhan gywir o'r corff. Fe wnaiff hynny eich cael chi allan o bicil.

Sgwrsio'n Gwrtais

Mae'r rhan fwyaf o'r pethau hyn yn eitha sylfaenol – byddai'n <u>hurt</u> eu cael nhw'n anghywir ond bob blwyddyn mae pobl yn gwneud. Yn Sbaeneg, os gellwch chi ddweud pethau'n <u>gwrtais</u>, rydych chi'n <u>sicr</u> o gael <u>marciau da</u>.

¡Buenos días! ¿Qué tal? – Helo! Sut wyt ti?

Dydd da / Helo: Buenos días
Noswaith dda: Buenas tardes
Sut wyt ti?: ¿Qué tal?
Sut ydych chi?: ¿Cómo está?
Dydd da (yn siarad â dyn): Buenos días señor
Dydd da (yn siarad â menyw): Buenos días señora/señorita

Shwmae: Hola
Hwyl:
Hasta luego / Adiós

Wrth <u>ateb</u> 'Buenos días', dywedwch '<u>Buenos días</u>' yn ôl. Gnewch yr un peth gyda 'Buenas tardes'.

Buenos días

Muy bien , gracias. = iawn, diolch.

ddim yn dda: no muy bien
gweddol: así así
bendigedig: maravillosamente bien
iawn: regular
ofnadwy: fatal

Gweler tudalen 61 os nad ydych chi'n teimlo'n dda ac eisiau egluro pam.

Le presento a Nuria – Ga i gyflwyno Nuria ichi?

Mae fy mywyd i mor brysur – partïon, cyflwyniadau ... o, ydyn ni wedi cyfarfod o'r blaen? ...

Esta es Maria. = Dyma María.

Ar gyfer dyn: Este es...

Pasa. Siéntate. = Dere i mewn. Eistedd.

Pase. Siéntese. = Dewch i mewn. Eisteddwch. (Unigol.)

Pasen. Siéntense. = Dewch i mewn. Eisteddwch. (Lluosog, ffurfiol.)

Encantado/a.
Mucho gusto.
= Braf cwrdd â chi.

Muchas gracias. Es muy amable.
= Diolch yn fawr. Rydych chi'n garedig iawn.

pethau anodd

Defnyddiwch 'lo siento' i ddweud ei bod yn flin gennych.

Lo siento. = Mae'n flin gen i.

Lo siento mucho. = Mae'n flin iawn gen i.

¿Puedo sentarme ? = Ga i eistedd?

mynd i'r toiled: ir al baño
cael rhywbeth i'w yfed: beber algo

pethau anoda

Cwrtais – rhywun sy'n dda mewn tennis ....

Efallai bod hwn yn stwff <u>diflas</u>. Ond daliwch ati i wenu ac yn bennaf oll, <u>dysgwch e</u> – a bydd popeth yn iawn. Byddwch yn falch pan ddowch chi i'r arholiadau a sylweddoli eich bod chi'n gallu <u>ateb y cwestiynau i gyd</u>. Mae'n werth yr ymdrech.

Crynodeb Adolygu

Does dim gwerth gwneud y cwestiynau yma ac wedyn stopio. Er mwyn gwneud yn siŵr eich bod chi yn wir wedi dysgu'r cwbl, dylech chi fynd yn ôl trwy'r adran a chwilio am yr ateb i unrhyw gwestiwn nad oeddech chi'n gallu ei wneud. Wedyn rhowch dro arnyn nhw i gyd eto. Y nod yw eich bod chi yn y diwedd yn gallu hedfan trwyddyn nhw yn ddidrafferth.

1) Un hawdd i ddechrau – dywedwch eich enw, eich oed a phryd mae'ch pen-blwydd wrth rywun rydych chi newydd gyfarfod ag ef.

2) Disgrifiwch dri o'ch ffrindiau a dywedwch beth yw eu hoed. Sillafwch eu henwau ar lafar ac enwau'r trefi lle maen nhw'n byw.

3) Dywedwch wrth eich ffrind llythyru pa berthnasau sy gyda chi – gan gynnwys sawl modryb, cefnder, cyfnither ayb.

4) Mae gan eich ffrind sy'n hoffi anifeiliaid chwe chwningen, aderyn, mochyn cwta a dwy gath. Sut byddai hi'n dweud hyn yn ei phrawf llafar Sbaeneg?

5) Dywedwch eich cyfeiriad a disgrifiwch lle rydych chi'n byw – ai tref ynteu pentref, ydy'r wlad yn brydferth a faint o bobl sy'n byw yno?

6) Mae Carina yn byw mewn tŷ mawr gyda gardd. Mae'n agos at ganolfan siopa, arhosfa fysiau a thraffordd. Sut byddai hi'n dweud hyn yn Sbaeneg?

7) Rhowch enwau'r stafelloedd yn eich cartref a dywedwch sawl stafell wely sy yno. Dywedwch a oes gardd gennych ac a oes blodau, glaswellt neu goed ynddi.

8) Mae gan Twm waliau coch a charped brown yn ei stafell wely. Mae ganddo wely, ddwy lamp, gwpwrdd dillad a bwrdd. Does dim soffa ganddo. Sut byddai fe'n dweud hyn i gyd yn Sbaeneg?

9) Disgrifiwch eich stafell wely mor fanwl â phosibl.

10) Rydych chi'n aros gyda theulu ac yn sôn wrthyn nhw am eich bywyd gartref. Dywedwch eich bod chi'n cyweirio'ch gwely ac yn hwfro ac yn glanhau weithiau, eich bod yn cael brecwast am 8 o'r gloch a chinio am 1 o'r gloch.

11) Rydych chi'n aros gyda theulu ac rydych newydd gael bwyd.
Gofynnwch iddyn nhw a ydyn nhw am ichi glirio'r bwrdd.

12) Gofynnwch a ellwch gael bath ac a oes tywel gyda nhw ichi.

13) Mae gan Cecilia ei stafell ei hunan ond mae Roberto yn rhannu un gyda'i frawd Xavier.
Sut bydden nhw'n dweud hyn yn Sbaeneg?

14) Tynnwch lun syml o ddyn neu fenyw a labelwch e gyda chymaint o rannau'r corff ag y gellwch.

15) Sut byddech chi'n dweud yn Sbaeneg eich bod yn dioddef o'r canlynol?
a) bola tost b) pen tost c) annwyd ch) ffliw

16) Dywedwch fod rhaid ichi fynd i'r fferyllfa.

17) Mae rhywun yn eich cyflwyno chi i ymwelydd o Sbaen. Dywedwch 'Bore da, sut ydych chi?'
Os yw e'n gofyn sut ydych chi, dywedwch 'Dw i'n iawn diolch. Braf cyfarfod â chi'.

18) Gofynnwch a gewch chi rywbeth i'w yfed – a diolchwch.

Y Ffôn

Mae'n hollol sicr y cewch chi rywbeth am <u>wneud galwad ffôn</u> yn yr arholiad
– os <u>dysgwch</u> chi'r eirfa yma a'i <u>hymarfer</u> <u>nawr</u>, dw i'n siŵr y bydd yn ddefnyddiol.

<u>Una llamada telefónica</u> – Galwad ffôn

¿Cuál es **tu** número de teléfono? = Beth yw dy rif ffôn?

Os ydych am siarad yn fwy ffurfiol, defnyddiwch **su** .

Mi número de teléfono es **veintiocho, diecinueve, cincuenta y seis** .

Rhowch eich rhif ffôn mewn grwpiau o ddau rif, hynny yw <u>dau ddeg wyth</u> yn lle <u>dau wyth</u>.

= Fy rhif ffôn yw 281956

<u>Ateb y ffôn: 'Soy Iolo'</u> – 'Iolo sy 'ma'

Y tric mewn ymarferion chwarae rôl ar y ffôn yw dweud y pethau y <u>byddech chi yn eu dweud</u> mewn gwirionedd ar y ffôn.

Dyma sut mae <u>ateb</u> y ffôn:

¿Dígame? = Helô?

¡Dígame!

¡Dígame!

Defnyddiwch y rhain wrth ffonio rhywun:

¡Hola! – soy Bárbara. = *Helô, Barbara sy 'ma.*
¿Puedo hablar con..? = *Ga i siarad â ...?*
¿Está Juana? = *Ydy Juana yna?*
¿Puede llamarme Juana a las siete? = *All Juana fy ffonio i'n ôl am saith?*

Mae'r ymadroddion i gyd yn wych – ond <u>does dim</u> byd gwell na'u defnyddio nhw <u>eich hunan</u>.

<u>Quisiera dejar un mensaje</u> – Hoffwn i adael neges

Mae hyn yn mynd ychydig bach <u>ymhellach</u> na'r sgwrs sylfaenol ar y ffôn – gadael neges. Y peth pwysig yw cyflwyno'r <u>wybodaeth gywir</u> i gyd.

Edrychwch ar yr <u>enghraifft</u> hon ac ysgrifennwch <u>pwy ffoniodd</u>, eu <u>rhif</u> a <u>phryd</u> y dylai Claudio ffonio'n ôl:

Hola, soy Paula. Mi número de teléfono es cincuenta y nueve, dieciocho, cuarenta y siete. ¿Puede llamarme Claudio a las siete? Gracias. Hasta luego.

<u>La cabina de teléfono</u> – Y blwch ffôn

¿Tiene monedas para el teléfono? = Oes gyda chi newid ar gyfer y ffôn?

<u>Ffonio yw fy ngalwedigaeth.</u>

Mae'n bryd <u>gorchuddio</u>'r tudalen ac <u>ysgrifennu</u>'r eirfa allweddol. Wedyn, ie, <u>dysgu</u> ac <u>ymarfer</u>.

Swyddfa'r Post

Mae <u>swyddfa'r post</u> yn ddewis gwych ar gyfer cwestiynau <u>chwarae rôl</u> – efallai achos bod digon o botensial dangos geirfa yma. Chewch chi ddim problem os gwnewch chi ychydig o <u>waith caled</u> ac <u>ymarfer</u> – ond rhaid <u>dysgu</u>'r eirfa yn gyntaf.

<u>¿Dónde está Correos?</u> – Ble mae Swyddfa'r Post?

Mae'r ymadroddion yn edrych braidd yn ddigyswllt ond dyma'r math o beth sy'n codi mewn tasg chwarae rôl. Dechreuwch trwy <u>ddysgu</u>'r <u>eirfa</u> wedyn ewch ati i ymarfer rhai <u>ymadroddion</u>.

el buzón: *blwch post*
los sellos: *stampiau*
Correos: *swyddfa'r post*
la carta: *llythyr*

Señor Pablo Picasso
La Plaza Mayor
Barcelona
Spain
AIRMAIL

¿Dónde está el buzón, por favor?
= Ble mae'r blwch post, os gwelwch chi'n dda?

¿Hay un buzón cerca de aquí?
= Oes blwch post yn agos?

¿Tiene sellos?
= Oes stampiau gyda chi?

¿Cuánto cuestan los sellos?
= Faint mae'r stampiau'n gostio?

<u>Quisiera mandar una carta</u> – Hoffwn i anfon llythyr

Mae'r pethau hyn ychydig bach yn fwy <u>manwl</u> – anfon llythyrau neu barseli <u>allan o'r wlad</u> neu o <u>fewn Sbaen</u>.

¿Cuánto cuesta mandar una carta *a Inglaterra* ?
= Faint mae'n gostio i anfon llythyr i Loegr?

parsel: un paquete   *cerdyn post:* una tarjeta postal

¿Cuánto cuesta mandar/enviar una carta en España?
= Faint mae'n gostio i anfon llythyr o fewn Sbaen?

¿Tiene sellos para mandar una carta a Gran Bretaña?

= Oes gyda chi stampiau i anfon llythyr i Brydain?

Quisiera mandar una tarjeta postal *a Gran Bretaña?*

Gellwch chi ychwanegu <u>cymaint</u> o bethau ag yr hoffech chi, gan ddefnyddio'r <u>un ymadrodd</u>.
= Hoffwn i anfon cerdyn post i Brydain.

Ysgrifennwch bob ymadrodd – a cheisiwch ddefnyddio <u>geirfa wahanol</u>.

Anfon tarjeta – dyna'r nod...

<u>Gweithio'n galed</u> sy raid unwaith eto, dw i'n ofni. Os ydych chi eisiau <u>gwneud yn dda</u> yn eich arholiadau TGAU mae'n rhaid ichi weithio – <u>dysgu</u>'r eirfa, gorchuddio'r tudalen ac ysgrifennu'r geiriau. Dyw hi ddim yn ddigon darllen trwy'r eirfa'n unig – mae'n rhaid ichi <u>ymarfer</u> ei ddefnyddio. A chredwch fi, mae'r arholwyr yn <u>gallu gweld</u> a ydych chi'n ei gwybod.

Llythyrau Anffurfiol

Rydych chi'n <u>siŵr o</u> orfod ysgrifennu <u>llythyr</u> yn Sbaeneg rywbryd – dyna'r drefn. Cofiwch – cyfrinach ysgrifennu llythyr da mewn unrhyw iaith yw <u>gwybod y rheolau.</u>

Dysgwch y cynllun yma i ddechrau a gorffen llythyr

Dyma lythyr byr iawn – mae'n dangos ichi'r <u>holl</u> bethau allweddol y <u>bydd eu hangen</u> arnoch chi wrth ysgrifennu llythyr.

Mae hyn yn golygu 'Annwyl Juan'. Os ydych chi'n ysgrifennu at ferch, rhowch <u>Querida</u> yn lle <u>Querido.</u>

Cyfarchion.

hwyl: Hasta pronto
llawer o gariad: un abrazo

Rhowch ble rydych chi'n byw a'r dyddiad fan hyn. Edrychwch ar dudalen 3 am ddyddiadau.

Mae hyn yn golygu 'Diolch am dy lythyr.'

Mae hyn yn golygu: 'Roeddwn i'n falch o glywed oddi wrthyt ti.'

> Caersws, 5 de marzo
>
> Querido Juan:
>
> Gracias por tu carta.
> Me alegró mucho
> recibir tus noticias.
>
> Saludos
>
> Albert

Nawr rhowch <u>chi</u> dro arni – ymarferwch ysgrifennu llythyr byr <u>eich hunan.</u>

Defnyddiwch ddigon o ymadroddion cyffredin yn eich llythyrau

Dim ond y <u>cam cyntaf</u> yw dysgu cynllun llythyr. Mae ysgrifennu llythyrau da yn golygu defnyddio llawer o eirfa ac ymadroddion Sbaeneg <u>clir</u>. <u>Does dim</u> rhaid iddyn nhw fod yn gymhleth – dim ond yn <u>gywir.</u>

¿Qué tal?

= sut wyt ti?

¿Qué piensas de...?

= beth rwyt ti'n feddwl o ...?

¿Cómo va todo?

= sut mae pethau'n mynd?

Mae hon yn ffordd dda o <u>orffen:</u>

Espero recibir tus noticias pronto.

= Dw i'n gobeithio clywed oddi wrthyt ti yn fuan.

Llythyrau anffurfiol – dyw hynny ddim yn golygu bod dim siâp arnyn nhw ...

Ydych chi'n meddwl eich bod chi wedi'i deall hi? Iawn, <u>gorchuddiwch</u> y tudalen ac <u>ymarferwch</u> ysgrifennu cwpl o lythyrau byr – dyna'r <u>unig</u> ffordd o wneud yn siŵr. Defnyddiwch ddigon o <u>ymadroddion syml</u> bob tro – a gwnewch yn siŵr eich bod chi'n eu <u>cael nhw'n gywir.</u>

Llythyrau Ffurfiol

Aaa ... mae llythyrau ffurfiol yn ddiflas. Mae mwy byth o reolau i'w cofio na gyda llythyrau anffurfiol. Ond er gwaetha hyn, rhaid ichi wybod sut i'w hysgrifennu. Bydd yn ddefnyddiol ar gyfer ceisiadau am swyddi neu fwcio stafell mewn gwesty.

Gwnewch yn siŵr fod y cynllun a'r iaith yn gywir

Mae enw a chyfeiriad y person rydych chi'n ysgrifennu ato yn mynd fan hyn:

Rhowch eich enw chi a'ch cyfeiriad fan hyn.

Os nad ydych chi'n gwybod enw'r person, ysgrifennwch fan hyn: 'Muy señor mío: / Muy señora mía:'. Cofiwch roi colon (:) ar ôl y cyfarchiad, nid coma (,).

Rhowch y dyddiad draw fan hyn.

Os ydych chi'n gwybod enw'r person, rhowch 'Estimado señor García:' neu 'Estimada señora García:'.

Mae hyn yn golygu: Hoffwn i fwcio tair stafell gyda chi o Fehefin 4ydd hyd at y 18fed, gan gynnwys y ddau ddyddiad. Hoffen ni un stafell ddwbl a dwy stafell sengl. A fyddech chi cystal â rhoi gwybod inni cyn gynted â phosibl a oes stafelloedd ar gael gennych, a faint maen nhw'n gostio.

Yr eiddoch yn gywir.

> Hotel Miramar
> Calle Arenal 16
> M laga
> España
>
> Rhian Jones
> Heol y Pandy
> Felindre
> SA45 5RE
> Reino Unido
> Felindre, 20 de abril de 2006
>
> Muy señor m o:
>
> Quisiera reservar tres habitaciones en su hotel, desde el cuatro hasta el dieciocho de junio ambos inclusive. Quisiéramos una habitación doble y dos habitaciones individuales. ¿Ser a tan amable de informarme cuanto antes si tiene habitaciones libres y de indicarme el precio?
>
> Le saluda atentamente
>
> *R Jones*
>
> Rhian Jones

Dysgwch y ffyrdd hyn o orffen llythyr

Dyma gwpl o ffyrdd o orffen llythyrau ffurfiol – ymarferwch eu defnyddio nhw nes eu bod nhw'n dod yn rhwydd ichi.

Le saluda atentamente. = Yr eiddoch yn gywir

Ymadrodd defnyddiol arall: *Dándole las gracias por anticipado.* = Diolch o flaen llaw.

Defnyddiwch 'disculparse' i ymddiheuro

Efallai y bydd yn rhaid ichi ymddiheuro am rywbeth – mae'n werth ymarfer defnyddio brawddegau fel hon.

Mi bolso..?

Quisiera disculparme por haber dejado mi bolso en su hotel. = Hoffwn ymddiheuro am adael fy mag yn eich gwesty.

Sut i orffen llythyr – stopiwch ysgrifennu ...

Ymarfer, ymarfer, ymarfer – dyna gyfrinach TGAU Sbaeneg. Fe enillwch chi ddigon o farciau os gellwch chi ysgrifennu mewn dull ffurfiol heb swnio fel pe baech chi dim ond wedi dysgu un neu ddau ymadrodd. Mae'n fater o ymarfer – po fwyaf o lythyrau rydych chi'n eu hysgrifennu, mwyaf naturiol bydd yr ymadroddion yn swnio.

Crynodeb Adolygu

Mae llythyrau a galwadau ffôn yn gyfleoedd da i ennill llawer o farciau os ydych chi'n gwybod eich stwff. Y fantais yw bod strwythur clir gyda nhw. Pan ydych chi'n gwybod yr eirfa a'r ymadroddion y cwbl sydd angen ei wneud yw ymarfer – a dyna lle mae'r cwestiynau hyn yn ddefnyddiol. Rhowch gynnig arnyn nhw nawr, wedyn rhowch gynnig arall os oes rhai nad ydych chi'n siŵr amdanyn nhw. Wedyn defnyddiwch y tudalennau yn yr adran i'ch helpu chi i'w marcio.

1) ¿Cuál es tu número de teléfono? (Peidiwch â thwyllo a'i ysgrifennu mewn rhifau – ysgrifennwch y rhif yn llawn yn Sbaeneg.)

2) Beth ddylech chi ddweud wrth ateb y ffôn yn Sbaeneg?

3) Mae ffrind Mecsicanaidd eich brawd yn ffonio. Ysgrifennwch neges yn Sbaeneg i'ch brawd yn dweud na all ei ffrind fynd allan heno.

4) Mae Ceri yn ffonio ei ffrind Pedro ac yn siarad â'i fam. Dyw Pedro ddim gartref ond mae ei fam yn dweud y gwnaiff hi ddweud wrtho fod Ceri wedi ffonio. Ysgrifennwch y sgwrs ffôn gyfan yn Sbaeneg.

5) Sut byddech chi'n gofyn i rywun a oes newid gyda nhw ar gyfer y ffôn?

6) Gofynnwch yn swyddfa'r post a oes stampiau gyda nhw i anfon llythyr i Brydain.

7) Mae gyda chi bedwar cerdyn post a thri llythyr ac rydych chi eisiau eu hanfon i Brydain. Gofynnwch yn swyddfa'r post faint bydd hyn yn gostio.

8) Rydych chi mewn stryd yn Sbaen ac rydych chi eisiau postio llythyr. Sut byddech chi'n gofyn ble mae blwch post? (Ceisiwch feddwl am ddwy ffordd o'i ddweud.)

9) Ysgrifennwch lythyr at eich ffrind Clara. Ysgrifennwch eich cyfeiriad, dywedwch helô a dywedwch wrthi am rywbeth wnaethoch chi yn ystod yr wythnos diwethaf.

10) Hoffech chi glywed oddi wrthi yn fuan – sut byddech chi'n dweud hynny yn eich llythyr?

11) Ysgrifennwch un ffordd y gallech chi orffen y llythyr.

12) Rydych chi eisiau bwcio tair stafell sengl mewn gwesty yn Madrid. Ysgrifennwch lythyr yn Sbaeneg i: Hotel Glorieta, Paseo del Prado 3, Madrid.

13) Sut byddech chi'n gorffen llythyr ffurfiol yn Sbaeneg?

14) Beth mae'r ymadrodd hwn yn ei olygu – 'Dándole las gracias por anticipado'? Fyddech chi'n ei ddefnyddio mewn llythyr ffurfiol ynteu llythyr anffurfiol?

15) Rydych chi wedi gadael cês mewn stafell mewn gwesty. Ysgrifennwch at staff y gwesty i ymddiheuro.

Profiad Gwaith a Chyfweliadau

Mae'r ddau dudalen yma yn eich <u>annog</u> i feddwl am eich <u>dyfodol</u> yn fwy <u>manwl</u> byth – mae hi bron yn wasanaeth cyhoeddus! Os nad ydych chi'n gallu dod i ben heb belen risial, defnyddiwch eich <u>dychymyg</u>.

¿Qué **hiciste como** experiencia laboral?

= Beth wnest ti yn dy brofiad gwaith?

Mewn gair, mae profiad gwaith yn <u>orfoledd pur</u> – dw i'n cofio'r wythnos dreuliais i yn marw o ddiflastod mewn banc yn y stryd fawr! O leiaf helpodd hi fi i <u>benderfynu</u>'n bendant nad oeddwn i byth yn mynd i weithio mewn banc.

Como experiencia laboral , trabajé en la oficina de un abogado .

= Fe wnes i brofiad gwaith yn swyddfa cyfreithiwr.

Enw neu ddisgrifiad o gwmni.

Trabajé allí durante <u>una semana y media</u>.

= Gweithiais i yno am wythnos a hanner.

¿Cómo **fue** el trabajo? **Dime qué hiciste.**

Mae gofyn ichi roi eich <u>barn</u> eto – byddwch yn onest, oeddech chi'n ei hoffi neu beidio..?

= Sut oedd y gwaith? Dwed wrthof i beth wnest ti.

El trabajo fue duro .

= Roedd y gwaith yn galed.

anodd: difícil
diddorol: interesante

cyfforddus: cómodo/cómoda
gartref: en casa
ynysig: aislado/aislada

Me sentí muy solo/sola .

= Roeddwn i'n teimlo'n unig iawn.

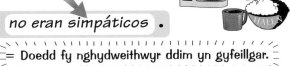

Sawl siwgr?

(roedden nhw) yn gyfeillgar iawn: eran muy simpáticos
(roedden nhw) yn ddiddorol: eran interesantes

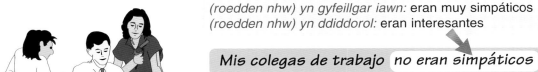

Mis colegas de trabajo no eran simpáticos .

= Doedd fy nghydweithwyr ddim yn gyfeillgar.

¿Qué quieres hacer en el futuro?

= Beth rwyt ti eisiau'i wneud yn y dyfodol?

Efallai nad ydych chi erioed wedi <u>ceisio</u> am swydd ond mae'n <u>fwy na thebyg</u> y bydd yn rhaid ichi wneud ryw ddiwrnod. Ac mae'n ddigon posibl y bydd <u>chwarae rôl</u> am gyfweliad ar gyfer swydd yn eich prawf llafar.

En mi trabajo, quiero resolver problemas .

= Yn fy swydd hoffwn i ddatrys problemau.

cyfarfod â phobl newydd: conocer a personas nuevas
gweithio gyda rhifau: trabajar con números
helpu pobl: ayudar a la gente

Gweler <u>tudalen 32</u> am fwy o swyddi, neu chwiliwch mewn <u>geiriadur</u>.

Me gustaría ser agente de viajes .

= Hoffwn i fod yn asiant teithio.

Ydych chi'n brofiadol? ...

Os <u>nad ydych</u> chi wedi gwneud unrhyw brofiad gwaith, gwell ichi <u>ddysgu</u> sut i ddweud hynny yn <u>Sbaeneg</u> rhag ofn eu bod nhw'n gofyn ichi. A dw i'n siŵr y byddai'ch <u>rhieni</u> am ichi feddwl am <u>eich gyrfa</u> yn y dyfodol beth bynnag...

Eich Gwerthu'ch Hunan mewn Cyfweliadau

Yn aml iawn yn arholiadau TGAU y rhan fwyaf o'r byrddau arholi, byddan nhw'n siarad â chi yn <u>anffurfiol</u> gan ddefnyddio 'tú' neu 'ti', nid 'usted' neu 'chi'. Ond mewn <u>cyfweliad</u> byddan nhw bob amser yn defnyddio '<u>usted</u>'. Gwell ichi gyfarwyddo â hynny.

Preguntas para una entrevista – Cwestiynau ar gyfer Cyfweliad

Iawn, dyma rai <u>enghreifftiau</u> o atebion i'r cwestiynau sylfaenol y gallech chi <u>ddisgwyl</u> eu cael mewn <u>cyfweliad</u> am swydd. Does <u>dim</u> rhaid ichi ddysgu'r brawddegau hyn – byddai'r dosbarth yn swnio'n eitha dwl pe baech chi i gyd yn dweud yr un brawddegau <u>fel parotiaid</u>. Meddyliwch am rai atebion eich <u>hunan</u>.

¿Cómo se llama usted? = Beth yw eich enw? ¿Cuántos años tiene Ud.? = Beth yw eich oed chi?

¿Qué trabajo le interesa a Ud?
= Pa waith sydd o ddiddordeb ichi?

Quisiera trabajar como ayudante en la oficina de turismo en Madrid. = Hoffwn i weithio fel cynorthwy-ydd mewn swyddfa dwristiaeth yn Madrid.

¿Por qué quiere Ud este trabajo?
= Pam rydych chi eisiau'r swydd yma?

El turismo me interesa mucho. = Dw i'n meddwl bod twristiaeth yn ddiddorol iawn.

Quisiera mejorar mi español. = Hoffwn i wella fy Sbaeneg.

cymwysterau: los títulos (necesarios) cyfrifol: responsable

Tengo la experiencia necesaria, soy flexible y maduro. = Mae gen i'r profiad angenrheidiol, dw i'n hyblyg ac yn aeddfed.

¿Qué hizo Ud en el instituto?
= Beth wnaethoch chi yn yr ysgol?

Fui al instituto en Bargoed. = Es i'r ysgol ym Margoed.

Mis asignaturas preferidas en el instituto fueron el alemán y el español. = Almaeneg a Sbaeneg oedd fy hoff bynciau yn yr ysgol.

¿Qué le gusta hacer?
= Beth rydych chi'n hoffi ei wneud?

Me encanta la arquitectura. = Dw i'n hoffi pensaernïaeth yn fawr.

Me gusta viajar al extranjero. = Dw i'n hoffi teithio tramor.

'Eich Gwerthu'ch Hunan'...? – on'd yw hynny braidd yn amheus ...
Dyw'r rhan fwyaf o'r stwff yma ddim yn newydd. Y cwbl sydd angen ichi ei wneud yw cyfarwyddo â delio ag ef yn y <u>cyd-destun</u> hwn. Felly pan ofynnan nhw ichi <u>esgus</u> yn eich prawf llafar eich bod yn <u>ceisio</u> am swydd yn trin gwallt yn Sevilla, fydd hyn ddim yn anodd ichi.

Yr Amgylchedd

Mae trafod yr amgylchedd yn bwnc <u>difrifol</u> ac mae disgwyl ichi fod â barn. Mae'n gyfle ichi efallai ysgrifennu neu ddweud beth rydych yn ei <u>feddwl</u> am rywbeth real a <u>phwysig</u>, nid dim ond pa <u>liw sanau</u> yr hoffech chi eu prynu yn y sêl.

El medio ambiente - ¿es importante para ti?

– Ydy'r amgylchedd yn bwysig iti?

Mae'n <u>rhaid</u> ateb cwestiwn fel hyn trwy ddweud <u>Ydy</u> neu <u>Nac ydy</u>, felly cofiwch wrando am hynny <u>bob amser</u> yn gyntaf yn yr arholiad gwrando – wedyn ceisiwch ddyfalu'r <u>rheswm</u>.

<u>No</u>, no tengo ningún interés.

= Nac ydy, does dim diddordeb gen i o gwbl.

¡Sí! Pienso que el medio ambiente es muy importante.

= Ydy. Dw i'n meddwl bod yr amgylchedd yn bwysig iawn.

Os byddan nhw'n gofyn ichi beth yw eich barn am gwestiwn fel hyn, <u>dechreuwch</u> gydag 'Ydy' neu 'Nac ydy' ac esboniwch pam. Wrth gwrs, bydd yn haws os ydych chi wedi <u>paratoi</u> rhywbeth o flaen llaw.

Rhowch <u>farn a dadleuon</u>

Os ydych chi'n gwybod tipyn am bethau '<u>gwyrdd</u>' gallech chi fynd amdani fan hyn, ond os nad ydych chi, gwell dweud hynny. Cewch chi gymaint o farciau am ddweud <u>pam</u> nad oes diddordeb gyda chi ag y caech chi am <u>siarad</u> yn frwd am Greenpeace.

¡NO!

Eso no me interesa. Quiero vivir en la ciudad y no en el campo.

= Does dim diddordeb gen i ynddo. Dw i eisiau byw yn y ddinas, nid yn y wlad.

Las flores y la naturaleza son muy aburridas. Prefiero los juegos de ordenador.

= Mae blodau a byd natur yn ddiflas. Gwell gen i gemau cyfrifiadur.

¡SÍ!

Me preocupa mucho el medio ambiente debido a la contaminación industrial.

= Dw i'n poeni'n fawr am yr amgylchedd achos llygredd diwydiannol.

Probablemente vamos a perder la biodiversidad de nuestro planeta .

= Mae'n debyg ein bod ni'n mynd i golli bioamrywiaeth ein planed.

GEIRFA AMGYLCHEDDOL ANGENRHEIDIOL

mwg o geir:	el humo de los coches
llygredd:	la contaminación
yr effaith tŷ gwydr:	el efecto invernadero
gollyngiadau (nwyon tŷ gwydr):	las emisiones
niweidio:	dañar
peryglu:	poner en peligro
llygredd aer:	la contaminación del aire
adnoddau naturiol:	los recursos naturales
bioamrywiaeth:	la biodiversidad
natur:	la naturaleza

Wrth gwrs, efallai <u>na fyddan</u> nhw'n gofyn ichi beth yw eich barn am yr amgylchedd ac efallai y byddwch chi felly'n rhoi ochenaid o <u>ryddhad</u> – aaaaaa ....

Ond serch hynny byddwn i'n eich <u>cynghori</u> chi i gyfarwyddo â'r eirfa amgylcheddol <u>angenrheidiol</u>. Gallai <u>sleifio</u> i mewn i gwestiwn <u>darllen</u> ac ymateb neu <u>wrando</u> ac ymateb.

Yn fy hoff amgylchedd mae teledu, gwely a pizza...

Mae cymaint o <u>wahanol agweddau</u> ar yr amgylchedd y gallech chi <u>ddewis</u> siarad amdanyn nhw – neu beidio siarad amdanyn nhw os nad oes ots gyda chi. Fel arfer, <u>byddwch yn gall</u> a dysgwch y pethau <u>sylfaenol</u> ...

Iechyd a Chyffuriau ac Alcohol

¡Qué bueno! – ABCH yn Sbaeneg, dyna lwcus ydych chi.
O leiaf dylai fod <u>barn</u> gyda chi am hyn heb orfod meddwl yn rhy galed.

Deiet – Un régimen

Na, dw i ddim yn sôn am ryw ddeiet gwirion i golli pwysau trwy fwyta <u>letys yn unig</u>. Mae hyn am eich deiet arferol bob dydd a pha mor <u>iachus</u> yw e, neu beidio.

¿Comes **bien**?

<u>yn rheolaidd</u>: regularmente

= Wyt ti'n bwyta'n dda?

Am fwy o fwydydd gweler <u>tudalen 48</u>.

No, como patatas fritas casi todos los días, y bebo solamente limonada.

Sí, como muchas ensaladas y fruta.

= Ydw, dw i'n bwyta llawer o saladau a ffrwythau.

= Nac ydw, dw i'n bwyta sglodion bron bob dydd a dw i'n yfed lemonêd yn unig.

El ejercicio – Ymarfer Corff

Does dim ots os nad ydych chi'n gwneud dim ymarfer corff, dim ond eich bod chi'n gwybod sut mae dweud hynny.

¿Qué haces para mantenerte en buena salud?

= Beth rwyt ti'n wneud i gadw'n iach?

Hago mucho deporte.

= Dw i'n gwneud llawer o chwaraeon.

Como bien, me mantengo delgada y tengo mucha energía.

Juego al fútbol y al tenis regularmente.

= Dw i'n bwyta'n iach, dw i'n cadw'n denau ac mae llawer o egni gen i.

= Dw i'n chwarae pêl-droed a thennis yn rheolaidd.

Smygu, Cyffuriau, Alcohol a Roc'n'Rôl

Efallai mai celwydd yw'r roc'n'rôl ...

¿Qué piensas de **las drogas**?

alcohol: del alcohol

= Beth rwyt ti'n feddwl o gyffuriau?

NO FUMO

= Dw i ddim yn smygu

= Dw i'n hoffi smygu

Los cigarrillos me dan asco. Lo odio cuando la gente fuma. Los cigarrillos tienen un olor horrible. No saldría nunca con un fumador / una fumadora.

ME GUSTA FUMAR

Sé que no es muy sano, pero me parece muy elegante fumar.

= Mae sigaréts yn troi arna i. Dw i'n casáu pan fo pobl yn smygu. Mae arogl ofnadwy ar sigaréts. Fyddwn i byth yn mynd allan gyda rhywun sy'n smygu.

= Dw i'n gwybod nad yw hi ddim yn iachus smygu ond dw i'n meddwl ei bod hi'n cŵl.

Salud – dw i'n hoffi letys a thomatos yn bersonol ...

Mae llwyth o bethau y gallech chi eu dweud am y pethau <u>cyffrous</u> yma, ond mae dysgu'r stwff ar y tudalen hwn yn ddechrau <u>da</u>. <u>Meddyliwch</u> am bethau eraill y gallech chi fod eisiau eu dweud, ysgrifennwch nhw, ac <u>ymarferwch</u> nhw.

Pobl Enwog

Wel, mae'r dewis yma o destun yn ymddangos ychydig yn rhyfedd i fi, ond mae'n debyg fod pawb i fod â diddordeb byw ym mywydau pobl enwog – diddordeb mor fawr nes eu bod nhw eisiau siarad amdanyn nhw yn Sbaeneg gyda ffrindiau llythyru a phartneriaid cyfnewid.

¿Admiras a las personas famosas? – Wyt ti'n edmygu pobl enwog?

Mae siarad am yr enwogion rydych chi'n eu hedmygu fwyaf yn golygu bod rhaid ichi ddefnyddio'r un hen stwff syml roedd ei angen arnoch i siarad amdanoch eich hunan a'ch teulu. Bydd yn rhaid ichi ddechrau gyda'u henw, beth maen nhw'n wneud, a dilyn hynny gyda'r rheswm pam rydych chi'n eu hoffi.

PWY *Pienso que Britney Spears es fantástica.* = Dw i'n credu bod Britney Spears yn wych.

BETH *Es una cantante famosa de los Estados Unidos.* = Mae hi'n gantores enwog o UDA.

PAM *Britney es muy bonita y lleva siempre ropa de moda.* = Mae Britney yn bert iawn ac mae hi bob amser yn gwisgo dillad ffasiynol.

Canta como un ángel. = Mae hi'n canu fel angel.

¡Es mi heroína! = Hi yw fy arwres!

La influencia de la gente famosa – Dylanwad pobl enwog

Mae pobl enwog yn aml yn fodelau rôl i bobl ifainc. Gallai fod disgwyl ichi fod â barn am hyn a'r rôl mae'r cyfryngau yn chwarae yn yr holl sylw sy'n cael ei dalu i enwogrwydd.

¿Piensas que se puede considerar a la gente famosa como un ejemplo positivo para los jóvenes? = Wyt ti'n meddwl y gellir ystyried bod pobl enwog yn esiampl bositif i bobl ifanc?

¡SÍ!

¡Por supuesto! Tienen mucho éxito. = Wrth gwrs. Maen nhw'n llwyddiannus iawn.

Se les puede admirar. = Gellwch eu hedmygu nhw.

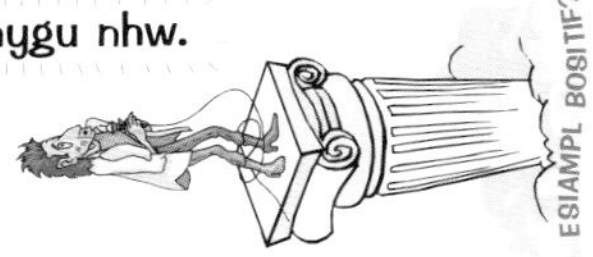

¡NO!

¡De ninguna manera! No son personas normales. = Ddim o gwbl. Dydyn nhw ddim yn bobl normal.

Algunas chicas piensan que deben estar tan flacas como las 'Supermodelos'. Muchas veces esto es la causa de problemas dietéticos. = Mae rhai merched yn meddwl bod rhaid iddyn nhw fod mor denau â'r supermodels. Mae hyn yn aml yn achosi problemau bwyta.

GEIRFA EITHA DEFNYDDIOL

enwog: famoso / famosa
canwr / cantores: un/una cantante
anorecsia: la anorexia
bwlimia: la bulimia
model rôl: un modelo
esiampl: un ejemplo
actor / actores: un actor / una actriz
edmygu: admirar
arwr / arwres: un héroe / una heroína
y cyfryngau: los medios (de comunicación)
dylanwad: la influencia
cyfrifoldeb: la responsabilidad
cyfrifol: responsable
achosi: causar

Materion Cymdeithasol

Ych, materion cymdeithasol – mae'r geiriau'n unig yn ddigon i wneud ichi gofio bod rhaid ichi dacluso eich stafell, mynd at y meddyg ayb ... Mae siarad amdanyn nhw yn eich mamiaith yn gallu ymddangos yn ddigon brawychus, heb sôn am wneud hynny mewn iaith arall. Cymerwch bwyll a pheidiwch â dechrau unrhyw beth na ellwch chi mo'i <u>orffen</u>.

El desempleo – Diweithdra

Does dim angen dweud llawer fan hyn mewn gwirionedd. Mae diweithdra'n drewi beth bynnag ddywedwch chi a dyna'i diwedd hi.

Hay **muchos** desempleados en **la ciudad** .　　= Mae llawer o bobl heb waith yn y dref.

dim llawer: pocos
rhai: algunos

ardal: la región
pentref: el pueblo

El desempleo en Gran Bretaña no es un problema hoy en día.

= Dyw diweithdra ddim yn broblem ym Mhrydain y dyddiau yma.

Nadie tiene problemas en encontrar trabajo.

= Does neb yn cael problem i ddod o hyd i waith.

La igualdad de derechos – Hawliau Cyfartal

Mae hyn yn rhoi cyfle da ichi <u>bregethu</u>, yn Sbaeneg wrth gwrs.

Am fwy o <u>wledydd</u>, gweler <u>tudalen 13</u>.

Pienso que la igualdad de derechos **es muy importante** .

ddim yn bwysig: no es muy importante

= Dw i'n meddwl bod hawliau cyfartal yn bwysig iawn.

Es verdad que a veces hay **mucha hostilidad** hacia **las personas de otros países** .

gwahaniaethu: discriminación

menywod: las mujeres

= Mae'n wir bod llawer o atgasedd weithiau tuag at bobl o wledydd eraill.

Me parece **racista** .　= Mae'n ymddangos yn hiliol i fi.

rhywiaethol: sexista
annheg: injusto

Eso me molesta.　= Mae hynny'n fy hala i'n grac / yn fy ngwylltio i.

La presión ejercida por los iguales – Pwysau gan eich Cyfoedion

Does dim ots ym mha wlad rydych chi'n byw, mae bron â bod yn sicr eich bod chi'n mynd i <u>ddioddef</u> pwysau'ch cyfoedion rywbryd.

Me parece difícil conservar la individualidad.

= Dw i'n meddwl ei bod yn anodd cadw'ch hunaniaeth fel unigolyn.

Uno siempre tiene que llevar ropa de moda y es muy cara.

= Mae'n rhaid ichi wisgo dillad ffasiynol bob amser ac mae'n ddrud iawn.

Dioddef o bwysau'ch cyfoedion? Beth am awgrymu iddyn nhw gymryd llai o bwdin?

Byddwch yn ofalus fan hyn, <u>nid</u> yw'n syniad da dweud bod <u>llawer</u> o ddiweithdra yn <u>eich ardal chi</u> os nad yw hynny'n wir. <u>Chwiliwch</u> am ychydig o wybodaeth <u>weddol gywir</u> er mwyn osgoi gwneud <u>ffŵl</u> ohonoch chi'ch hunan.

Crynodeb Adolygu

Erbyn hyn rhaid eich bod chi'n gwybod bod popeth yn y llyfr yma wedi'i gynnwys achos ei fod e'n megabwysig. Mae'r adran hon am y byd ehangach yn ymwneud â defnyddio'ch sgiliau ieithyddol yn Sbaeneg a'u defnyddio nhw mewn sefyllfaoedd gwahanol. Mae'n golygu mentro a defnyddio'ch dychymyg ychydig yn fwy, yn ogystal â dysgu teimlo'n gyfforddus wrth ddefnyddio'r hyn rydych yn ei wybod eisoes i ateb cwestiynau annisgwyl.

1) Ysgrifennwch frawddeg gyfan yn Sbaeneg yn esbonio beth wnaethoch chi ar eich profiad gwaith. Os na wnaethoch chi brofiad gwaith yn unman ysgrifennwch hynny.

2) Ysgrifennwch frawddeg yn Sbaeneg yn dweud a oeddech chi'n hoffi'ch profiad gwaith a pham, neu yn dweud a fyddech chi wedi hoffi gwneud profiad gwaith a ble.

3) Mae dau ffrind llythyru gyda chi o Sbaen, Pilar a José. Mae Pilar eisiau cael swydd lle bydd hi'n gweithio gydag anifeiliaid ac mae José eisiau teithio. Sut byddai'r naill a'r llall yn dweud hynny?

4) Ysgrifennwch sut byddech chi'n ateb y cwestiwn '¿Cómo se llama usted?'

5) Sut byddech chi'n ysgrifennu ateb yn Sbaeneg i hysbyseb am swydd fel gwerthwr/aig mewn siop lyfrau. Eglurwch pam rydych chi eisiau'r swydd a pham rydych chi'n credu eich bod yn addas.

6) Ysgrifennwch y Sbaeneg am: a) cyfeillgar; b) cyfrifol; c) hyblyg

7) Mae Pilar eisiau gwybod beth yw eich diddordebau. Dywedwch wrthi o leiaf ddau beth.

8) Mae José yn pryderu am lygredd diwydiannol. Esboniwch beth rydych chi'n feddwl am y broblem.

9) Does dim taw ar José: mae e newydd ddweud wrthoch chi y byddai'n hoffi byw mewn caban mewn coedwig ymhell o bob man a byw ynghanol byd natur. Dywedwch wrtho a ydych chi'n ffansïo'r syniad ai peidio a rhowch eich rhesymau.

10) Beth yw'r Sbaeneg am: a) llygredd aer; b) gollyngiadau; c) bioamrywiaeth

11) Ysgrifennwch restr o'r holl bethau y byddech chi'n eu bwyta fel arfer mewn diwrnod – yn Sbaeneg wrth gwrs.

12) ¿Comes bien y regularmente?

13) ¿Por qué? / ¿Por qué no?

14) Ydych chi'n gwneud llawer o chwaraeon? Pam? Pam ddim? Atebwch yn Sbaeneg wrth gwrs.

15) ¿Admiras a las personas famosas? ¿A quiénes? ¿Y por qué?

16) ¿Qué piensas de la situación de las mujeres en Gales hoy en día?

17) Mae Iwan yn meddwl ei bod yn anodd bod yn 'wahanol' i'r mwyafrif y dyddiau yma. Sut byddai fe'n dweud hynny?

| ENWAU | **Geiriau am Bobl a Gwrthrychau** |

Arhoswch funud – cyn ichi fynd i banic, dyw'r stwff yma ddim hanner mor frawychus ag y mae'n ymddangos. Mae'n stwff <u>eitha syml</u> am eiriau am <u>bobl</u> a <u>gwrthrychau</u> – enwau. Ond mae'n <u>hollbwysig</u>. – Wir nawr! *Go iawn*

Mae pob enw yn Sbaeneg yn fenywaidd neu'n wrywaidd

Mae'n bwysig gwybod a yw enw'n <u>wrywaidd</u>, yn <u>fenywaidd</u> neu'n <u>lluosog</u> – mae'n effeithio ar lawer o bethau. Mae'r geiriau 'y' ac 'un' yn newid ac yn fwy na hynny, mae ansoddeiriau, (fel 'mawr', 'coch', 'sgleiniog') yn newid i gytuno â'r gair.

ENGHREIFFTIAU: ci bach: <u>un</u> perro pequeño (gwrywaidd)

tŷ bach: <u>una</u> casa pequeña (benywaidd)

Dyw hi ddim yn ddigon gwybod y gair Sbaeneg yn unig – mae'n rhaid ichi wybod a yw'n wrywaidd neu'n fenywaidd hefyd.

Am fwy ar hyn, gweler tudalennau 79 a 80.

Y RHEOL EURAID

Bob tro rydych chi'n <u>dysgu gair</u>, cofiwch ai <u>el</u> neu <u>la</u> sy'n mynd gydag e – peidiwch â meddwl 'ci = perro', meddyliwch 'ci = <u>el</u> perro'.

EL, LA, LOS A LAS

Mae **EL** o flaen gair yn golygu ei fod e'n <u>wrywaidd</u>.
LA o'i flaen = <u>benywaidd</u>.

Gwnaiff y rheolau hyn eich helpu i ddyfalu a yw'r gair yn wrywaidd neu'n fenywaidd

pethau anodd

Ellwch chi ddim dweud a yw gair sy'n gorffen gydag 'e' neu 'ista' yn <u>wrywaidd</u> neu'n <u>fenywaidd</u>, e.e:

y car: <u>el</u> coch<u>e</u>
y bobl: <u>la</u> gent<u>e</u>
y twrist (dyn): <u>el</u> tur<u>ista</u>
y twrist (menyw): <u>la</u> tur<u>ista</u>

Rheolau Cyffredinol ar gyfer Enwau Gwrywaidd a Benywaidd

ENWAU GWRYWAIDD:	ENWAU BENYWAIDD:
y mwyafrif o enwau sy'n gorffen ag:	y mwyafrif o enwau sy'n gorffen ag:
-o -l -n -r -s	-a ción -sión -tad
-ma -pa -ta -aje	-tud -dad -umbre
hefyd: bechgyn/dynion, ieithoedd, dyddiau, misoedd, afonydd, moroedd a mynyddoedd.	hefyd: merched/menywod, llythrennau'r wyddor

Gwneud Enwau yn Lluosog

1) Fel arfer mae enwau yn Sbaeneg yn cael eu newid i'r lluosog trwy ychwanegu '<u>s</u>' os ydyn nhw'n gorffen â llafariad ac '<u>es</u>' os ydyn nhw'n gorffen â chytsain.

e.e.: una naranja → dos naranjas
un oren → dwy oren

2) Dyw cyfenwau teuluol ac enwau sy'n gorffen gyda sillaf nad yw'n cael ei phwysleisio gydag 's' ar y diwedd ddim yn newid yn y lluosog:

e.e. *y teulu Jiménez* ⇒ Los Jiménez

e.e. *dydd Mawrth — dyddiau Mawrth* ⇒ el martes — los martes

3) Efallai y bydd yn rhaid ichi ychwanegu neu dynnu acen pan fo enw yn newid i'r lluosog er mwyn cadw'r ynganiad.

e.e. *un dyn ifanc — dau ddyn ifanc* ⇒ un j<u>o</u>ven — dos j<u>ó</u>venes

e.e. *un Sais — dau Sais* ⇒ un ingl<u>é</u>s — dos ingl<u>e</u>ses

4) Mae enwau sy'n gorffen gyda 'z' yn newid y 'z' i 'c' cyn ychwanegu 'es'.

e.e. *un pensil — dau bensil* ⇒ un lápi<u>z</u> — dos lápi<u>c</u>es

5) Pan fyddwch chi'n gwneud enw gwrywaidd yn lluosog, yn lle 'el' mae'n rhaid ichi ddefnyddio '<u>los</u>' i ddweud 'y'. Ar gyfer enwau benywaidd mae '<u>la</u>' yn troi yn '<u>las</u>' pan fo'n lluosog – gweler <u>tudalen 78</u>.

CYNGOR PWYSIG YNGLŶN Â'R LLUOSOG
Bob tro rydych chi'n <u>dysgu gair</u> dysgwch sut i'w wneud yn lluosog hefyd.

Geiriau gwrywaidd – tipyn o foi, stalwyn, clamp o ddyn

Y gwir amdani yw – <u>bob tro</u> rydych chi'n dysgu gair yn Sbaeneg, mae'n <u>rhaid</u> ichi ddysgu a yw e'n '<u>el</u>' neu yn '<u>la</u>' ac mae'n rhaid ichi ddysgu beth yw <u>lluosog</u> y gair. Felly gwnewch hynny o'r dechrau – ewch i'r afael â <u>chenedl</u> geiriau.

Cysylltu Geiriau – Brawddegau Hirach

Mae pawb yn gwybod bod brawddegau <u>hir</u> yn <u>glyfar</u> – ac mae Arholwyr yn <u>hoffi</u> pobl glyfar. Felly dysgwch y cysyllteiriau hyn i'ch <u>helpu</u> chi i wneud brawddegau hirach, ac i ennill <u>mwy o farciau</u> am fod mor ddeallus.

Y = A

Me gusta jugar al fútbol.   **A**   Me gusta jugar al rugby. **=** Me gusta jugar al fútbol **y** al rugby.

= Dw i'n hoffi chwarae pêl-droed.   = Dw i'n hoffi chwarae rygbi.   = Dw i'n hoffi chwarae pêl-droed <u>a</u> rygbi.

OND: Os yw 'y' yn dod o flaen gair sy'n dechrau gydag 'i' neu 'hi' mae'n newid i 'e'.

Hablo español, galés <u>e</u> inglés.   = Dw i'n siarad Sbaeneg, Cymraeg <u>a</u> Saesneg.

O = Neu

Juega al fútbol todos los días. **Neu** Juega al rugby todos los días. **=** Juega al fútbol <u>o</u> al rugby todos los días.

= Mae e'n chwarae pêl-droed bob dydd.   = Mae e'n chwarae rygbi bob dydd.   = Mae e'n chwarae pêl-droed <u>neu</u> rygbi bob dydd.

OND: pan fo '<u>o</u>' yn dod o flaen gair sy'n dechrau gydag '<u>o</u>' neu '<u>ho</u>' mae'n newid i '<u>u</u>'.

Cuesta siete <u>u</u> ocho libras.   = Mae'n costio saith <u>neu</u> wyth bunt.

Pero = Ond

Cofiwch fod hyn yn wahanol i '<u>perro</u>' sy'n golygu 'ci'.

Me gusta jugar al fútbol. **Ond** No me gusta jugar al rugby. **=** Me gusta jugar al fútbol <u>pero</u> no me gusta jugar al rugby.

= Dw i'n hoffi chwarae pêl-droed.   = Dw i ddim yn hoffi chwarae rygbi.   = Dw i'n hoffi chwarae pêl-droed <u>ond</u> dw i ddim yn hoffi chwarae rygbi.

Pan fo '<u>ond</u>' yn golygu 'ond yn hytrach' mae'n newid i '<u>sino</u>':

Mi amigo no es americano <u>sino</u> australiano.   = Dyw fy ffrind ddim yn Americanwr ond (yn hytrach) mae'n Awstraliad.

Porque = achos

Mae hwn yn air pwysig iawn y bydd yn rhaid ichi ei ddefnyddio i egluro pethau. Mae llawer mwy amdano ar <u>dudalen 7</u>.

Me gusta el tenis <u>porque</u> es divertido.   = Dw i'n hoffi tennis <u>achos</u> mae'n hwyl.

Cysyllteiriau Eraill y Dylech chi eu Deall

Does dim rhaid ichi ddefnyddio'r rhain i gyd ond dylech chi eu deall nhw os ydych chi'n dod ar eu traws.

wel, wedyn/felly: pues, entonces
os: si: *gyda:* con
fel, yn debyg i: como
felly: por lo tanto,
así (que), de manera (que)
tra, yn ystod: mientras

ENGHREIFFTIAU:

Puedes salir <u>si</u> quieres.   = Gelli di fynd allan <u>os</u> wyt ti eisiau.

Es <u>como</u> su hermano.   = Mae <u>fel</u> ei frawd.

Tengo hambre, <u>así que</u> voy a comer.   = Dw i eisiau bwyd, <u>felly</u> dw i'n mynd i fwyta.

Juega al hockey <u>mientras</u> llueve.   = Mae hi'n chwarae hoci <u>tra'i bod</u> hi'n bwrw glaw.

Si – dim byd i wneud â chlecs....

Rydych chi'n defnyddio 'a', '<u>neu</u>' ac '<u>ond</u>' trwy'r amser pan ydych chi'n siarad Cymraeg – os <u>nad ydych</u> chi'n eu defnyddio nhw wrth siarad <u>Sbaeneg</u>, byddwch chi'n swnio ychydig <u>bach yn od</u>. Ond peidiwch â chymysgu '<u>si</u>' (os) a '<u>sí</u>' (ie). Byddai'n dda petaech chi'n <u>nabod</u> yr holl eiriau <u>ychwanegol</u> yn y rhan ddiwethaf hefyd ac yn well fyth petaech chi'n gallu eu <u>defnyddio</u> nhw.

| Y FANNOD | **'Y' / 'YR' ac 'UN'** |

Mae 'y' ac 'un' yn eiriau hanfodol yn Sbaeneg. Maen nhw'n eithaf anodd hefyd achos mae rhai gwahanol ar gyfer geiriau gwrywaidd, benywaidd neu luosog (gweler tudalen 76).

'Un' – un, una

Gythreuliaid gramadeg: gelwir y rhain yn 'fannod amhendant'.

Mae rhai llefydd lle nad ydych chi'n rhoi 'un(a)':

a) ar ôl y ferf 'ser' wrth siarad am swydd neu genedl rhywun:
e.e. *Dw i'n fyfyriwr.*
⇨ Soy estudiante

b) Ar ôl brawddeg negyddol: e.e. *Does gen i ddim cath.*
⇨ No tengo gato.

c) O flaen 'otro/a': e.e. *Wyt ti eisiau coffi arall?*
⇨ ¿Quieres otro café?

Cofiwch fod rhaid defnyddio 'un(a)' yn Sbaeneg lle na fyddech chi'n rhoi dim byd yn Gymraeg, yn ogystal â lle byddech chi'n defnyddio 'un', felly:

gwrywaidd: UN	benywaidd: UNA
Tengo un hermano.	*Tengo una hermana.*
= Mae gen i un brawd/Mae gen i frawd.	= Mae gen i (un) chwaer.

Yn y lluosog, mae 'un' neu 'una' yn golygu 'rhai' neu 'ychydig o'.

Pasé unos días en la playa. = Treuliais i rai dyddiau ar y traeth.

Tengo unas fotos muy buenas. = Mae gen i rai lluniau da iawn.

'Y/YR' – el, la, los, las

1) Mae'r gair 'y/yr' yn Sbaeneg yn newid gan ddibynnu a yw'n wrywaidd, yn fenywaidd neu'n lluosog.

gwrywaidd unigol	benywaidd unigol	gwrywaidd lluosog	benywaidd lluosog
el	la	los	las

ENGHREIFFTIAU: *El chico.* *La chica.* *Los hombres.* *Las mujeres.*
= y bachgen. = y ferch. = y dynion. = y menywod.

Gythreuliaid gramadeg: gelwir y rhain yn 'fannod bendant'.

2) Ond cofiwch fod rhaid defnyddio 'el' o flaen enwau benywaidd sy'n dechrau gydag 'a' â phwyslais:
e.e. *Mae'r dŵr yn oer.* ⇨ El agua está fría.

3) Mae 'el' yn newid hefyd gydag 'a' (i) a 'de' (o).

4) Ellwch chi ddim dweud 'a el', 'de el'.

voy a + *el café* = *Voy al café.* = Dw i'n mynd i'r caffi.

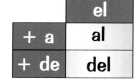

	el
+ a	al
+ de	del

5) Weithiau mae angen y fannod yn Sbaeneg lle nad oes un yn y Gymraeg.

a) gydag enwau a ddefnyddir mewn ystyr gyffredinol:
e.e. *dw i ddim yn hoffi coffi* ⇨ No me gusta el café.

b) cyn dyddiau'r wythnos ac amserau:
e.e. *bob dydd Llun am bump o'r gloch.*
⇨ Todos los lunes a las cinco.

c) wrth siarad am rywun gan grybwyll eu teitl:
e.e *Sut mae Mr Jiménez?*
⇨ ¿Cómo está el señor Jiménez?

6) Mae bannod ddiryw ar gyfer pethau nad ydynt yn wrywaidd nac yn fenywaidd. Fe welwch chi hyn yn bennaf mewn ymadroddion:
Lo mejor/peor = *y pethau gorau /gwaethaf*   Lo que = *yr hyn/beth*
No sé lo que quiere = *Dw i ddim yn gwybod beth mae e eisiau.*

Cenedl gair – dim byd i wneud â'r wlad mae'n dod ohoni...

Whiw, dw i'n falch mod i'n siarad Cymraeg – dim angen gair gan amlaf am 'una' neu 'un'.... Dyw'r stwff yma ddim yn anodd ond mae'n bwysig – gorchuddiwch y tudalen ac ysgrifennwch y ddau dabl nes eich bod chi'n gallu eu dweud nhw yn eich cwsg.

Geiriau sy'n Disgrifio Pethau

ANSODDEIRIAU

Gellwch ennill <u>mwy o farciau</u> a dangos pa mor ddiddorol ydych chi fel person os gwnewch chi ddefnyddio geiriau <u>disgrifiadol</u> da. Ond gwnewch yn siŵr eich bod chi'n <u>deall</u> beth rydych chi'n ei ddweud.

Mae'n rhaid i ansoddeiriau 'gytuno' â'r peth maen nhw'n ei ddisgrifio

1) Yn <u>Gymraeg</u> gan amlaf, ar y dechrau mae geiriau disgrifiadol yn newid (treiglo) i gytuno â'r hyn maen nhw'n ei ddisgrifio – fel bws mawr, merch fawr ...

2) Yn <u>Sbaeneg</u>, ar y diwedd mae'r gair disgrifiadol yn <u>newid</u> i <u>gytuno</u> â'r gair mae'n ei ddisgrifio, hynny yw, o ran bod yn <u>wrywaidd /benywaidd</u>, <u>unigol / lluosog</u> (yn debyg i'r Gymraeg cryf, cref, cryfion). Edrychwch ar yr enghreifftiau hyn lle mae 'pequeño' yn gorfod newid:

GWRYWAIDD UNIGOL	GWRYWAIDD LLUOSOG	BENYWAIDD UNIGOL	BENYWAIDD LLUOSOG
el chico <u>pequeño</u>	los chicos <u>pequeños</u>	la chica <u>pequeña</u>	las chicas <u>pequeñas</u>
(y bachgen bach)	(y bechgyn bach)	(y ferch fach)	(y merched bach)

Y Rheolau yw:

'Rwyt ti'n drewi!'   'Dw i'n cytuno.'

① Newidiwch '-o' i '-a' neu ychwanegwch '-a' at ddiwedd y gair disgrifiadol os yw'r gair sy'n cael ei ddisgrifio yn fenywaidd (gweler tudalen 76).

② Ychwanegwch '-s' neu '-es' at y gair disgrifiadol os yw'r gair sy'n cael ei ddisgrifio yn lluosog (gweler tudalen 76).

(Wrth gwrs mae hynny'n golygu eich bod chi'n gorfod ychwanegu '-as' os yw'n fenywaidd lluosog.)

NODYN PWYSIG: Pan fyddwch chi'n chwilio am ansoddair yn y <u>geiriadur</u>, mae'n cael ei nodi yn y ffurf <u>unigol</u>, <u>wrywaidd</u>. Wn i ddim pam – rhaid bod geiriaduron wedi cael eu hysgrifennu gan griw o ddynion sengl.

3) Dyw rhai lliwiau <u>byth yn newid</u>, achos eu bod nhw mewn gwirionedd yn enwau pethau ac nid yn ansoddeiriau o gwbl. Y rhai mwyaf cyffredin yw:

Gweler tudalen 45 am fwy o Liwiau.

beige crema	naranja púrpura rosa	turquesa violeta

e.e. Tair het oren.
⇨ tres sombreros <u>naranja</u>

Dyma **22** o <u>eiriau disgrifiadol</u> – y rhai sy'n <u>rhaid</u> ichi eu gwybod.

Y 22 o Eiriau Disgrifiadol Pwysicaf

da: bueno/a	*trist:* triste	*diddorol:* interesante	*mawr:* grande	*hen:* viejo/a
drwg/gwael: malo/a	*hawdd:* fácil	*diflas:* aburrido/a	*tal:* alto/a	*ifanc:* joven
pert/neis: bonito/a	*anodd:* difícil	*rhyfedd:* raro/a	*bach:* pequeño/a	*newydd:* nuevo/a
hapus: feliz	*neis (person):* simpático/a	*hir:* largo/a	*byr (taldra):* bajo/a	*cyflym:* rápido/a
		golygus/pert: guapo/a		*araf:* lento/a

Mae'r rhan fwyaf o eiriau disgrifiadol yn mynd ar ôl y gair maen nhw'n ei ddisgrifio.

Fel yn Gymraeg, yn Sbaeneg mae'r rhan <u>fwyaf</u> o eiriau disgrifiadol (ansoddeiriau) <u>yn dilyn</u> y gair maen nhw'n ei ddisgrifio (yr enw).

enw (ffrog)
el vestido rojo (y ffrog goch)
ansoddair (coch)

ENGHRAIFFT: *Tengo un coche <u>rápido</u>.*

= Mae gen i gar <u>cyflym</u>.

Mae rhai ansoddeiriau yn colli'r 'o' terfynol cyn enwau gwrywaidd

Mae rhai ansoddeiriau yn colli'r 'o' terfynol os ydyn nhw'n dod o flaen enw gwrywaidd:

da: bueno/a	*rhyw:* alguno/a
cyntaf: primero/a	*dim:* ninguno/a
trydydd: tercero/a	*drwg/gwael:* malo/a

ENGHRAIFFT: *Un <u>buen</u> día.* = Diwrnod da.

Sylwch bod 'alguno' a 'ninguno' nid yn unig yn colli 'o' ond yn ychwanegu acen hefyd: *No hay <u>ningún</u> taxi libre.* = Does <u>dim</u> tacsi rhydd.

Yn wahanol i frodyr a chwiorydd – mae ansoddeiriau bob amser yn cytuno ...

Ych – rhagor o dablau i'w dysgu, ond fel 'na mae gramadeg Sbaeneg. Er mwyn i'r terfyniadau hyn fod o unrhyw <u>ddefnydd</u> ichi, mae'n rhaid ichi ddysgu <u>cenedl</u> enwau yn y lle cyntaf. Mae'n rhaid ichi wybod â <u>beth</u> mae'r ansoddair yn gorfod <u>cytuno</u>. I'w chael hi'n iawn -- <u>ewch ati i'w dysgu</u>.

ANSODDEIRIAU — Geiriau sy'n Disgrifio Pethau

Dau ansoddair hollol ryfedd

grande = *mawr*
ciento = *100*

1) 'Grande' yw'r unig ansoddair sy'n gollwng y 'de' o flaen enwau gwrywaidd a benywaidd

e.e. *Dynes fawr.*
⇨ Una <u>gran</u> señora.

e.e. *Diwrnod mawr.*
⇨ Un <u>gran</u> día.

2) Mae 'ciento' yn gollwng '-to' pan fo'n dod o flaen unrhyw beth nad yw'n rhif arall (ond nid cyn 'mil' na 'millón').

e.e. *can ewro*
⇨ <u>cien</u> euros

Fel yn Gymraeg, mae rhai eithriadau sy bob amser yn dod <u>cyn</u> yr enw (ond nid bob tro yr un rhai ag yn Gymraeg!).

cada = *pob*	poco/a = *ychydig (dim llawer)*
mucho/a = *llawer o*	pocos/as = *ychydig*
otro/a = *arall*	tanto/a = *cymaint*

e.e. *Bob dydd mae Felipe yn bwyta omled arall.*
⇨ <u>Cada</u> día Felipe come <u>otra</u> tortilla.

Mae rhai yn newid eu hystyr yn ôl eu safle

Mae rhai ansoddeiriau yn <u>newid eu hystyr</u> yn ôl eu safle – pa un ai <u>cyn</u> neu <u>ar ôl</u> yr enw maen nhw'n ymddangos. Dyma rai pwysig – dysgwch nhw'n <u>ofalus</u>.

Gellwch chi ychwanegu '<u>ito</u>' at lawer o ansoddeiriau i wneud i bethau swnio'n llai neu er mwyn creu argraff o anwyldeb, neu '<u>ísimo/a</u>' i gryfhau'r ystyr.

ansoddair	Ystyr cyn yr enw		Ystyr ar ôl yr enw	
grande	mawr (yn yr ystyr pwysig, rhywun sydd wedi cyflawni llawer, gwych)	un gran libro (llyfr gwych)	mawr (o ran maint)	un hombre grande (dyn mawr - o ran maint)
mismo	yr un	el mismo dia (yr un dydd)	hunan	yo mismo (fi fy hunan)
nuevo	newydd (gwahanol)	tengo un nuevo coche (Mae gen i gar newydd - i fi)	newydd (sbon)	tengo un coche nuevo (Mae gen i gar newydd sbon)
viejo	hen (yn mynd yn ôl yn bell i'r gorffennol)	un viejo amigo (hen ffrind)	hen (o ran oed, ddim yn ifanc mwyach)	un amigo viejo (ffrind oedrannus)

e.e. *Mae fy chwaer fach yn brydferth.*
⇨ Mi herman<u>ita</u> es guap<u>ita</u>.

e.e. *Mae'r llyfr yn ofnadwy.*
⇨ El libro es mal<u>ísimo</u>.

Fy, dy, ein – i bwy mae pethau'n perthyn

Mae'n rhaid ichi fedru <u>defnyddio</u> a <u>deall</u> y geiriau hyn i ddweud bod rhywbeth yn <u>perthyn</u> i rywun:

Mae'n rhaid ichi ddewis gwrywaidd, benywaidd neu luosog i <u>gyd-fynd</u> â'r peth mae'n ei ddisgrifio.

(<u>NID</u> y person y mae'n perthyn iddo).

Mi hermano es alto, mis padres son bajos.

= Mae <u>fy</u> mrawd yn dal, mae <u>fy</u> rhieni yn fyr.

	gwrywaidd unigol	benywaidd unigol	gwrywaidd lluosog	benywaidd lluosog
fy	mi	mi	mis	mis
dy	tu	tu	tus	tus
ei / eich (unigol)	su	su	sus	sus
ein	nuestro	nuestra	nuestros	nuestras
eich (lluosog anffurfiol)	vuestro	vuestra	vuestros	vuestras
eu / eich (ffurfiol lluosog)	su	su	sus	sus

Fy un/rhai i, dy un /rai di, ein hun/rhai ni – geiriau 'perthyn' eraill

Mae'r enwau hyn bob amser yn dod ar ôl yr enw (mae 'nuestro' a 'vuestro' ayb. yr un peth ag uchod).

¿Esa casa es <u>tuya</u>?

= Ai dy un di yw'r tŷ yna? (Ai ti piau'r tŷ yna?)

	gwrywaidd unigol	benywaidd unigol	gwrywaidd lluosog	benywaidd lluosog
fy un/rhai i	mío	mía	míos	mías
dy un/rai di	tuyo	tuya	tuyos	tuyas
ei un ef/ei hun hi/eich un chi/eu hun nhw/ ei rai ef/ei rhai hi/eich rhai chi/eu rhai nhw	suyo	suya	suyos	suyas

---

Diflas, diflas, diflas – tri gair disgrifiadol allweddol

Bydd angen <u>llwyth</u> o eiriau disgrifiadol Sbaeneg i wneud yr hyn rydych chi'n ei ddweud yn <u>ddiddorol</u>. Cofiwch ddysgu pa rai sy'n mynd <u>cyn</u> yr enw a pheidiwch ag anghofio'r rhai sy'n mynd <u>cyn neu ar ôl</u> yr enw ac yn <u>newid</u> eu hystyr. Gwnewch yn siŵr eich bod yn dysgu <u>sut</u> i'w <u>defnyddio</u> nhw'n iawn – trwy <u>ymarfer</u>.

Gwneud Brawddegau'n Fwy Diddorol

Mae'r ddau dudalen blaenorol yn ymwneud â disgrifio gwrthrychau, e.e. mae'r bws yn goch. Mae'r tudalen hwn yn ymwneud â disgrifio pethau rydych chi'n eu gwneud, e.e. dw i'n siarad Sbaeneg yn berffaith, ac am ychwanegu rhagor o wybodaeth, e.e. mae'r bws yn goch iawn neu dw i'n siarad Sbaeneg bron yn berffaith.

Gwneud eich brawddegau'n well trwy ddweud sut rydych chi'n gwneud pethau.

1) Yn Gymraeg, dydych chi ddim yn dweud 'Rydyn ni'n siarad araf'. Mae'n rhaid ichi ychwanegu 'yn' a dweud 'Rydyn ni'n siarad yn araf'.
2) Yn Sbaeneg, mae'n rhaid ichi ychwanegu 'mente' ar ddiwedd gair, ond yn gyntaf mae'n rhaid ichi sicrhau bod y gair disgrifiadol yn y ffurf fenywaidd (gweler tudalen 79).

> **Gythreuliail Gramadeg:**
> 'Adferfau' yw'r rhain.

ENGHRAIFFT: **Habla lentamente .** = Mae e'n siarad yn araf.

yn gyflym: rápidamente
yn anaml: raramente

> Y gair Sbaeneg am 'araf' yw 'lento', ond y ffurf fenywaidd yw 'lenta'. Ychwanegwch 'mente' ac fe gewch chi 'lentamente' = yn araf.

3) Yn wahanol i eiriau disgrifiadol arferol (gweler tudalen 79) does dim rhaid ichi byth newid y geiriau hyn – hyd yn oed os yw'r peth sy'n cael ei drafod yn fenywaidd neu'n lluosog.

ENGHREIFFTIAU:

benywaidd ➜ **Ana habla lentamente .**

lluosog ➜ **Hablamos lentamente .**

Bob amser yr un peth.

Dysgwch y rhai od hyn ar eich cof

Mae rhai eithriadau od y bydd yn rhaid ichi eu dysgu:

Rhai od yn Sbaeneg	
CYMRAEG	**SBAENEG**
da → yn dda	bueno/a → bien
gwael → yn wael	malo/a → mal

MWY O ENGHREIFFTIAU O YCHWANEGU GEIRIAU DISGRIFIADOL

Canto.

Dw i'n canu.

Canto bien.

Dw i'n canu'n dda.

Canto mal.

Dw i'n canu'n wael.

Defnyddiwch un o'r pedwar gair yma i roi mwy o fanylion fyth

Rhowch un o'r pedwar gair yma o flaen y gair disgrifiadol mewn brawddeg er mwyn ychwanegu mwy o fanylion a chreu argraff ar yr Arholwyr.

iawn: muy
eitha: bastante
bron: casi
rhy: demasiado

Gellwch chi eu defnyddio nhw mewn brawddegau sy'n dweud sut mae rhywbeth yn cael ei wneud...

... ac mewn brawddegau am sut mae rhywbeth.

Ella habla casi perfectamente el español.

= Mae hi'n siarad Sbaeneg bron yn berffaith.

Iolo está muy feliz. = Mae Iolo yn hapus iawn.

Lentamente – dylai Sbaeneg gael ei siarad fel hyn ...

Mae hyn yn eitha syml – un terfyniad (-mente) i'w ddysgu a'i ychwanegu, a hwnnw heb fod yn rhy gymhleth. Gwnewch yn siŵr eich bod chi'n gwybod y rheol arferol yn berffaith a'r holl eithriadau hefyd.

Y CYMHAROL A'R EITHAF

CYMHARU PETHAU

Yn aml dyw hi ddim yn ddigon dweud bod rhywbeth yn flasus neu'n felys yn unig; rydych chi hefyd eisiau dweud mai hwn yw'r mwyaf blasus, neu ei fod yn fwy melys nag unrhyw un arall ...

Sut mae dweud mwy dewr, mwyaf dewr

Yn Sbaeneg ellwch chi ddim dweud 'dewrach' neu 'dewraf', mae'n rhaid ichi ddweud 'mwy dewr' neu 'y mwyaf dewr':

Dafydd es valiente. = Mae Dafydd yn ddewr.

Dafydd es más valiente. = Mae Dafydd yn ddewrach/yn fwy dewr.

Dafydd es el más valiente. = Dafydd yw'r dewraf/y mwyaf dewr.

hen: viejo → *hŷn:* más viejo → *hynaf:* el más viejo
tal: alto → *talach:* más alto → *talaf:* el más alto

Ychwanegwch 'más' Ychwanegwch 'el más'.

Gellwch chi wneud hyn gyda bron unrhyw air disgrifiadol. Edrychwch ar dudalen 79 am fwy o eiriau disgrifiadol.

Ond, fel yn Gymraeg, mae rhai eithriadau:

da: bueno → *gwell:* mejor → *gorau:* el mejor
drwg: malo → *gwaeth:* peor → *gwaethaf:* el peor
mawr: grande /hen → *mwy/:* mayor *hŷn* → *mwyaf:* el mayor / *hynaf*
ieuanc: pequeño /bach → *ieuengach/iau /llai:* menor → *ieuengaf/ieuaf /lleiaf :* el menor

El gorro azul es el mejor. = Y cap glas yw'r gorau.

pethau anodd

Dywedwch 'la más ...' am y benywaidd, 'las más...' am y lluosog

Yn lle 'el más' mae'n rhaid ichi ddefnyddio 'la más' neu 'las más' i gytuno â'r gair rydych chi'n ei ddisgrifio (gweler tudalen 76).

Llio es la más alta. = Llio yw'r dalaf.

Ioan y Gwion son los más altos. = Ioan a Gwion yw'r rhai talaf.

Hefyd mae'n rhaid ichi newid y gair disgrifiadol – fel arfer trwy ychwanegu 'a' am y benywaidd, a/neu 's' neu 'es' am y lluosog (gweler tudalen 79). SYLWCH – rydych chi'n gwneud hyn gyda'r ansoddeiriau yn unig, NID gyda'r adferfau (gweler isod).

pethau anodd

Mae 'yn fwy rhyfedd' neu 'fwyaf rhyfedd' fwy neu lai yr un peth yn Sbaeneg ...

Pan ydych chi'n dweud bod rhywun yn gwneud rhywbeth yn fwy ... neu fwyaf ..., rydych chi'n dilyn yr un patrwm ag uchod, ond yn lle ansoddeiriau (geiriau disgrifiadol – gweler tudalennau 79 a 80), rydych chi'n defnyddio adferfau (gweler tudalen 81).

e.e.: *Dafydd habla valientemente.* = Mae Dafydd yn siarad yn ddewr.

Dafydd habla más valientemente. = Mae Dafydd yn siarad yn ddewrach.

Dafydd es él que habla más valientemente. = Dafydd yw'r un sy'n siarad ddewraf.

Mae dau eithriad y dylech chi eu gwybod: *yn dda:* bien → *yn well:* mejor
yn wael: mal → *yn waeth:* peor

Dysgwch y tair ffordd wych hon o gymharu pethau

Rhowch y geiriau mewn porffor cyn ac ar ôl y gair disgrifiadol, fel hyn:

Ceri es más joven que Twm. = Mae Ceri yn iau na Twm.

Ceri es menos joven que Twm. = Mae Ceri yn llai ifanc na Twm.

Ceri es tan joven como Twm. = Mae Ceri mor ifanc â Twm.

Cymharu pethau – ydy, mae maint yn bwysig...

Gwnewch yn siŵr eich bod chi'n dysgu sut mae dweud 'mwy' neu 'mwyaf', a sut mae dweud 'yn fwy na', 'mor fawr â' a 'llai mawr na'. A dyw hi ddim yn ddigon dysgu'r rheol yn unig – dysgwch yr holl eithriadau hefyd. Y peth gorau yw defnyddio'ch dychymyg a dyfeisio brawddegau cymharu er mwyn gwneud yn siŵr eich bod yn gwybod popeth.

Geiriau Bach Slei

Mae'n rhaid ichi ddysgu'r geiriau hyn os ydych chi eisiau marciau da. Maen nhw'n eiriau gwirioneddol ddefnyddiol fodd bynnag.

I – a

Lle rydyn ni yn y Gymraeg yn defnyddio 'i' i ddweud 'mynd i rywle', mae'r Sbaeneg fel arfer yn defnyddio 'a':

Va a Madrid. = Mae e'n mynd i Madrid.

Voy a casa. = Dw i'n mynd adref (i'r tŷ).

Er mwyn dweud 'y trên i Lundain' gweler 'y trên ar gyfer Llundain' isod.

Peidiwch ag anghofio – a + el = al.
Weithiau mae'n gallu bod yn anodd clywed hyn.

Ar, ar ben – sobre, en

Am 'ar ben', dywedwch 'sobre' neu 'en':

Sobre la mesa. = Ar y bwrdd.

Os nad yw e'n golygu 'ar ben', fel arfer 'en' yw'r gair cywir:

Lo vi en la tele. = Gwelais i fe ar y teledu.

Yn achos dyddiau'r wythnos, mae'n cael ei adael allan:

Me voy el lunes. = Dw i'n gadael ar ddydd Llun.

Yn – en, dentro de

'Mae 'en' yn golygu 'yn', 'y tu fewn i' yw 'dentro'.

Está en/dentro de la caja. = Mae yn / y tu fewn i'r blwch.

Os ydych chi eisiau dweud 'yn' am dref, defnyddiwch 'en':

Vivo en Málaga. = Dw i'n byw yn Malaga.

Defnyddiwch 'en' hefyd i ddweud 'mynd i mewn i rywle':

Teresa entra en la tienda.

= Mae Teresa yn mynd i mewn i'r siop.

O – de, desde neu a partir de

Lle rydyn ni'n defnyddio 'o' fel arfer maen nhw'n defnyddio 'de':

Soy de Cardiff. = Dw i'n dod o Gaerdydd.

Defnyddir 'desde' i ddweud ble mae rhywbeth yn cychwyn:

Desde Londres hasta Madrid. = O Lundain i Madrid.

Ar gyfer dyddiadau defnyddiwch 'a partir de':

A partir del 4 de junio. O'r 4ydd o Fehefin

O – de

Lle rydyn ni'n defnyddio 'o', fel arfer mae Sbaeneg yn defnyddio 'de':

Una botella de leche. = Potelaid o laeth.

'Wedi ei wneud o' yw 'de':

Es un cinturón de cuero. = Mae'n wregys lledr.

BYDDWCH YN OFALUS: weithiau mae'n anodd clywed y de mewn brawddeg achos de + el = del.

Salgo del supermercado. = Dw i'n mynd allan o'r archfarchnad.

Am + amser

Defnyddiwch 'a' gyda'r amser:

A las seis. = Am chwech o'r gloch.

Dysgwch y geiriau hyn er mwyn dweud ble mae rhywbeth

Bydd angen y geiriau hyn arnoch chi'n aml i ddweud ble mae pethau yn eich tref neu yn eich tŷ.

El banco está enfrente del hotel y del café. = Mae'r banc gyferbyn â'r gwesty a'r caffi.

wrth ochr/drws nesaf i: al lado de
y tu ôl i: detrás de
o flaen: delante de
rhwng: entre

o dan: bajo/debajo de
islaw: abajo
ar/ar ben: en, sobre
uwchlaw: encima de

yn erbyn: contra
yn, i mewn i: en
ar ddiwedd: al final de
ym mhen pellaf: al fondo de

yma, fan hyn: aquí
yno, fan'na: allí, ahí, allá
y tu fewn i: dentro de
y tu allan i: fuera de

Peidiwch ag anghofio defnyddio está/están i ddisgrifio lle mae pethau.

O, yn, ar, i, i mewn i, tu fewn i – pa un?

Mae gan arddodiaid lwyth o wahanol ystyron yn Gymraeg – mae'n bwysig cofio bod hynny'n wir yn Sbaeneg hefyd, ac yn aml dyw eu hystyr nhw yn Sbaeneg ddim yr un peth ag yn Gymraeg. Mae'n rhaid ichi ddysgu'r geiriau o safbwynt Sbaeneg.

'Por' a 'Para'

'Por' a 'Para'

Peidiwch â chymysgu'r rhain gyda'i gilydd. Mae gan y ddau lawer o ystyron. Yr unig ffordd i'w cael nhw'n gywir yw dysgu'r rheolau hyn ac ymarfer.

Pryd i Ddefnyddio 'Para'

1) Brawddegau gydag 'i' neu 'ar gyfer' sy'n edrych ymlaen:

Este dinero es *para* ti.

Mae'r arian yma i ti.

Una habitación *para* dos personas.

Stafell i ddau berson.

El tren *para* Buenos Aires.

Y trên i Buenos Aires.

2) Os ydych chi eisiau dweud 'i'/ 'er mwyn':

Se fue de vacaciones *para* descansar.

Aeth e ar ei wyliau er mwyn ymlacio.

Pon más sal *para* darle más sabor.

Rho fwy o halen i roi mwy o flas iddo.

3) Os ydych chi eisiau dweud 'erbyn' mewn ymadroddion amser:

Para mañana

= erbyn/ar gyfer yfory

Para entonces

= erbyn hynny.

4) 'Am' mewn brawddegau fel 'am X diwrnod'

Quiero el coche *para* tres días.

= Dw i eisiau'r car am dri diwrnod.

5) 'Ym marn...'

Para mí, ella es la chica más atractiva de todas.

= Yn fy marn i, hi yw'r ferch fwyaf deniadol ohonyn nhw i gyd.

6) 'Ar fin' (i gymhlethu pethau, maen nhw'n defnyddio 'por' yn America Ladin)

Está *para* llover.

Mae'n mynd i fwrw glaw.

Pryd i Ddefnyddio 'Por'

1) Brawddegau amser gydag 'am':

Vivió en Málaga *por* un año.

Bu'n byw yn Málaga am flwyddyn.

por la mañana

yn y bore.

2) Mae 'por' yn golygu 'drwy':

El tren va *por* el túnel.

Mae'r trên yn mynd trwy'r twnnel.

3) Ymadroddion rhif:

dos veces *por* día = ddwywaith y dydd.

veinte *por* ciento = ugain y cant

4) Cyfnewid:

Pagó diez euros *por* el libro.

Talodd fil ewro am y llyfr.

5) Ar ran/dros:

Lo hace *por* ti. Mae'n ei wneud e drosot ti.

Sylwch: gyda 'gracias' rydych chi bob amser yn defnyddio 'por':

Gracias *por* todos los peces.

Diolch am yr holl bysgod.

Por y Para – O! na bawn i'n gwybod pa un i'w ddefnyddio pryd ...

Os gellwch chi gael hyn yn gywir, byddwch chi'n creu argraff fawr ar yr arholwyr ac yn codi'ch marciau. Felly ewch ati i ymarfer. A chofiwch eich bod chi bob amser yn defnyddio 'por' ar ôl 'gracias'.

'Fi', 'Ti', 'Ef'/'Hi', 'Nhw' ...

Mae <u>rhagenwau</u> yn eiriau sy'n <u>cymryd lle enwau</u> – fel '<u>ti</u>' neu '<u>nhw</u>'.

> Mae gan Dafydd swydd newydd yn y parlwr pwdls. Mae e'n hoffi siafio pwdls.

> Mae '<u>e</u>' yn <u>rhagenw</u>. Mae'n golygu nad oes rhaid ichi ddweud '<u>Dafydd</u>' eto.

'Yo', 'tú', 'él', 'ella' – 'Fi', 'ti', 'ef', 'hi'

<u>Fel arfer</u> does <u>dim</u> angen dweud 'fi', 'ti', 'ef' ayb yn Sbaeneg – oni bai eich bod chi eisiau <u>pwysleisio</u> neu wneud yn hollol glir am <u>bwy</u> rydych chi'n siarad. Ond mae'n rhaid ichi wybod y geiriau hyn – neu byddwch chi'n cael eich drysu'n llwyr.

Y Rhagenwau Goddrychol

fi:	yo		
ti:	tú	nosotros/as	:ni
ef:	él	vosotros/as	:chi (lluosog anffurfiol)
hi:	ella	ellos	:nhw (gwrywaidd neu gymysg)
chi (unigol):	usted	ellas	:nhw (i gyd yn fenywaidd)
rhywun:	se	ustedes	:chi (lluosog ffurfiol)

Y PEDWAR GAIR AM 'TI' A 'CHI'

<u>Cofiwch</u> – mae pedair ffordd o ddweud 'ti' a 'chi'. Mae '<u>tú</u>' fel ti yn Gymraeg – i'w ddefnyddio wrth siarad ag un person yr un oed â chi, ffrind neu aelod o'ch teulu. Wrth siarad â grwp o bobl felly, defnyddiwch '<u>vosotros/as</u>'. Rydych chi'n defnyddio '<u>usted</u>' i fod yn gwrtais ag un person (i siarad â phobl hŷn nad ydynt yn eich teulu nac yn ffrindiau), ac '<u>ustedes</u>' os oes mwy nag un ohonyn nhw.

'Me', 'te', 'lo', 'la' – 'Fi', 'ti', 'ef', 'hi'

Mae'r rhain ar gyfer y person neu beth mewn brawddeg y mae'r weithred <u>yn cael ei gwneud iddo</u> (y gwrthrych uniongyrchol).

> Dafydd lava el perro. = Mae Dafydd yn golchi'r ci.

> Dafydd (lo) lava. = Mae Dafydd yn ei olchi fe.

Y Rhagenwau Gwrthrychol Uniongyrchol

fi:	me	nos	:ni
ti:	te	os	:chi (anffurfiol lluosog)
ef/chi (gwrywaidd unigol):	lo	los	:nhw/chi (ffurfiol lluosog gwrywaidd)
hi/chi (benywaidd unigol):	la	las	:nhw/chi (ffurfiol lluosog benywaidd)

Mae geiriau arbennig i ddweud 'i fi', 'iddi hi', 'iddyn nhw' neu 'ata i', 'ati hi', 'atyn nhw'

Ar gyfer pethau sydd angen 'i' neu 'at' – fel ysgrifennu <u>at rywun</u> – defnyddiwch y <u>rhagenwau gwrthrychol anuniongyrchol</u>.

> El perro da el cepillo a Dafydd. = Mae'r ci yn rhoi'r brwsh i Dafydd.

> El perro (le) da el cepillo. = Mae'r ci yn rhoi'r brwsh <u>iddo fe</u>.

Y rhagenwau gwrthrychol anuniongyrchol

i fi / ata i:	me	nos	: i ni/aton ni
i ti / atat ti:	te	os	: i chi/atoch chi (anffurfiol lluosog)
iddo fe/ iddi hi/ ato fe/ati hi/i chi/ atoch chi (unigol):	le	les	: iddyn nhw/atyn nhw/i chi/atoch chi (ffurfiol lluosog)

Mae'r rhagenwau yma yn dod fel arfer <u>cyn</u> y ferf, ond pan ydych chi'n dweud wrth rywun am wneud rhywbeth, maen nhw'n cael eu <u>rhoi ar ddiwedd y ferf</u>.

> ¡Escríb<u>e</u>le! = Ysgrifenna ato fe/ati hi!

> ¡Díga<u>me</u>! = Dywedwch wrthyf i!

Bydd <u>angen</u> y rhagenwau hyn arnoch chi yn <u>bendant</u> i ddweud eich bod <u>yn hoffi</u> rhywbeth. Mae'n rhaid ichi ddweud 'mae'n rhoi pleser i fi' ayb ...

Sylwch – does dim ots a yw'r <u>person</u> yn unigol neu'n lluosog. Mae'n rhaid ichi ddefnyddio 'gusta' os yw'r <u>peth rydych chi'n ei hoffi</u> yn unigol, neu 'gustan' os yw'n <u>lluosog</u>.

> Me gusta la música. = Dw i'n hoffi cerddoriaeth.

> No nos gusta el pulpo. = Dydyn ni ddim yn hoffi octopws.

> ¿Te gustan los árboles? = Wyt ti'n hoffi coed?

> No les gustan las flores. = Dydyn nhw ddim yn hoffi blodau.

pethau anodd (left margin)

pethau anodd (right margin)

Mwy am Ragenwau

Weithiau bydd angen ichi ddefnyddio'r rhagenwau sydd yn rhan gyntaf y tudalen yma – maen nhw'n gallu bod yn gymhleth, felly dysgwch nhw.

Geiriau arbennig am 'fi', 'ti', 'ef'/'hi'...

Mae rhai rhagenwau sy'n newid os ydyn nhw'n dod ar ôl arddodiad:

El regalo no es para ti, es para ella.

= Dyw'r anrheg ddim i ti, mae iddi hi.

¿Hablas de mí?

= Wyt ti'n siarad amdana i?

Rhagenwau ar ôl arddodiad

fi:	mí	nosotros/as	:ni
ti:	ti	vosotros/as	:chi (lluosog anffurfiol)
fe:	él	ellos	:nhw (gwrywaidd neu gymysg)
hi:	ella	ellas	:nhw (i gyd yn fenywaidd)
chi (unigol):	usted	ustedes	:chi (ffurfiol lluosog)

Mae geiriau arbennig i ddweud 'gyda fi' a 'gyda ti':

Va conmigo. = Mae e'n mynd gyda fi.
Voy contigo. = Mae e'n mynd gyda ti.

Yr 'a' Personol

Rhybudd arddodiad – mae'n rhaid ichi roi 'a' ychwanegol i mewn cyn y gair am unrhyw berson ar ôl pob berf heblaw 'tener'.

Tengo dos hermanos. = Mae gen i ddau frawd.

Mae'n swnio'n anodd ond dyw e ddim:

Veo a mi hermano. OND **Veo el árbol.**

= Dw i'n gweld fy mrawd. = Dw i'n gweld y goeden.

Estoy buscando a Juan. OND **Estoy buscando un taxi.**

= Dw i'n chwilio am Juan. = Dw i'n chwilio am dacsi.

Que – sydd yn, oedd yn, a..., bod/fod....

Mae 'que' yn fath arbennig o ragenw. Mae'n gallu golygu 'sydd yn ...', 'oedd yn ...' 'bod', 'fod', 'ei fod yn', 'ei bod yn', 'fy mod yn' ayb.

Dice que va a llover. = Mae e'n dweud ei bod hi'n mynd i fwrw glaw.

Fui a Menorca, que es una isla preciosa.

= Es i i Menorca sy'n ynys brydferth.

La persona que vive aquí.

= Y person sy'n byw yma.

Cael y Drefn yn Iawn

1) Mae'r rhagenwau hyn fel arfer yn dod cyn y ferf – er eu bod nhw'n gallu mynd cyn NEU ar ôl berfenw neu'r presennol parhaol:

Le voy a hablar. / Voy a hablarle. = Dw i'n mynd i siarad ag ef.
Lo estamos mirando. / estamos mirándolo. = Rydyn ni'n ei wylio ef.

... ac mae'n rhaid iddyn nhw fynd ar ôl gorchymyn i wneud rhywbeth:

Déme su pasaporte, por favor. = Rhowch eich pasbort i fi, os gwelwch yn dda.

2) Os oes dau ragenw gwrthrychol yn yr un frawddeg, mae'r un anuniongyrchol yn dod yn gyntaf bob tro:

Me los da. = Mae e'n eu rhoi nhw ifi.
Te la enviaré. = Bydda i'n ei anfon atat ti.

3) Ond os 'le' neu 'les' yw'r rhagenw anuniongyrchol, mae'n newid i 'se' pan fo'n dod o flaen 'lo', 'la', 'los' neu 'las' (er bod yr ystyr terfynol efallai ddim yn glir iawn!)

Se las da. = Mae e'n eu rhoi nhw iddo ef/ iddi hi / iddyn nhw / i chi
Se lo regalé. = Rhoddais i ef iddo ef / iddi hi/ iddyn nhw / i chi.

Gallai fod yn unrhyw un o'r rhain – mae'n rhaid ichi edrych ar y brawddegau blaenorol i weithio allan am bwy mae'n siarad.

'Hwn' a 'Hwnna', 'Rhywun' a 'Rhywbeth'

RHAGENWAU DANGOSOL AC AMHENODOL

Mae'r tudalen hwn yn ymwneud â <u>phwyntio at bethau</u> ac yn gyffredinol â gwneud yn glir am <u>ba</u> beth rydych chi'n siarad.

Sut i ddweud 'hwn', 'hwnna' neu 'y llall'

Defnyddiwch 'este' ayb .... i ddweud pethau fel '<u>y dyn hwn</u>', '<u>yr afalau hyn</u>' – hynny yw, pan ydych chi'n defnyddio 'hwn', 'hon' ayb fel gair <u>disgrifiadol</u>.

	Gwrywaidd Unigol	Benywaidd Unigol		Gwrywaidd Lluosog	Benywaidd Lluosog
HWN/HON	este	esta	HYN	estos	estas
HWNNA/HONNA (yna)	ese	esa	HYNNY (yna)	esos	esas
HWNNW/HONNO (acw)	aquel	aquella	HYNNY (acw)	aquellos	aquellas

ENGHREIFFTIAU:

este pájaro	aquella casa	estos bolis	esas manzanas
yr aderyn hwn	y tŷ hwnnw	y beiros hyn	yr afalau hynny

Defnyddiwch y ffurf ddiryw os <u>nad</u> ydych chi'n siarad am <u>unrhyw beth penodol</u>:

¿Qué es <u>esto</u>? = **Beth yw hyn?**   *¡<u>Eso</u> es!* = **Dyna fo!**

Diryw	
Hyn	esto
Hynny	eso

Mae'n wahanol os yw 'hwn' neu 'hyn' yn enw

Pan ydych chi'n dweud pethau fel 'fi piau <u>hwn</u>' rydych chi'n defnyddio 'hwn' fel <u>enw</u>. Mae hynny'n golygu bod rhaid ichi <u>roi acen</u> ar y gair am 'hwn', 'hon', 'hynny' ayb...: ee <u>éstos</u>, <u>ése</u> ayb ... ond nid ar esto a eso.

Tengo dos perros; <u>éste</u> es simpático, pero <u>ése</u> es malo.

= **Mae gen i ddau gi; <u>mae hwn</u> yn neis ond mae <u>hwnna'n</u> gas.**

'Algo' – 'Rhywbeth'   'Alguien' – 'Rhywun'

Does dim byd arbennig iawn am y rhain, dim ond bod angen ichi eu <u>deall</u> a'u <u>defnyddio</u>:

¿Quiere <u>algo</u>?

= **Ydych chi eisiau <u>rhywbeth</u>?**

<u>Alguien</u> ha llevado el dinero.

= **Mae <u>rhywun</u> wedi mynd â'r arian.**

Hay <u>algo</u> en mi bolso.

= **Mae <u>rhywbeth</u> yn fy mag**

Buscan a <u>alguien</u> muy gordo.

= **Maen nhw'n chwilio am <u>rywun</u> tew iawn.**

Beth rydych chi'n astudio ... O, hyn a'r llall ...

Does dim byd fan hyn yn anodd iawn – os ydych chi gant y cant yn <u>sicr</u> eich bod chi wedi ei ddeall yn iawn. Cofiwch – mae '<u>este</u>', '<u>esa</u>' a'r lleill yn mynd gyda gair arall <u>bob amser</u>, e.e. '<u>este hombre</u>'. Os ydyn nhw <u>ar eu pen eu hunain</u>, mae'n rhaid rhoi <u>acen</u> arnyn nhw (éste, ése, ayb – heblaw am esto a eso) – felly <u>peidiwch</u> â'u hanghofio.

BERFAU, AMSERAU A'R BERFENW

Y Pethau Pwysicaf am Ferfau

Ellwch chi <u>ddim</u> osgoi'r stwff yma, dw i'n ofni. Ond meddyliwch am hyn – os <u>dysgwch chi fe nawr</u>, bydd e'n gwneud TGAU Sbaeneg yn haws – am fargen!

Mae <u>berfau</u> yn eiriau am <u>weithredoedd</u> – maen nhw'n dweud wrthoch chi <u>beth sy'n mynd ymlaen</u>

<u>Berf</u> yw hon.

Mae Ceridwen yn chwarae pêl-droed bob dydd Sadwrn.

A hon hefyd.

Roedd yn flin gan Aled nad oedd ei fam-gu yn hoffi gwau.

Mae llawer o bethau y dylech chi eu gwybod am ferfau ond mae dau bwynt yn hollol sylfaenol ...

1) Mae'r ferf yn wahanol mewn gwahanol amserau

Rydych chi'n dweud pethau yn wahanol yn ôl pa bryd maen nhw'n digwydd – os digwyddon nhw'r wythnos ddiwethaf neu os nad ydyn nhw'n mynd i ddigwydd tan yfory.

WEDI DIGWYDD YN BAROD
Es i i Tibet llynedd.
Dw i wedi bod yn Tibet.
Roeddwn i wedi bod yn Tibet.

Gorffennol

YN DIGWYDD NAWR
Dw i'n mynd i Tibet.

Presennol

Mae'r rhain i gyd yn wahanol <u>amserau</u>.

DDIM WEDI DIGWYDD ETO
Dw i'n mynd i Tibet ddydd Llun.
Bydda i'n mynd i Tibet.

Dyfodol

2) Mae'r ferf yn wahanol ar gyfer gwahanol bobl

Byddech chi'n dweud 'mae e'n chwarae' ond fyddech chi byth yn dweud 'mae fi'n chwarae' – byddai'n hurt. Mae'r ferf yn newid yn ôl y person.

YN DIGWYDD I FI
Dw i'n drist.

YN DIGWYDD I TI
Rwyt ti'n drist.

YN DIWGYDD IDDI HI
Mae hi'n drist.

Rydych chi'n deall felly – mae berfau yn bwysig iawn. Rydych chi'n eu defnyddio nhw trwy'r amser, wedi'r cwbl.

Y Berfenw

Yn Sbaeneg mae'r berfenw bob amser yn gorffen gydag 'r'.

Pan ydych chi'n chwilio am air <u>yn y geiriadur</u>, dyma beth welwch chi: ➡

rhoi: dar
mynd: ir

Gan amlaf fyddwch chi ddim yn defnyddio'r ferf yn y <u>ffurf yma</u> – bydd yn rhaid ei <u>newid</u> i gytuno â'r <u>person</u> a'r <u>amser</u> rydych chi'n siarad amdano.

OND: Os ydych chi eisiau defnyddio dwy ferf gyda'i gilydd, fel arfer mae'r <u>ail un</u> yn gorfod bod yn <u>ferfenw</u>.

Quiero <u>comer</u>.
= Dw i eisiau bwyta.

Preferimos <u>bailar</u>.
= Mae'n well gyda ni ddawnsio.

Yr Amser Perffaith – gwyliau, parti efallai ...

O ddifri – mae hyn yn stwff <u>megabwysig</u>. Ar y tudalennau nesaf fe gewch chi <u>lwyth o wybodaeth</u> am ferfau achos mae llawer sydd <u>angen ichi ei wybod</u>. Mae rhai pethau'n hawdd, rhai'n anodd – ond os <u>nad ydych chi'n deall</u> y pethau ar <u>y tudalen yma</u> cyn dechrau, fydd gyda chi <u>ddim gobaith</u>.

Berfau yn yr Amser Presennol

Dyma'r hawsaf o ffurfiau'r berfau yn Sbaeneg. Ond dyw hynny ddim yn golygu eich bod chi'n gallu edrych drosti'n gyflym – mae'n rhaid ichi ei chael hi'n gywir.

Mae'r Amser Presennol yn dweud beth sy'n digwydd nawr

Byddwch chi'n ei ddefnyddio fwy nag unrhyw beth arall, felly mae'n wirioneddol bwysig.

Yr hyn sy'n rhaid ei wneud yw rhoi terfyniadau at rywbeth (y 'gwreiddyn').
Ar gyfer yr amser presennol, mae'r gwreiddyn rydych chi'n ychwanegu'r terfyniadau ato yn hawdd iawn:

Fformiwla Gwreiddyn Yr Amser Presennol

gwreiddyn = berfenw – y ddwy lythyren olaf

Enghreifftiau o'r Gwreiddyn yn Yr Amser Presennol

Berfenw	hablar	vivir	comer
Gwreiddyn	habl	viv	com

Terfyniadau berfau –er

Er mwyn ffurfio amser presennol berfau rheolaidd '-er', ychwanegwch y terfyniadau canlynol at wreiddyn y ferf – e.e.

Dyw'r rhan gyntaf ('com') ddim yn newid.

Gweler tudalen 85 am y gwahanol ffyrdd o ddweud 'chi'.

comer = bwyta

dw i'n bwyta =	com **o**	com **emos**	= rydyn ni'n bwyta
rwyt ti'n bwyta =	com **es**	com **éis**	= rydych chi'n bwyta (anffurfiol lluosog)
mae e/hi'n bwyta =	com **e**		
rydych chi'n bwyta (unigol) =	com **e**	com **en**	= maen nhw'n bwyta
		com **en**	= rydych chi'n bwyta (lluosog ffurfiol)

Sylwch: Mae 'ef', 'hi' a 'chi' (ffurfiol unigol) bob amser yn defnyddio'r un terfyniad.

Terfyniadau berfau –ir

Er mwyn ffurfio amser presennol berfau rheolaidd '-ir', ychwanegwch y terfyniadau canlynol at wreiddyn y ferf – e.e.

Dyw'r rhan gyntaf ('viv') ddim yn newid.

vivir = byw

dw i'n byw =	viv **o**	viv **imos**	= rydyn ni'n byw
rwyt ti'n byw =	viv **es**	viv **ís**	= rydych chi'n byw (anffurfiol lluosog)
mae e/hi'n byw =	viv **e**	viv **en**	= maen nhw'n byw
rydych chi'n byw (unigol) =	viv **e**	viv **en**	= rydych chi'n byw (lluosog ffurfiol)

Sylwch: Mae 'nhw' a 'chi' (ffurfiol lluosog) bob amser yn defnyddio'r un terfyniad.

Terfyniadau berfau –ar

Er mwyn ffurfio amser presennol berfau rheolaidd '-ar', ychwanegwch y terfyniadau canlynol at wreiddyn y ferf – e.e.

hablar = siarad

Felly os ydych chi eisiau dweud rhywbeth fel 'Mae e'n siarad llawer', mae'n hawdd:

dw i'n siarad =	habl **o**	habl **amos**	= rydyn ni'n siarad
rwyt ti'n siarad =	habl **as**	habl **áis**	= rydych chi'n siarad (anffurfiol lluosog)
mae e/hi'n siarad =	habl **a**	habl **an**	= maen nhw'n siarad
rydych chi'n siarad (unigol) =	habl **a**	habl **an**	= rydych chi'n siarad (lluosog ffurfiol)

hablar = siarad

1) Dechreuwch trwy dynnu'r 'ar':
   habl~~ar~~

2) Wedyn ychwanegwch y terfyniad newydd:
   habl **a**

3) A – ta da ...
   Habla mucho.
   = Mae e'n siarad llawer.

Nac oes – does dim amser absennol....

Y cwbl sy'n rhaid ichi ei wneud yw dysgu'r terfyniadau ar gyfer berfau '-ar', '-er' ac '-ir'. Dydyn nhw ddim yn rhy anodd achos mae llawer ohonyn nhw yr un peth – yn arbennig y rhai '-er'. Dysgwch nhw ac ymarferwch â nhw.

Y PRESENNOL — Berfau yn yr Amser Presennol

Ar y tudalen blaenorol cawsoch chi'r berfau rheolaidd. Nawr dyma'r berfau <u>afreolaidd</u>. Mwynhewch.

Mae Rhai Berfau Sbaeneg Bron yn Afreolaidd

Sut hynny? Wel, mae rhai berfau yn newid y ffordd maen nhw'n cael eu sillafu (ond dim ond yn yr amser presennol). Mae'r rhain yn ferfau â <u>gwreiddyn</u> sy'n newid, ac maen nhw'n newid yr '<u>e</u>' i '<u>ie</u>' neu'r '<u>o</u>' i '<u>ue</u>'.

Enghraifft o Ferf '<u>e</u>' i '<u>ie</u>';
Ystyr '<u>querer</u>' yw '<u>bod eisiau</u>'.

① querer = bod eisiau

dw i eisiau =	quiero
rwyt ti eisiau =	quieres
mae ef/hi eisiau / rydych chi (unigol) eisiau =	quiere
rydyn ni eisiau =	queremos
rydych chi (anffurfiol lluosog) eisiau =	queréis
maen nhw/ rydych chi (ffurfiol lluosog) eisiau =	quieren

Enghraifft o ferf '<u>o</u>' i '<u>ue</u>':
Mae '<u>poder</u>' yn golygu '<u>gallu</u>'.

② poder = gallu

dw i'n gallu =	puedo
rwyt ti'n gallu =	puedes
mae ef/hi / rydych chi'n (unigol) gallu =	puede
rydyn ni'n gallu =	podemos
rydych chi'n (anffurfiol lluosog) gallu =	podéis
maen nhw/ rydych chi'n (ffurfiol lluosog) gallu =	pueden

Dyma ferfau pwysig eraill fel hyn:

BERFENW	PERSON CYNTAF (FI)	BERFENW	PERSON CYNTAF (FI)
cerrar (cau)	cierro	acostarse (mynd i'r gwely)	me acuesto
comenzar (dechrau)	comienzo	almorzar (cael cinio)	almuerzo
empezar (dechrau)	empiezo	costar (costio)	cuesta (mae'n costio)
pensar (meddwl)	pienso	doler (brifo)	duele (mae'n brifo)
preferir (bod rhywbeth yn well gennych chi)	prefiero	dormir (cysgu)	duermo
sentarse (eistedd)	me siento	jugar (chwarae)	juego
sentir (teimlo)	siento	llover (bwrw glaw)	llueve (mae hi'n bwrw glaw)
tener (bod â)	tengo (tú tienes)	morir (marw)	muero
venir (dod)	vengo (tú vienes)	volver (mynd/dod yn ôl)	vuelvo

Mae rhai o'r Berfau Mwyaf Defnyddiol yn hollol Afreolaidd

Dyma'r berfau afreolaidd mwyaf defnyddiol:

Mae '<u>ser</u>' ac '<u>estar</u>' yn golygu '<u>bod</u>' = dyma'r ddwy ferf Sbaeneg <u>fwyaf defnyddiol</u> yn y byd – erioed.

① ir = mynd

dw i'n mynd =	voy
rwyt ti'n mynd =	vas
mae ef / hi / rydych chi'n (unigol) mynd =	va
rydyn ni'n mynd =	vamos
rydych chi'n (anffurfiol lluosog) mynd =	vais
maen nhw / rydych chi'n (ffurfiol lluosog) mynd	van

② ser = bod

dw i =	soy
rwyt ti =	eres
mae e / hi / rydych chi (unigol) =	es
rydyn ni =	somos
rydych chi (anffurfiol lluosog) =	sois
maen nhw / rydych chi (ffurfiol lluosog) =	son

③ estar = bod

dw i =	estoy
rwyt ti =	estás
mae e / hi / rydych chi (unigol) =	está
rydyn ni =	estamos
rydych chi (anffurfiol lluosog) =	estáis
maen nhw / rydych chi (ffurfiol lluosog) =	están

Mae '<u>ser</u>' ac '<u>estar</u>' yn golygu '<u>bod</u>' ond maen nhw'n cael eu defnyddio mewn ffyrdd gwahanol. Mae eisiau llawer o <u>ymarfer</u> er mwyn sicrhau'r ffurf gywir bob tro.

Defnyddiwch '<u>ser</u>' ar gyfer pethau eitha <u>parhaol</u>, fel cenedl, taldra, swydd:

Julio <u>es</u> español, <u>es</u> alto y moreno.

= Mae Julio'n Sbaenwr, mae'n dal ac yn dywyll.

Defnyddiwch '<u>estar</u>' am bethau <u>dros dro</u>:

<u>Estamos</u> tristes hoy. = Rydyn ni'n drist heddiw.

<u>NEU</u> i ddweud <u>ble</u> mae pethau:

Madrid <u>está</u> en España. = Mae Madrid yn Sbaen.

Siarad am y Dyfodol

DYFODOL A DYFODOL AGOS

Bydd yn rhaid ichi siarad am bethau sy'n <u>mynd i ddigwydd</u> rywbryd yn y <u>dyfodol</u>.
Mae <u>dwy ffordd</u> o wneud hynny – ac mae'r un gyntaf yn <u>hawdd</u> ...

1) Gellwch chi ddefnyddio '<u>dw i'n mynd i</u>' i siarad am y <u>dyfodol</u>

Mae hyn yn hawdd felly does dim esgus dros beidio â'i ddysgu.

voy = dw i'n mynd

Mae hyn yn rhan o '<u>ir</u>' (gweler tudalen 90). Mae'n newid yn ôl person y ferf – a ydych chi'n dweud 'dw i'n mynd', 'rwyt <u>ti</u>'n mynd' ...

+

a

Mae hyn yn un o'r pethau sy'n rhaid ichi ei gofio – mae'n rhaid ei gynnwys.

+

Berf Arall
(<u>Berfenw</u> – gweler tud. 88)

bailar

= dawnsio

=

Brawddeg hawdd am y dyfodol:

Voy a bailar.

= Dw i'n mynd i ddawnsio.

<u>Enghreifftiau:</u> **Ella <u>va a jugar</u> al tenis.**

= Mae hi'n <u>mynd i chwarae</u> tennis.

Rhowch eiriau i mewn i ddweud pryd rydych chi'n mynd i'w wneud e (gweler tudalennau 2-3):

El sábado, <u>vamos a ir</u> a Francia.

= <u>Ddydd Sadwrn</u> rydyn ni'n <u>mynd i fynd</u> i Ffrainc.

2) Mae'n rhaid ichi <u>ddeall</u> yr Amser Dyfodol <u>iawn</u>

Dyma un arall o amserau'r ferf lle mae'n fater o roi <u>terfyniadau</u> ar y gwreiddyn.

Terfyniadau yr Amser Dyfodol

fi :	-é	-emos	: ni
ti :	-ás	-éis	: chi (lluosog anffurfiol)
ef/hi/chi (unigol) :	-á	-án	: nhw / chi (lluosog ffurfiol)

Mae'r amser amodol yn defnyddio'r un gwreiddyn ond terfyniadau gwahanol.

Yn ffodus, mae'r gwreiddyn rydych chi'n <u>ychwanegu'r terfyniadau ato</u> yn eitha hawdd:

1) Ar gyfer y rhan fwyaf o ferfau, rydych chi'n ychwanegu'r terfyniadau at y <u>berfenw</u> (gweler tudalen 88).

<u>Enghreifftiau:</u> **<u>Jugaré</u> al tenis.** = Bydda <u>i'n chwarae</u> tennis. **<u>Dormirás</u>.** = Byddi <u>di'n cysgu</u>.

<u>Cogerá</u> el autobús. = Bydd <u>e'n cymryd</u> y bws. **<u>Venderemos</u> el perro.** = Byddwn <u>ni'n gwerthu</u>'r ci.

2) Dyw'r berfau hyn <u>ddim</u> yn dilyn yr un patrwm. Mae'n rhaid ichi eu <u>dysgu</u> nhw ar eich cof.

Dyma'r rhai pwysicaf:

GWREIDDYN Y FERF		GWREIDDYN Y FERF		GWREIDDYN Y FERF	
decir	dir	poner	pondr	venir	vendr
haber	habr	querer	querr	salir	saldr
hacer	har	saber	sabr	tener	tendr
				poder	podr

Os ydych chi'n teimlo'n ddewr – defnyddiwch yr Amser Dyfodol...

Ydy, mae'r fersiwn cyntaf yn haws, achos does dim ond rhaid ichi <u>ddysgu'r geiriau</u> am <u>amserau yn y dyfodol</u> a'u rhoi nhw i mewn i frawddeg gyffredin, sylfaenol. Mae <u>ffurf gryno dyfodol</u> y ferf yn anos – ond bydd yn ennill <u>mwy o farciau</u> ichi. Yn bendant gwnewch yn siŵr eich bod chi'n ei <u>deall</u>, rhag y dewch ar ei thraws yn eich arholiadau <u>Darllen</u> neu <u>Wrando</u>.

YR AMSER PERFFAITH	Siarad am y Gorffennol

Dyma'r cyntaf o nifer o amserau gorffennol y ferf. Y prif beth yw gwneud yn siŵr eich bod chi'n gallu gwahaniaethu rhwng y gorffennol a'r <u>dyfodol</u> (tudalen 91) a'r <u>presennol</u> (tudalen 89). Mae angen ichi wybod a yw rhywbeth wedi digwydd, yn digwydd nawr neu'n mynd i ddigwydd.

¿Qué has hecho? – Beth rwyt ti wedi'i wneud?

Mae'n rhaid ichi fedru creu a <u>deall</u> brawddegau fel hyn:

He jugado al tenis. = Dw i wedi chwarae tennis.

Gythreuliaid gramadeg: Dyma'r <u>Amser Perffaith</u>.

Mae <u>dwy</u> ran bwysig.

1) Mae angen bob amser y rhan sy'n golygu '<u>Dw i wedi</u>' – gweler y tudalen nesaf.

2) Mae'r rhan hon yn <u>fersiwn arbennig</u> o 'jugar' (chwarae). Gweler y tabl isod.

<u>jugado</u> = wedi chwarae: geiriau arbennig ar gyfer yr Amser Gorffennol

Dysgwch y <u>patrymau</u> ar gyfer ffurfio geiriau arbennig yr Amser Gorffennol fel 'jugado' (wedi chwarae).

Gythreuliaid gramadeg: Dyma Rangymeriadau'r Gorffennol.

berfau -ar	berfau -er / ir
FFORMIWLA: Tynnwch '-ar', wedyn ychwanegwch '-ado'	**FFORMIWLA:** Tynnwch '-er' neu 'ir', wedyn ychwanegwch '-ido'
ENGHREIFFTIAU: jugar → jug<u>ado</u> (chwarae / wedi chwarae) esperar → esper<u>ado</u> (aros / wedi aros)	**ENGHREIFFTIAU:** vender → vend<u>ido</u> (gwerthu / wedi gwerthu) beber → beb<u>ido</u> (yfed / wedi yfed) salir → sal<u>ido</u> (gadael / wedi gadael) elegir → eleg<u>ido</u> (dewis / wedi dewis)

Dyw rhai berfau <u>ddim</u> yn dilyn y patrwm. Mae'n boendod achos mae llawer o'r berfau <u>mwyaf defnyddiol</u> yn <u>afreolaidd</u> – does dim i'w wneud ond eu <u>dysgu</u> nhw ar <u>eich cof</u>:

Berf	Fersiwn yr Amser Perffaith*	Cyfieithiad
abrir:	abierto	(wedi) agor
cubrir:	cubierto	(wedi) gorchuddio
decir:	dicho	(wedi) dweud
descubrir:	descubierto	(wedi) darganfod
escribir:	escrito	(wedi) ysgrifennu
hacer:	hecho	(wedi) gwneud
poner:	puesto	(wedi) rhoi/gosod
romper:	roto	(wedi) torri
ver:	visto	(wedi) gweld
volver:	vuelto	(wedi) dychwelyd

* hynny yw Rhangymeriad y Gorffennol.

Mae hyn i gyd yn berffaith glir ...

Na, dyw'r tudalen yma ddim yn hawdd. Ond mae'n hollbwysig – yn yr Arholiadau bydd yn rhaid ichi yn bendant <u>siarad</u> neu <u>ysgrifennu</u> am rywbeth sy wedi <u>digwydd yn y gorffennol</u>. Ysgrifennwch dabl <u>Rhangymeriadau'r Gorffennol</u> ar waelod y tudalen a'i <u>ddysgu</u> – bydd yn ddefnyddiol ar gyfer <u>ffurfiau berfol eraill</u> hefyd.

Yr Amserau Gorffennol ac Amodol

Roedd y tudalen blaenorol am y Rhangymeriad Gorffennol – y gair arbennig i ffurfio brawddegau fel 'dw i wedi chwarae', 'dw i wedi gwneud' ayb. Mae'n rhaid ichi ei gyfuno â'r rhan sy'n dod o'i flaen i ffurfio amser perffaith y ferf yn gyflawn.

Dw i wedi chwarae: er mwyn dechrau brawddeg fel hyn defnyddiwch 'haber'

I ddechrau brawddeg yn yr amser perffaith, rydych chi'n defnyddio amser presennol y ferf 'haber'.

Cythreuliaid gramadeg– pan fo 'haber' yn cael ei ddefnyddio fel hyn, mae'n cael ei galw'n ferf gynorthwyol.

haber – yn gwneud yr un peth â'r gystrawen Gymraeg 'bod wedi'

dw i wedi =	he
rwyt ti wedi =	has
mae ef/hi wedi =	ha
rydych chi wedi (unigol) =	ha
rydyn ni wedi =	hemos
rydych chi wedi (anffurfiol lluosog) =	habéis
maen nhw wedi/rydych chi wedi (ffurfiol lluosog) =	han

Enghreifftiau:

He ido al cine. = Dw i wedi mynd i'r sinema.

(Ella) ha jugado al tenis. = Mae hi wedi chwarae tennis.

Te has puesto muy feo. = Rwyt ti wedi mynd yn hyll iawn.

Yr Amser Amodol: Beth fyddech chi'n ei wneud?

Mae'r Amser Amodol (dweud 'byddwn', 'buaswn' ayb) yn defnyddio'r un gwreiddyn â'r dyfodol (gweler tudalen 91) ac yn ychwanegu terfyniadau'r Amser Amherffaith fel 'ía' (gweler tudalen 95).

Ar gyfer berfau rheolaidd: **BERFENW + TERFYNIADAU 'ía' YR AMHERFFAITH = AMODOL**

ENGHREIFFTIAU:
hablaría byddwn i'n siarad   *beberían* bydden nhw'n yfed   *viviríamos* bydden ni'n byw

Compraría un helado. = Byddwn i'n prynu hufen iâ.

Deberías escribirme. = Dylet ti ysgrifennu ata i.

Nos gustaría salir. = Hoffen ni fynd allan.

Dyw rhai berfau ddim yn dilyn yr un patrwm, felly rhaid defnyddio:

GWREIDDYN Y DYFODOL + TERFYNIADAU 'ía' YR AMHERFFAITH = AMODOL

ENGHRAIFFT:
¿Podría usted ayudarme? = Allech chi fy helpu i?

Ewch yn ôl a dysgwch restr gwreiddiau'r dyfodol ar dudalen 91 – 'dir', 'habr', 'har' ayb. Ysgrifennwch nhw gyda'r terfyniadau newydd fan hyn i gael rhestr o ferfau amodol i'w dysgu.

Yn achos dwy ferf gyffredin iawn mae ffurf wahanol yn aml yn cael ei defnyddio yn yr amodol:

querría = quisiera.   *habría = hubiera.*

ENGHREIFFTIAU:
Quisiera reservar una mesa para tres personas. = Hoffwn i fwcio bwrdd i dri pherson.

Te hubiera ayudado antes. = Buaswn i wedi dy helpu di ynghynt.

Amodau, amodau, amodau

Peidiwch â chymysgu'r amodol â'r dyfodol neu'r amherffaith. Cadwch olwg am 'quisiera'.

GORFFENNOL CRYNO — Amser Gorffennol Arall: 'gwnes i, es i' ayb

Dyma'r amser mwyaf defnyddiol wrth siarad am beth ddigwyddodd yn y gorffennol, ond, credwch neu beidio, dyma'r amser â'r nifer fwyaf o rannau afreolaidd! Gwnewch yn siŵr eich bod chi'n dysgu'r tudalen yma'n ofalus – bydd angen ichi ei wybod.

¿Qué hiciste después? – Beth wnest ti nesaf?

Mae hyn fel dweud 'gwnes i', yn hytrach na 'dw i wedi gwneud'.
Cymerwch wreiddyn y berfenw, ac ychwanegwch y terfyniadau canlynol:

> **Gythreuliaid Gramadeg:**
> Dyma'r amser
> **GORFFENNOL CRYNO**.

Terfyniadau'r Gorffennol Cryno Berfau '-ar':

fi:	-é	-amos	: ni
ti:	-aste	-asteis	: chi (anffurfiol lluosog)
ef/hi chi (unigol):	-ó	-aron	: nhw/ chi (ffurfiol lluosog)

Terfyniadau'r Gorffennol Cryno Berfau '-er/ ir':

fi:	-í	-imos	: ni
ti:	-iste	-isteis	: chi (anffurfiol lluosog)
ef/hi chi (unigol):	-ió	-ieron	: nhw/ chi (ffurfiol lluosog)

Enghreifftiau:

Pasó toda la vida en Badajoz. = Treuliodd ei fywyd i gyd yn Badajoz.

Nací en Mallwyd   Bailamos hasta medianoche.

= Cefais fy ngeni ym Mallwyd.   = Dawnsion ni tan hanner nos.

BYDDWCH YN OFALUS: Mae'r acenion yn bwysig iawn. Maen nhw'n gallu newid ystyr geiriau:

e.e.: 'hablo' - dw i'n siarad
'habló' - siaradodd e!

Mae pedair berf afreolaidd bwysig yn y Gorffennol Cryno

Fel arfer y geiriau rydych chi'n eu defnyddio amlaf yw'r rhai afreolaidd. Gwnewch yn siŵr eich bod chi'n eu dysgu nhw ar unwaith.

Ser – bod / Ir – mynd (mae Gorffennol Cryno'r ddwy ferf yr un peth)

bûm i/ es i:	fui	fuimos	:buon ni/aethon ni
buest ti:	fuiste	fuisteis	:buoch chi/ aethoch chi
bu ef/hi/aeth e/hi buoch chi/aethoch chi:	fue	fueron	:buon nhw/aethon nhw/buoch chi/aethoch chi

Estar — bod

bûm i:	estuve	estuvimos	:buon ni/aethon ni
buest ti:	estuviste	estuvisteis	:buoch chi/ aethoch chi
bu ef/hi/buoch chi/:	estuvo	estuvieron	:buon nhw/buoch chi

Hacer — gwneud

gwnes i:	hice	hicimos	:gwnaethon ni
gwnest ti:	hiciste	hicisteis	:gwnaethoch chi
gwnaeth ef/hi gwnaethoch chi:	hizo	hicieron	:gwnaethon nhw/gwnaethoch chi

> Mae'r berfau hyn i gyd yn werth eu dysgu ar eich cof – ysgrifennwch nhw a'u gorchuddio nhw i weld faint ohonyn nhw rydych chi'n gallu eu hysgrifennu ar eich cof. Wedyn rhowch dro arall arnyn nhw.

Dyma rai berfau afreolaidd cyffredin eraill:

Berfenw	yo	él/ella/usted
dar	di	dio
decir	dije	dijo
poder	pude	pudo
poner	puse	puso
querer	quise	quiso
tener	tuve	tuvo
traer	traje	trajo
venir	vine	vino

Enghreifftiau:

No dijeron nada.   = Ddywedon nhw ddim byd.

Dijiste que no te gustó.   = Dywedaist ti nad oeddet ti'n ei hoffi.

¿Dónde pusiste el queso?

= Ble rhoddaist ti'r caws?

'Roeddwn i'n gwneud' neu 'Roeddwn i'n arfer gwneud'

... Tudalen arall am <u>ferfau</u> ... Ac <u>amser gorffennol</u> arall – hei lwc!

Beth roeddech chi'n ei wneud neu'n arfer ei wneud

*Gythreuliaid gramadeg:
Dyma'r Amser Amherffaith*

Roedd gen i
fywyd unwaith.

Mae hwn eto yn ddefnyddiol iawn.
Mae <u>tri cham hawdd</u> i ffurfio'r amser yma:

1) Cymerwch <u>ferfenw</u>'r ferf rydych chi eisiau ei defnyddio (gweler tudalen 88).

2) Tynnwch yr '-ar', '-er' neu '-ir' o'r diwedd.

3) Ychwanegwch y <u>terfyniad cywir</u> o'r rhestr gyntaf neu'r ail restr:

Terfyniadau'r Amherffaith Berfau '-ar'

fi:	-aba	-ábamos	:ni
ti:	-abas	-abais	:chi (anffurfiol lluosog)
ef/hi/chi (unigol):	-aba	-aban	:nhw/chi (ffurfiol lluosog)

Terfyniadau'r Amherffaith Berfau '-er', '-ir'

fi:	-ía	-íamos	:ni
ti:	-ías	-íais	:chi (anffurfiol lluosog)
ef/hi/chi (unigol):	-ía	-ían	:nhw/chi (ffurfiol lluosog)

Enghreifftiau:

roeddwn i'n gwneud/arfer gwneud: hacer → hacía

roedd e'n siarad/arfer siarad: hablar → hablaba

roedden ni'n/roedden ni'n arfer bod: estar → estábamos

NEWYDDION ANHYGOEL O DDA:

Does dim ond tair berf nad ydynt yn dilyn y patrwm – <u>ser</u>, <u>ir</u> a <u>ver</u>.

Mae **VER** bron â bod yn rheolaidd – y cwbl sydd ei angen yw ychwanegu terfyniadau arferol '-er' at 've-'.

Ir = mynd

roeddwn i'n arfer mynd = iba
roeddet ti'n arfer mynd = ibas
roedd ef/hi'n arfer mynd = iba
roeddech chi'n (unigol) arfer mynd = iba
roedden ni'n arfer mynd = íbamos
roeddech chi'n (anffurfiol lluosog) arfer mynd = ibais
roedden nhw'n arfer mynd = iban
roeddech chi'n (ffurfiol lluosog) arfer mynd = iban

Ser = bod

roeddwn i'n arfer bod = era
roeddet ti'n arfer bod = eras
roedd ef/hi'n arfer bod = era
roeddech chi'n (unigol) arfer bod = era
roedden ni'n arfer bod = éramos
roeddech chi'n (anffurfiol lluosog) arfer bod = erais
roedden nhw'n arfer bod = eran
roeddech chi'n (ffurfiol lluosog) arfer bod = eran

Había... – Roedd yna...   Era... – Roedd...

'Había' yw fersiwn <u>amherffaith</u> 'hay'. Ac yn lle defnyddio '<u>es</u>' (mae, yw, ydy), gellwch chi ddefnyddio '<u>era</u>' (roedd).

<u>Hay</u> un mono en el árbol. = <u>Mae yna</u> fwnci yn y goeden.

<u>Había</u> un mono en el árbol. = <u>Roedd yna</u> fwnci yn y goeden.

<u>Es</u> demasiado caro. = <u>Mae'n</u> rhy ddrud.

<u>Era</u> demasiado caro. = <u>Roedd e'n</u> rhy ddrud.

Pryd i ddefnyddio'r amherffaith

1) Beth roeddech chi'n <u>arfer ei wneud</u> neu'n ei wneud yn rheolaidd yn y gorffennol;

2) <u>Disgrifio</u> rhywbeth yn y <u>gorffennol</u>, gan gynnwys beth <u>oedd yn mynd ymlaen</u> pan ddigwyddodd rhywbeth arall:

<u>Iba</u> al cine cada jueves. = <u>Roeddwn i'n (arfer)</u> mynd i'r sinema bob dydd Iau.

<u>Hacía</u> mucho calor. = Roedd hi'n dwym iawn.

Saqué una foto mientras <u>dormía</u>. = Tynnais i lun tra <u>oedd hi'n cysgu</u>.

Defnyddiwch y <u>Gorffennol Cryno</u> i'r <u>digwyddiad allweddol</u>, a'r <u>Amser Amherffaith</u> i'r <u>sefyllfa ar y pryd</u>.

BERFAU ATBLYGOL — Fi Fy Hunan, Ti Dy Hunan, ayb

Weithiau mae'n rhaid ichi siarad am bethau rydych chi'n eu gwneud ichi'ch hunan – fel 'eich golchi eich hunan' neu 'eich codi eich hunan' yn y bore. Mae'n swnio'n rhyfedd yn Gymraeg, ond maen nhw'n dweud hynny trwy'r amser yn Sbaeneg.

Siarad amdanoch eich hunan – me, te, se...

Mae 'se' yn golygu 'hunan'. Dyma'r gwahanol ffyrdd o ddweud 'hunan':

Gellwch chi weld pa rai yw'r berfau lle mae angen defnyddio 'hunan' trwy edrych ar y gair yn y geiriadur. Os chwiliwch chi am 'ymolchi', bydd y geiriadur yn dweud 'lavarse'.

fy hunan:	me	*ein hunain:*	nos
dy hunan:	te	*eich hunain (anffufiol ll.):*	os
ei hunan:	se	*eu hunain:*	se
eich hunan (unigol):	se	*eich hunain (ffurfiol ll.):*	se

Me lavo – Dw i'n ymolchi (fy ngolchi fy hunan)

> Gythreuliaid Gramadeg: Berfau atblygol yw'r rhain.

Mae'r berfau hyn yn ddefnyddiol iawn wrth siarad am drefn ddyddiol –codi, ymolchi, gwisgo. Dysgwch y patrwm:

lavarse = ymolchi

dw i'n ymolchi =	me lavo	nos lavamos	*= rydyn ni'n ymolchi*
rwyt ti'n ymolchi =	te lavas	os laváis	*= rydych chi'n ymolchi (anffurfiol lluosog)*
mae e'n ymolchi / =	se lava	se lavan	*= maen nhw'n ymolchi /rydych chi'n*
mae hi'n ymolchi / rydych chi'n ymolchi (unigol)			*ymolchi (ffurfiol lluosog)*

Mae llawer o'r berfau hyn, ond dyma'r rhai y dylech chi eu gwybod ar gyfer yr arholiad:

8 BERF ATBLYGOL BWYSIG	ENGHREIFFTIAU
mynd i'r gwely: acostarse	Me acuesto a las once. = Dw i'n mynd i'r gwely am 11 o'r gloch.
codi: levantarse	Me levanto a las ocho. = Dw i'n codi am 8 o'r gloch.
teimlo: sentirse	¿Te sientes mal? = Wyt ti'n teimlo'n sâl?
galw eich hunan: llamarse	Me llamo Rhys. = Fy enw yw Rhys (yn llythrennol = Dw i'n fy ngalw fy hunan yn Rhys)
dihuno/deffro: despertarse	Me despierto muy temprano. = Dw i'n dihuno'n gynnar iawn.
cael ei sillafu: escribirse	¿Cómo se escribe? = Sut mae'n cael ei sillafu?
mynd i ffwrdd: irse	Se va por la mañana. = Mae'n gadael yn y bore.
gwisgo: vestirse	Siempre se viste de negro. = Mae hi bob amser yn gwisgo du.

Mae berfau atblygol yn yr amser perffaith yn hawdd

Os ydych chi'n defnyddio berfau atblygol yn yr amser perffaith, rydych chi'n rhoi'r 'me', 'te', 'se' o flaen holl rannau'r ferf arferol:

ENGHRAIFFT:

ponerse = gwisgo

Me he puesto el sombrero. = Dw i wedi gwisgo'r het.

Rhowch y 'me' ar y dechrau.

Wedyn rhowch y ferf i gyd yn yr amser perffaith (gweler tudalen 92)

¿Se habla español?

Dyma ddefnydd arall o 'se' – ar gyfer yr amhersonol:

Yn lle dweud bod rhywun yn gwneud rhywbeth, mae'n dweud bod rhywbeth neu rywun yn cael gwneud rhywbeth iddo/iddi. Mae'n gallu bod ag ystyr gyffredinol hefyd – bod rhywun yn gwneud rhywbeth – e.e. Maen nhw'n bwyta bara lawr yn Abertawe. Mae pobl yn siarad Sbaeneg yn yr Ariannin.

Las puertas se abren a las nueve. = Mae'r drysau yn cael eu hagor am naw.

¿Se juega al rugby en Llanelli? = Maen nhw'n / mae pobl yn chwarae rygbi yn Llanelli.

Sut mae Dweud 'Na', 'Ddim' a 'Neb' | Y NEGYDDOL

Mae hyn i gyd yn ddigon hawdd. Wel, y rhan fwyaf ohono ...

Defnyddiwch 'no' i ddweud na, nage, nac ydw ayb

Yn <u>Gymraeg</u> rydych chi'n gallu troi brawddeg i olygu'r gwrthwyneb trwy ychwanegu 'ddim'.
Er enghraifft:, 'Dw i'n dysgu Ffrangeg' ⟶ Dw i <u>ddim</u> yn dysgu Ffrangeg.
Yn <u>Sbaeneg</u> mae'n rhaid ichi roi '<u>no</u>' o flaen y <u>gair gweithredol</u> (y ferf).

pethau anodd

Rydych chi'n gwneud yr <u>un peth</u> gyda <u>holl amserau'r ferf</u>. Er enghraifft, mae'r <u>perffaith</u> fel hyn:

ENGHRAIFFT:

Soy Rhys. ⟶ No soy Rhys.

= Rhys ydw i.

Dyma'r ferf. Mae'r '<u>no</u>' yn mynd <u>o'i blaen</u> – hawdd!

= <u>Nid</u> Rhys ydw i.

ENGREIFFTIAU:

<u>No</u> lo he visto. = Dw i <u>ddim</u> wedi ei weld e.

Ella <u>no</u> ha llegado. = Dyw hi <u>ddim</u> wedi cyrraedd.

pethau anodd

Nac ydw, dw i ddim!

Mae '<u>no</u>' yn Sbaeneg yn golygu '<u>na, nac ydw, nage</u> ayb' a hefyd '<u>ddim</u>', felly wrth ateb cwestiwn, efallai bydd yn rhaid ichi ddweud '<u>no</u>' ddwyaith:

No, no quiero pulpo, gracias.

= Na, dw i ddim eisiau octopws, diolch.

No, prefiero no ver una película.

= Na, mae'n well gen i beidio â gweld ffilm.

pethau anodd

no ... nunca – byth/erioed   no ... nada – dim

Mae rhagor o eiriau negyddol y dylech chi eu gwybod, ac i gael marciau uchel dylech chi eu defnyddio nhw hefyd.

<u>No</u> voy <u>más</u> a Bangor.

= Dw i <u>ddim</u> yn mynd i Fangor <u>mwyach</u>.

<u>No</u> voy <u>nunca</u> a Bangor.

= Dw i <u>byth</u> yn mynd i Fangor.

<u>No</u> voy <u>ni</u> a Bangor <u>ni</u> a Caernarfon.

= Dw i ddim yn mynd i Fangor <u>na</u> Chaernarfon.

ddim mwyach: no ... más

byth: no ... nunca

ddim ... na ..: no ... ni ... ni ...

neb: no ... nadie

dim (byd): no ... nada

dim un: no ... ningún / ninguna

<u>No</u> hay <u>nadie</u> aquí.

= Does <u>neb</u> yma.

Aquí <u>no</u> hay <u>nada</u>.

= Does <u>dim</u> byd yma.

<u>No</u> hay <u>ningún</u> plátano.

= Does <u>dim</u> un banana.

Dywedwch Na – a neb a dim byd a byth a dim un...

<u>Newyddion da</u> – dyw pethau ddim cynddrwg ag y maen nhw'n edrych. Mae'n edrych yn gymhleth achos mae'n rhaid dweud '<u>no</u>' gyda phopeth – ond mewn gwirionedd mae'n gwneud bywyd yn <u>haws</u> os ydych chi'n ceisio <u>adnabod</u> brawddegau negyddol. Ceisiwch <u>ysgrifennu brawddegau</u> sy'n defnyddio'r holl ymadroddion negyddol yma – dyna'r ffordd orau o'u <u>dysgu</u> nhw.

PRESENNOL DIBYNNOL | Y Presennol Dibynnol

Wel, mae'n rhaid ifi gyfaddef – <u>mae</u> hyn yn anodd. Ond mae hefyd yn <u>bwysig iawn</u> os ydych chi eisiau <u>gradd dda</u>.

Quisiera – Hoffwn i

Ydych chi'n cofio hyn? Mae'n ddefnyddiol er mwyn bod yn <u>gwrtais</u>, yn lle dweud 'dw i eisiau' trwy'r amser.

Quisiera leche.	= <u>Hoffwn i</u> ychydig o laeth.
Quisiera ir al hospital.	= <u>Hoffwn i</u> fynd i'r ysbyty.

Mae'r <u>dibynnol</u> yn fwy tebyg i fodd nag amser.

<u>Nid</u> amser arall yw hwn, ond modd gwahanol, ac mae Sbaenwyr yn defnyddio llawer arno. A bod yn onest, mae cymaint i'w ddysgu, alla i ddim gwneud mwy na cheisio rhoi rhyw <u>syniad</u> amdano ichi. Os ydych chi'n llwyddo i'w <u>ddefnyddio</u>, gallai ychwanegu'r * at eich 'A'.

	HABLAR (hablo — dw i'n siarad)	COMER (como — dw i'n bwyta)	VIVIR (vivo — dw i'n bwyta)	TENER (tengo — mae gen i)
fi	habl<u>e</u>	com<u>a</u>	viv<u>a</u>	teng<u>a</u>
ti	hables	comas	vivas	tengas
ef/hi/chi (unigol)	hable	coma	viva	tenga
ni	hablemos	comamos	vivamos	tengamos
chi (anffurfiol ll.)	habléis	comáis	viváis	tengáis
nhw/chi (ffurfiol ll.)	hablen	coman	vivan	tengan

Pan fo <u>dau oddrych cysylltiedig</u> mewn brawddeg, mae'r ferf sy'n perthyn i'r <u>ail</u> oddrych yn aml yn y dibynnol.

ENGHRAIFFT Elena quiere que Jorge <u>lave</u> los platos.

= Mae Elena am i Jorge olchi'r llestri.

Mae'r rheolau a'r rhesymau yn <u>rhy anodd</u> i fanylu arnyn nhw fan hyn – <u>dysgwch</u> yr <u>enghreifftiau cyffredin</u> hyn:

(1) Ceisio cael rhywun i wneud rhywbeth, neu geisio eu rhwystro nhw: Espero que me <u>escribas</u> pronto.

= Dw i'n gobeithio y byddi di'n ysgrifennu ata i yn fuan.

(2) Ar ôl mynegi teimlad neu farn am rywbeth: Me alegro de que <u>podáis</u> venir mañana.

= Dw i'n falch eich bod chi'n gallu dod yfory.

(3) Ar ôl amheuon: Dudamos que el tren <u>llegue</u> a tiempo. = Rydyn ni'n amau a fydd yn trên yn cyrraedd yn brydlon.

(4) Pan fo angen neu reidrwydd: Necesito a un amigo que <u>sepa</u> cocinar. = Mae angen ffrind arna i sy'n gwybod sut i goginio.

(5) Wrth siarad am rywbeth eitha ansicr yn y dyfodol: Cuando <u>sea</u> mayor, quiero ser bombero. = Pan fydda i wedi tyfu, dw i eisiau bod yn ddyn tân.

(6) Ar ôl y geiriau '<u>para que</u>' ('er mwyn i', 'fel bod'), '<u>antes de que</u>' ('cyn i', 'cyn bod'), '<u>como si</u>' ('fel petai') ac '<u>aunque</u>' ('hyd yn oed os'):

Vamos a la playa para que <u>veas</u> el mar. = Rydyn ni'n mynd i'r traeth er mwyn iti weld y môr.

pethau anodd pethau anodd pethau anodd pethau anodd

Rhoi Gorchmynion i Bobl

Mae'n rhaid ichi ddeall hyn wrth gwrs, ac i gael y marciau uchaf bydd yn rhaid ichi fedru ei wneud eich hunan hefyd.

Bydd angen y stwff yma i roi gorchmynion i bobl.

Yn ffodus, mae'r rhan unigol anffurfiol yn hawdd iawn, – fel rhan 'tú' yn yr amser presennol ond heb yr 's' ar y diwedd.

hablas = rwyt ti'n siarad   *bebes* = rwyt ti'n yfed   *escribes* = rwyt ti'n ysgrifennu   *¡Escucha ésto!*

¡habla! = siarad!   *¡bebe!* = yf!   *¡escribe!* = ysgrifenna!   = Gwranda ar hyn!

Dyma rai gorchmynion afreolaidd cyffredin:

decir	hacer	ir	oír	poner	salir	tener	venir
di	haz	ve	oye	pon	sal	ten	ven

> Gythreuliaid Gramadeg:
> Y Gorchmynnol yw hwn.

Mae'n edrych braidd yn od, ond os ydych chi eisiau dweud wrth nifer o bobl beth i'w wneud, rydych chi'n cymryd y berfenw a newid yr 'r' derfynol i 'd', hyd yn oed gyda'r rhai afreolaidd:

hablar ⟹ *¡hablad!*   *salir* ⟹ *¡salid!*   *hacer* ⟹ *¡haced!*   *escribir* ⟹ *¡escribid!*   *beber* ⟹ *¡bebed!*

¡Terminad vuestros deberes!   = Gorffennwch eich gwaith cartref!

Dweud wrth Bobl Beth i'w Wneud yn Gwrtais

Gall hyn fod yn anos. Mae'n rhaid ichi gymryd rhan 'fi' y ferf yn yr amser presennol, a newid yr 'o' derfynol i 'a' neu 'e', pa bynnag un yw'r gwrthwyneb i'r terfyniad y byddech chi'n ei ddisgwyl. Ddim yn deall? Dylai'r enghreifftiau hyn helpu:

hablo ⟹ *¡hable!*   *como* ⟹ *¡coma!*   *escribo* ⟹ *¡escriba!*

ENGHREIFFTIAU:

Siga todo recto. = Cariwch yn syth ymlaen.   *Coja la primera a la derecha.* = Cymerwch y cyntaf ar y chwith.
(seguir ⟹ sigo)   (coger ⟹ cojo)

O leiaf mae'r lluosog ffurfiol, cwrtais yn hawdd – dim ond ychwanegu 'n' fel arfer:

¡hablen!   *¡coman!*   *¡escriban!*

A'r unig eithriadau yw:

dar	haber	ir	saber	ser
dé	haya	vaya	sepa	sea

Gorchmynion gyda Rhagenwau

Os ydych chi'n dweud wrth rywun am wneud rhywbeth, mae unrhyw ragenwau (fi, ef, nhw ayb) yn cael eu rhoi ar y diwedd, gyda'r drefn eiriau arferol:

Me lo trae. = Rydych chi'n dod ag ef ifi.

Te levantas. = Rwyt ti'n codi.   *¡Levántate!* = Cod!   *¡Traígamelo!* = Dewch ag e ifi!

Ychwanegwch 'no' er mwyn dweud wrth rywun am beidio â gwneud rhywbeth

Hefyd, newid y terfyniadau arferol i'w gwrthwyneb bob tro:

¡No escuches!   = Paid â gwrando!

> Mae gorchmynion lle rydych chi'n dweud wrth rywun am beidio gwneud rhywbeth yn y Dibynnol.

A symudwch unrhyw ragenwau o'r diwedd i'r dechrau:

¡Tócalo! = Cyffwrdd ag ef!   *¡No lo toques!* = Paid â chyffwrdd ag ef!

SABER, CONOCER A PODER

'Gwybod', 'adnabod', 'medru', 'gallu'

Dyma <u>dair berf ddefnyddiol iawn</u> mae pobl yn eu cael yn <u>anghywir</u> yn aml – gwnewch yn siŵr <u>nad ydych chi</u>'n un ohonyn nhw.

<u>Gwybod</u> = <u>Saber</u>

1) Mae '<u>Saber</u>' yn golygu '<u>gwybod</u>' gyda'r un ystyr ag yn Gymraeg, hynny yw bod rhywun wedi <u>dysgu</u> rhywbeth, neu bod <u>gwybodaeth</u> gyda chi (e.e. pryd mae'r bws yn gadael).

Edrychwch ar yr enghreifftiau hyn:

Ella <u>sabe</u> la respuesta a la pregunta.	*Mae hi'n gwybod yr ateb i'r cwestiwn.*
No <u>sé</u> si tenemos plátanos.	*Dw i ddim yn gwybod a oes gyda ni fananas.*
¿<u>Sabe</u> usted cuándo llega el tren?	*Ydych chi'n gwybod pryd mae'r trên yn cyrraedd?*

2) Mae <u>Saber</u> o flaen <u>berfenw</u> yn golygu '<u>gwybod sut i wneud rhywbeth/medru</u>', gyda'r ystyr bod sgil gan rywun, e.e.:

Sabe esquiar.	*No sabe leer.*	*Sé conducir.*
Mae'n gwybod sut i sgïo.	Dyw hi ddim yn medru darllen.	Dw i'n medru gyrru.

PWYSIG: Mae '<u>saber</u>' yn ferf reolaidd, ar wahân i'r rhan '<u>fi</u>', sef '<u>sé</u>'.

<u>'Adnabod'</u> = 'Conocer'

Conozco la luna.

Mae conocer fel y Gymraeg '<u>adnabod</u>' – adnabod person neu le.
Os yw rhywun yn gofyn a ydych chi'n adnabod eu ffrind Myfanwy, dyma'r ferf i'w defnyddio.

Conozco Madrid.	= Dw i'n adnabod Madrid.
No conoce esta ciudad.	= Dyw e ddim yn adnabod y dref yma.
¿*Conoces* a mi amigo?	= Wyt ti'n adnabod fy ffrind?

PWYSIG: fel 'saber', mae '<u>conocer</u>' hefyd yn <u>ferf normal</u> â rhan '<u>fi</u>' <u>od</u> = '<u>conozco</u>'.

Mae <u>'poder'</u> yn golygu '<u>gallu</u>'.

Mae gan 'poder' (<u>gallu</u>) dri ystyr pwysig:

1) <u>Gallu</u> gwneud rhywbeth (<u>nid</u> gwybod <u>sut</u> i wneud rhywbeth, ond bod yn gallu ei wneud e – fel 'Ydw, dw i'n gallu dod yfory').

Si quieres, <u>puedo</u> llevar el equipaje. = Os wyt ti eisiau, galla i gario'r bagiau.

2) <u>Caniatâd</u> i wneud rhywbeth. *Se <u>pueden</u> sacar fotos aquí.* = Cewch chi dynnu lluniau fan hyn.

3) <u>Posibilrwydd</u> – rhywbeth a <u>all</u> fod yn wir neu a all ddigwydd. *Eso <u>puede</u> pasar.* = Gall hynny ddigwydd.

<u>Ydych chi'n gwybod y rhain nawr, fyddwch chi'n eu hadnabod nhw ac yn gallu eu defnyddio nhw?</u>

Tair berf ddefnyddiol iawn y bydd yn rhaid ichi eu deall. Peidiwch ag anghofio'r gwahaniaeth rhwng <u>saber</u> a <u>conocer</u>, a gnewch yn siŵr eich bod chi'n gwybod tri ystyr <u>poder</u>. Gwych ....

'Wedi gwneud', 'yn gwneud' a 'newydd wneud'

AMSER GORBERFFAITH, RHANGYMERIAD Y PRESENNOL AC ACABAR DE

Tri pheth arall i'w <u>dysgu</u> – gallech chi ddod ar eu traws yn yr arholiadau <u>Gwrando</u> neu <u>Ddarllen</u>.

Había hecho – 'Roeddwn i wedi gwneud'

> Gythreuliaid Gramadeg: hwn yw'r <u>Amser Gorberffaith</u>.

1) Mae'n rhaid ichi fedru <u>deall</u> hyn os bydd e'n ymddangos yn yr <u>Arholiadau Darllen</u> neu <u>Wrando</u>.

2) Mae'n <u>debyg</u> i'r Amser Perffaith (gweler tudalen 93) – mae'r Perffaith yn dweud beth <u>rydych</u> chi <u>wedi</u> ei wneud, <u>ond</u> mae hyn yn dweud beth <u>roeddech</u> chi <u>wedi</u> ei wneud.

3) Mae'n cael ei ffurfio hefyd gyda rhan o <u>haber</u> + <u>rhangymeriad y gorffennol</u>, ond mae'r rhan sy'n dod o haber yn yr <u>amser amherffaith</u>.

> Am yr amser amherffaith, gweler tudalen 95.

AMSER AMHERFFAITH HABER + RHANGYMERIAD Y GORFFENNOL

ENGHREIFFTIAU:

Había escrito una carta. = <u>Roeddwn i wedi ysgrifennu</u> llythyr.

Betsan había llegado. = Roedd Betsan <u>wedi cyrraedd</u>.

'Yn gwneud', 'yn dweud', 'yn meddwl' – rhangymeriad y presennol

Gan <u>amlaf</u> byddech chi'n cyfieithu pethau fel 'dw i'n gwneud' ac 'roeddwn i'n gwneud' gyda'r <u>amserau arferol</u> – sef yn yr enghreifftiau yma 'hago' (amser presennol), ac 'hacía' (amser amherffaith).

Ond weithiau rydych chi <u>eisiau pwysleisio</u> bod rhywbeth <u>yn mynd ymlaen</u> ar hyn o bryd, neu ei <u>fod e'n mynd ymlaen</u> yn y gorffennol.

e.e.   *Estoy <u>almorzando</u>.* = Dw i'n cael cinio.

Estaba <u>durmiendo</u> cuando sonó el teléfono. = Roedd e'n cysgu pan ganodd y ffôn.

Mae <u>dwy ran</u> i hyn:

a) Rhan gywir '<u>estar</u>' ('bod') yn yr amser <u>presennol</u> neu'r <u>amser amherffaith</u>, a

b) Y <u>gair arbennig</u> i ddisgrifio'r rhan '<u>yn gwneud, yn dweud, yn ....</u>' – sef <u>rhangymeriad y presennol</u>.

berfau '-ar' e.e. hablar	berfau '-er' e.e. comer	berfau '-ir' e.e. vivir
gwreiddyn (e.e. habl) +ando	gwreiddyn (e.e. com) +iendo	gwreiddyn (e.e. viv) +iendo
hab**l**ando	com**iendo**	viv**iendo**

Does dim ond ychydig o ffurfiau afreolaidd:

1) caer ➡ estoy ca<u>yendo</u> (dw i'n cwympo).
2) leer ➡ estamos le<u>yendo</u> (rydyn ni'n darllen).

Hefyd:

servir ➡ s**i**rviendo   pedir ➡ p**i**diendo

dormir ➡ d**u**rmiendo   morir ➡ m**u**riendo

Acabo de... 'Dw i newydd...'

I ddweud beth sy <u>newydd</u> ddigwydd, defnyddiwch amser presennol '<u>acabar</u>' + '<u>de</u>' + y ferf rydych chi eisiau yn y <u>berfenw</u>.

ACABAR: gorffen	
acabo	acabamos
acabas	acabáis
acaba	acaban

ENGREIFFTIAU: *Acabo de <u>ducharme</u>.* = Dw i newydd gael cawod.

Acaba de <u>salir</u>. = Mae hi newydd adael.

Dyma ddiwedd y Gramadeg – Rydych chi'n haeddu medal ...

Whiw.

CRYNODEB ADOLYGU	**Crynodeb Adolygu**

Bwriad y stwff yn yr adran hon yw eich cynorthwyo i roi geiriau at ei gilydd i ddweud yr hyn rydych chi eisiau ei ddweud. Y ffordd o wneud yn siŵr eich bod wedi ei ddysgu yw gweld a ydych chi'n gallu gwneud y cwestiynau yma i gyd. Rhowch dro arnyn nhw i gyd, a chwiliwch am yr ateb i unrhyw rai na ellwch chi mo'u gwneud. Wedyn rhowch dro arnyn nhw i gyd eto. Cariwch ymlaen nes eich bod chi'n gallu eu hateb i gyd yn rhwydd. BRYD HYNNY byddwch chi'n gwybod y stwff yma yn drylwyr.

1) Beth yw'r geiriau Sbaeneg am a) 'a/ac' b) 'neu' c) 'ond' ch) 'achos'

2) Defnyddiwch y gair Sbaeneg am 'a' i wneud un frawddeg sy'n dweud 'Mae gen i aderyn a moronen', o'r ddwy frawddeg hon: 'Tengo un pájaro'. = Mae gen i aderyn. 'Tengo una zanahoria'. = Mae gen i foronen.

3) Beth yw'r geiriau am 'y' ac 'un/rhyw' sy'n mynd gyda phob un o'r geiriau hyn?
   a) 'pie' (gwrywaidd)   b) 'flor' (benywaidd)

4) Sut byddech chi'n dweud y brawddegau hyn yn Sbaeneg? a) Dw i'n mynd i Lundain.
   b) Dw i'n byw yn Abertawe.

5) Beth yw'r geiriau Sbaeneg am a) fy ngheffyl b) ein tŷ c) ei ddillad ef ch) ei thŷ hi

6) Mae'r frawddeg hon yn golygu 'Dw i'n siarad Sbaeneg' – 'Hablo español'.
   Sut byddech chi'n newid y frawddeg i ddweud 'Dw i'n siarad Sbaeneg yn dda'?
   Sut byddech chi'n newid y frawddeg i ddweud 'Dw i'n siarad Sbaeneg yn dda iawn'?

7) Sut rydych chi'n dweud 'Mae Rhys yn dalach na fi' yn Sbaeneg. Sut rydych chi'n dweud 'Rhys yw'r talaf'.

8) Mae'r frawddeg hon yn golygu 'Dw i'n siarad yn araf' – 'hablo lentamente'.
   Sut byddech chi'n dweud 'Fi sy'n siarad arafa'?

9) Beth yw'r geiriau Sbaeneg am 'fi' 'ti' 'ef' 'hi' 'ni' 'chi' (ffurfiol, lluosog) a 'nhw'?

10) Beth yw ystyr y geiriau Sbaeneg hyn? a) me b) te c) le ch) les

11) Sut byddech chi'n dweud y pethau hyn yn Sbaeneg: a) Mae'r ci yma'n wyrdd.   b) Mae'r cathod yma'n las.

12) Beth yw ystyr y brawddegau hyn? a) Me gustan las manzanas, pero no me gusta ésta.
    b) ¿Tiene pantalones rojos? Esos son naranja.

13) Sut rydych chi'n dweud y pethau yma yn Sbaeneg?
    a) Mae gyda fi b) Mae gyda hi c) Mae gyda nhw ch) Dw i d) Mae e dd) Rydyn ni

14) Beth yw ystyr yr ymadroddion hyn? a) 'Como un pastel' b) 'He comido un pastel' c) 'Comí un pastel'
    ch) 'Comía un pastel' d) 'Voy a comer un pastel' dd) 'Comeré un pastel' e) 'Comería un pastel'

15) Sut byddech chi'n dweud y pethau hyn yn Sbaeneg?   a) 'Dw i'n hoffi bwyta cacen.'
    b) 'Bydda i'n bwyta cacen flwyddyn nesaf'.   c) 'Roeddwn i wedi bwyta cacen.'

16) Rhowch y geiriau Sbaeneg cywir yn y bylchau (rhangymeriadau'r gorffennol). Mae'r ateb wedi ei roi i'r un cyntaf.   a) gwneud = hacer. wedi gwneud = hecho.   b) prynu = comprar. wedi prynu = ?
    c) gofyn = pedir. wedi gofyn = ?   ch) gorffen = terminar. wedi gorffen = ?
    d) gwerthu = vender. wedi gwerthu = ?

17) Sut rydych chi'n dweud y rhain yn Sbaeneg? a) Dw i wedi mynd. b) Dw i wedi dod.

18) Mae'r frawddeg yma yn golygu 'Fy enw yw Siôn'   - Me llamo Siôn. Sut byddech chi'n dweud
    a) Ei henw hi yw Sara, b) Dy enw di yw Blodwen, c) Ein henw ni yw Hopkins,
    ch) Eich enw chi (ffurfiol) yw Fitzgerald.

19) Sut rydych chi'n dweud y rhain yn Sbaeneg? a) Dw i ddim yn mynd allan b) Dw i byth yn mynd allan.

20) Sut rydych chi'n dweud y rhain yn Sbaeneg? a) Ewch allan! b) Awn ni allan! c) Dewch yma!

21) Ysgrifennwch frawddegau yn Sbaeneg sy'n cynnwys y geiriau hyn: a) nada b) ni...ni

22) Beth yw ystyr y frawddeg hon? 'Acabo de llegar.'

23) Ysgrifennwch y brawddegau hyn yn Sbaeneg: a) Dw i newydd adael. b) Mae hi newydd ddweud 'helô'.
    c) Rydyn ni newydd ddechrau.

24) Rhagolygon y Tywydd ar gyfer Heddiw
    a) Heddiw bydd hi'n dwym yn Sbaen.   b) Yfory bydd hi'n wyntog yn y de ac yn gymylog yn y gogledd.
    c) Bydd hi'n bwrw glaw ar yr arfordir.

A

la a b *a (llythyren)*
a ardd *i, yn*
abajo ad *lawr y grisiau, islaw, isod*
el abanico g *gwyntyll*
abatido/a ans *isel, trist*
la abeja b *gwenynen*
abierto/a ans *ar agor, wedi agor, agored*
el/la abogado/a gb *cyfriethiwr/aig*
abonar be *talu*
abonarse batb *tanysgrifio*
el abono g *tanysgrifiad, tâl*
abrazar b *cofleidio*
el abrazo g *cofleidiad*
el abrebotellas g *agorydd poteli*
el abrelatas g *agorydd tuniau*
abrigar b *cysgodi, cadw'n dwym*
el abrigo g *côt fawr*
abril g *Ebrill*
abrir be *agor*
abrochar be *clymu, tynhau, cau*
la abuela b *mam-gu, nain*
el abuelo g *tad-cu, taid*
aburrido/a ans *wedi diflasu, diflas*
aburrirse batb *diflasu*
acabar be *gorffen* acabar de bod newydd wneud rhywbeth
acampar be *gwersylla*
el acantilado g *clogwyn*
el aceite g *olew*
la aceituna b *olewydden*
acelerar be *cyflymu*
aceptar be *derbyn*
la acera b *pafin, palmant*
acerca de ardd *am*
acercarse (a) batb *nesu, agosáu (at)*
el acero g *dur*
acertar be *bod yn gywir, cael yn gywir*
acogedor(a) ans *croesawgar*
acoger be *derbyn, croesawu*
la acogida b *derbyniad, croeso*
acompañar be *hebrwng, mynd gyda*
aconsejar be *cynghori*
acordarse (de) batb *cofio*
acostarse batb *mynd i'r gwely*
la actitud b *agwedd*
la actividad b *gweithgaredd*
la actuación b *perfformiad*
las actualidades bll *newyddion*
actualmente *ar hyn o bryd, y dyddiau 'ma*
actuar b *actio, gweithredu*
el acuerdo g *cytundeb*
adelantar be *symud ymlaen, goddiweddyd*
adelante ad *ymlaen*
además ad *ar ben hynny*
adentro ad *tu fewn*
el adiós g *hwyl, ffarwél*
adivinar be *dyfalu*
adjunto/a ans *wedi'i (h)atodi*
¿adónde? ad *ble?*
adrede ad *yn fwriadol*
la aduana b *tollau*
el/la aduanero/a gb *swyddog tollau*
advertir be *rhybuddio*
el aerodeslizador g *hofrenfad*
el aeropuerto g *maes awyr*
afeitarse batb *eillio, siafio*
la afición b *hobi*
el/la aficionado/a gb *ffan*
afuera ad *tu allan*
las afueras bll *maestrefi*
agarrar be *cydio, gafael*
la agencia de viajes b *asiantaeth deithio*
agitar be *chwifio, siglo, ysgwyd*
agosto g *Awst*
agotar be *treulio, disbyddu*
agradable ans *hyfryd*
agradecer be *diolch*
agradecido/a ans *diolchgar*
el agrado g *pleser*
el agua b *dŵr*
aguantar be *goddef*
aguardar be *aros, disgwyl*
agudo/a ans *miniog*
la aguja b *nodwydd*
el agujero g *twll*

ahí ad *fan'na*
ahogarse batb *boddi, tagu*
ahora ad *nawr, rŵan*
ahorrar be *cynilo*
aislado/a ans *wedi'i (h)ynysu*
el ajedrez g *gwyddbwyll*
el ajo g *garlleg*
al aparato *yn siarad (ar y ffôn)*
alargar be *estyn, ymestyn*
el albañil g *adeiladwr*
el albaricoque g *bricyllen*
el albergue g *hostal*
el alcalde g *maer*
alcanzar be *cyrraedd*
la aldea b *pentref bach*
alegrarse batb *bod yn falch*
alegrarse de batb *bod yn falch am/oherwydd*
alegre ans *balch, llawen, siriol*
la alegría b *llawenydd, hapusrwydd*
alejarse batb *ymbellhau, mynd i ffwrdd*
el alfiler g *pin*
la alfombra b *carped*
algo rhag *rhywbeth*
el algodón g *cotwm*
alguien rhag *rhywun, unrhywun*
algún sitio ad *rhywle*
algunas veces ad *weithiau*
alguno/a rhyw
el aliento g *anadl*
la alimentación b *bwyd, maeth*
el alimento g *bwyd*
aliviar be *lleddfu*
allá ad *fan acw, yno*
allí ad *fan acw, yna, yno*
el almacén g *siop amladran, warws, stordy*
la almendra b *almon*
la almohada b *gobennydd*
almorzar be *cael cinio*
el almuerzo g *cinio*
alojarse batb *aros, lletya*
el alpinismo g *mynydda, dringo*
el/la alpinista gb *dringwr/aig, mynyddwr/aig*
alquilado/a ans *wedi'i r(h)entu*
alquilar be *rhentu, hurio, llogi*
el alquiler g *rhent*
alrededor (de) ad *o amgylch, o gwmpas*
alto/a ans *uchel, tâl*
la altura b *taldra, uchder*
el/la alumno/a gb *disgybl*
el ama de casa b *gwraig tŷ*
amable ans *caredig*
el amanecer g *gwawr*
amar be *caru*
amargo/a ans *chwerw*
amarillo/a ans *melyn*
ambiente g *awyrgylch*
ambos/as rhag *y ddau/y ddwy*
amenazar be *bygwth*
el/la amigo/a gb *ffrind*
la amistad b *cyfeillgarwch*
amistoso/a ans *cyfeillgar*
el/la amo/a gb *perchennog, pennaeth*
el amor g *cariad, serch*
amplio/a ans *mawr, eang*
amueblado/a ans *wedi'i (d)dodrefnu*
añadir be *ychwanegu, adio*
ancho/a ans *llydan, eang*
anciano/a ans *hen*
el/la anciano/a gb *hen ŵr/hen wraig*
andar be *cerdded*
el andén g *platfform*
el anfiteatro g *amffitheatr*
el anillo g *modrwy*
animado/a ans *bywiog*
animar be *bywiogi, codi calon rhywun*
el año g *blwyddyn*
anoche ad *neithiwr*
el anochecer g *min nos*
anteayer ad *echdoe*
antes (de) ardd *cyn*
antiguo/a ans *hen, hynafol*
antipático/a ans *cas, ofnadwy*
anunciar be *cyhoeddi*
el anuncio g *hysbyseb, cyhoeddiad*

apagar be *diffodd*
el aparador g *seld, dreser*
el aparato g *peiriant, ffôn*
el aparcamiento g *maes parcio*
aparcar be *parcio*
aparecer be *ymddangos*
aparte ans / ad *ar wahân*
el apellido g *cyfenw*
apenado/a ans *trist, edifar*
apenas ad *braidd, prin*
la apertura b *agoriad*
apetecer be *bod eisiau*
apetitoso/a ans *blasus*
aplastar be *gwasgu*
aplicado/a ans *cydwybodol*
el apodo g *llysenw*
apoyar be *pwyso, cefnogi*
apreciar be *hoffi, gwerthfawrogi*
aprender (a) be *dysgu*
el aprendizaje g *prentisiaeth*
apresurarse batb *brysio*
aprobar be *pasio (arholiad), cymeradwyo*
apropiado/a ans *addas*
aprovecharse (de) batb *cymryd mantais, manteisio (ar)*
apto/a ans *addas, cymwys*
los apuntes nodiadau
aquel/aquella ans *hwnnw/honno*
aquél/aquélla rhag *hwnnw, honno*
aquí ad *yma, fan hyn*
aquí tiene *dyma*
el/la árbitro/a gb *dyfarnwr/aig*
el árbol g *coeden*
el arbusto g *llwyn*
archivar be *ffeilio*
arder be *llosgi*
la arena b *tywod*
el arma b *arf*
el armario g *cwpwrdd*
arrancar be *tynnu, cychwyn (cerbyd)*
arreglar be *trefnu, setlo, trwsio*
arreglarse batb *ymbaratoi*
arrepentirse batb *bod yn flin, edifarhau*
arriba ad *i fyny, i fyny'r grisiau, uwchlaw, uwchben*
arriesgar be *peryglu*
arrojar be *taflu, lluchio, taflu allan*
el arroyo g *nant*
el arroz g *reis*
arruinar be *difetha*
el arte dramático g *drama*
el artículo g *erthygl*
asado/a ans *wedi'i r(h)ostio*
asar be *rhostio*
el ascensor g *lifft*
el asco g *ffieidd-dod*
asegurar be *sicrhau*
los aseos gll *toiledau*
asesinar be *llofruddio*
el asesinato g *llofruddiaeth*
así ad *felly, fel hyn, fel hynny*
el asiento g *sedd*
la asignatura b *pwnc (ysgol)*
asistir be *mynychu*
asomarse batb *edrych /pwyso allan*
asombrar be *synnu*
asombroso/a ans *rhyfedd, anhygoel*
el aspecto g *agwedd, ymddangosiad*
la aspiradora b *sugnydd llwch*
asqueroso/a ans *ffiaidd, gwrthun, ofnadwy, troëdig*
el asunto g *mater, testun*
asustarse batb *dychryn, cael ofn*
el ataque cardíaco g *trawiad ar y galon*
atar be *clymu*
el atasco g *tagfa*
atento/a ans *astud*
el aterrizaje g *glaniad (awyren)*
aterrizar be *glanio*
el ático g *atig, nenloft*
el/la atleta gb *athletwr*
el atletismo g *athletau*

atónito/a ans *syn*
el atraco g *lladrad*
atraer be *denu*
atrás ad *tu ôl, tu cefn*
atrasar be *gohirio, oedi, bod yn hwyr/araf*
atravesar be *croesi*
atreverse batb *meiddio, mentro*
atrevido/a ans *mentrus, beiddgar*
atropellar be *bwrw drosodd*
el atún g *tiwna*
el aula b *ystafell ddosbarth, darlithfa*
aumentar be *cynyddu*
el aumento g *cynnydd*
aún ad *o hyd, eto*
aunque cys *er*
el autobús g *bws*
el autocar g *bws*
la autopista b *traffordd*
el/la autor/a gb *awdur/es*
la autoridad b *awdurdod*
el autostop g *bodio*
el AVE (alta velocidad española) *trên cyflym iawn*
la avenida b *rhodfa*
averiarse batb *torri i lawr*
averiguar be *darganfod*
el avión g *awyren*
avisar be *hysbysu, rhybuddio*
la avispa b *cacynen*
ay eb *aw!*
ayer ad *ddoe*
la ayuda b *help, cymorth*
el ayuntamiento g *neuadd y dref*
la azafata b *stiwardes*
azar g *hap, ffawd*
el azúcar g *siwgr*
azul ans *glas*

B

el bacalao g *penfras*
el bachillerato g *cwrs/arholiad yn yr ysgol uwchradd*
bachillerato elemental g *tystysgrif sylfaenol (TGAU)*
bachillerato superior g *tystysrif uwch (Lefel 'A')*
la bahía b *bae*
bailar be *dawnsio*
el baile g *dawns*
bajar be *tynnu i lawr, mynd i lawr, disgyn*
bajar de be *dod i lawr o (gerbyd)*
bajo/a ans *isel, byr*
bajo ardd *dan, islaw*
el balcón g *balconi*
el balón g *pêl*
el baloncesto g *pêl-fasged*
el/la bañador/a gb *nofiwr/aig*
los bañadores gll *gwisg nofio*
bañar(se) batb *nofio, cael bath*
el/la bancario/a gb *gweithiwr/aig banc*
la bandeja b *hambwrdd*
la bandera b *baner*
la bañera b *baddon*
el baño g *bath, ystafell ymolchi*
barato/a ans *rhad*
la barba b *barf*
la barbacoa b *barbeciw*
la barbaridad b *anfadwaith, erchylltra*
¡Qué barbaridad! *Dyna ofnadwy!*
la barbilla b *gên*
la barca (de pesca) b *cwch, bad (pysgota)*
el barco g *cwch, llong*
la barra (de pan) b *torth (o fara)*
la barra de labios b *minlliw*
barrer be *ysgubo*
la barrera b *rhwystr*
el barrio g *cymdogaeth*
bastante ans/ad *digon, eithaf*
¡Basta! *Dyna ddigon!*
la basura b *sbwriel*
el/la basurero/a gb *dyn/menyw y biniau*
la bata b *gŵn lloft, côt lofft*
la batalla b *brwydr*
la batería b *batri, drymiau*
batido/a ans *wedi'i g/churo*
el batido g *ysgytlaeth*

el bebé g *baban*
beber be *yfed*
la bebida b *diod*
belga ans *Belgaidd*
Bélgica b *Gwlad Belg*
bello/a ans *prydferth*
besar be *cusanu*
el beso g *cusan*
la biblioteca b *llyfrgell*
la bicicleta / la bici b *beic*
bien ad *yn dda, yn iawn*
bien hecho *wedi ei wneud yn dda/ iawn*
bienvenido/a ans *croeso*
el biftec g *stecen*
el bigote g *mwstas*
el billete g *tocyn* billete sencillo/de ida *tocyn unffordd* billete de ida y vuelta/regreso *tocyn dwyffordd*
el billete g *bancnodyn*
el billetero g *waled*
el bistec g *stecen*
blanco/a ans *gwyn*
el bloque g *bloc*
la boca b *ceg*
el bocadillo g *brechdan, rhôl*
la boda b *priodas*
la bodega b *seler/siop win*
la bofetada b *clowten*
la bola b *pêl, pelen (hufen iâ)*
la bolera b *canolfan bowlio*
el boletín g *adroddiad*
el bolígrafo/el boli g *beiro*
el bolo g *sgitl*
la bolsa b *bag*
el bolsillo g *poced*
el bolso g *bag, bag llaw* bolso de mano *o bag llaw*
la bomba b *bom, pwmp* lo pasé bomba *cefais amser gwych*
el bombero g *dyn tân*
la bombilla b *bwlb golau*
el bombón g *siocled, losin*
bonito/a ans *pert, neis*
el bonobús g *tocyn tymor (bws)*
el boquerón g *brwyniad/ansiofi ffres*
el borde g *ymyl*
(el bordo) a bordo ad *ar fwrdd*
borracho/a ans *meddw*
el borrador g *rwber (bwrdd)*
borrar be *dileu, rwbio allan*
la borrasca b *storm*
el bosque g *coedwig*
la bota b *esgid uchel*
el bote g *jar, pot* bote de remo g *cwch rhwyfo*
la botella b *potel*
el botón g *botwm*
el brazo g *braich*
brevemente ad *yn gryno*
el bricolaje g *gwaith DIY*
brillar be *tywynnu, disgleirio*
la broma b *jôc*
broncearse batb *torheulo, cael lliw haul*
la bruma b *niwl*
brusco/a ans *sydyn, disymwth*
bucear be *plymio*
bueno/a ans *da*
la bufanda b *sgarff*
el búho g *tylluan*
el buque g *llong, cwch*
burlarse batb *jocan, cellwair*
burlarse de *gwneud sbort am ben*
el burro g *asyn*
buscar be *chwilio am, nôl*
la butaca b *cadair freichiau, sedd (mewn sinema, theatr)*
el buzón g *blwch post*

C

el caballero g *gŵr boneddig, bonheddwr, marchog*
el caballo g *ceffyl*
el cabello g *gwallt*
caber be *ffitio*
la cabeza b *pen*
la cabina b *caban, blwch (ffôn)*
el cable g *gwifren, cebl*
el cabo g *pen, diwedd, pentir*
la cabra b *gafr*
la cacerola b *sosban*
cada ans *pob*

la cadena b *cadwyn*
caer be *cwympo* caer enfermo *cwympo'n sâl* caerse batb *cwympo, cwympo drosodd*
el café g *coffi, caffi*
la cafetera b *pot/peiriant coffi*
la caja b *bocs, blwch, til* caja de ahorros *banc cynilo*
el/la cajero/a gb *ariannwr/aig*
el cajero automático g *peiriant tynnu arian*
el cajón g *drâr, drôr*
los calamares gll *ystifflog*
el calcetín g *hosan*
el caldo g *cawl*
calentar be *twymo, gwresogi*
caliente ans *twym, poeth*
la calificación b *gradd, marc*
calificado/a ans *cymwys*
callado/a ans *tawel, tawedog*
callar(se) be(atb) *tewi, distewi*
la calle b *heol, stryd*
la callejuela b *heol fach gul*
el calor g *gwres*
caluroso/a ans *twym, poeth*
calvo/a ans *moel, penfoel*
el calzado g *esgidiau*
calzar be *gwisgo (esgidiau ayb)*
los calzoncillos gll *trôns*
la cama b *gwely*
la cámara b *camera*
el/la camarero/a gb *gweinydd/es*
el camarote g *caban*
cambiar be *newid*
el cambio g *newid, cyfnewidfa arian, bureau de change*
caminar be *cerdded*
la caminata b *taith gerdded*
el camino g *ffordd, llwybr*
el camión g *lori*
la camioneta b *fan*
la camisa b *crys*
la camiseta b *crys-t*
la campana b *cloch*
la campaña b *ymgyrch*
el/la campeón/a gb *pencampwr/aig*
el campeonato g *pencampwriaeth*
campesino ans *gwledig*
el camping g *gwersyll*
el/la campista gb *gwersyllwr/aig*
el campo g *cae, cefn gwlad*
la caña b *gwydraid bach o gwrw, coes (planhigyn)*
la caña de pesca b *gwialen bysgota*
el canal g *sianel, camlas*
la cancha b *cwrt* cancha (de tenis ayb) *cae, cwrt (tenis ayb)*
la canción b *cân*
el cangrejo g *cranc*
el canguro g *cangarŵ* hacer de canguro *gwarchod plentyn*
cansado/a ans *wedi blino*
cansador/a ans *blinderus*
el cansancio g *blinder*
cansarse batb *blino*
el/la cantante gb *canwr/cantores*
cantar be *canu*
la cantidad b *maint*
la capa b *mantell, haenen*
capacitar(se) be(atb) *ymbaratoi, cael cymwysterau*
capaz ans *abl*
la cara b *wyneb*
el caracol g *malwoden* ¡Caramba! eb *lesgid!*
el caramelo g *losin*
la cárcel b *carchar*
cargar be *llwytho*
carillo/a ans *ychydig bach yn ddrud*
cariñoso/a ans *serchus, cariadus*
el carnaval g *carnifal*
la carne b *cig* carne de cerdo *cig moch* carne de vaca *cig eidion*
el carnet g *cerdyn* carnet de conducir *trwydded yrru*
la carnicería b *siop cigydd*
el/la carnicero/a gb *cigydd*
caro/a ans *drud, costus*
la carpeta b *ffolder, plygell*
el carpintero g *saer coed*
la carrera b *gyrfa, ras, cwrs*
la carretera b *ffordd, heol la*

carretera nacional *ffordd 'A'*
el carro g *cert*
la carta b *llythyr, bwydlen, cerdyn*
las cartas bll *cardiau chwarae*
cartearse (con) batb *llythyru, ysgrifennu at*
el cartel g *poster*
la cartelera b *rhaglen (sinema, adloniant), hysbysfwrdd*
la cartera b *waled, bag ysgol*
el cartón g *cardbord*
la casa b *tŷ*
casado/a ans *priod*
el casamiento g *priodas*
casarse batb *priodi*
el casco g *helmed*
casi ad *bron*
la casilla b *twll colomen, caban*
el caso g *achos*
castaño/a ans *brown*
las castañuelas bll *castanets*
castellano/a ans *Castilla*
el castellano g *Sbaeneg (iaith)*
castigar be *cosbi*
el castigo g *cosb*
el castillo g *castell*
el catarro g *annwyd, catâr*
cavar be *palu*
la caza b *helfa*
cazar be *hela*
la cebolla b *wynwnsen, nionyn*
(el ceda m) *ceda el paso blaenoriaeth (ar y ffordd), ildiwch*
celebrar be *dathlu*
célebre ans *enwog*
celoso ans *cenfigennus, eiddigeddus*
la cena b *cinio, swper*
cenar be *cael cinio, ciniawa*
el cenicero g *soser lwch*
la central telefónica b *cyfnewidfa ffôn*
el centro g *canol, canolfan*
cepillar be *brwsio*
el cepillo g *brws*
cepillo de dientes g *brws dannedd*
cerca (de) ad *agos (at, i)*
cercano/a ans *agos*
el cerdo g *mochyn*
el cereal g *grawn*
la cereza b *ceiriosen*
la cerilla b *matsien*
el cero g *sero, dim*
cerrado/a ans *ar gau* cerrado con llave *ar glo*
la cerradura b *clo*
cerrar be *cau*
el certificado g *tystysgrif*
la cerveza b *cwrw*
la cervecería b *tafarn, bragdy*
cesar (de) be *rhoi'r gorau i, stopio*
el césped g *lawnt*
la cesta b *basged*
el cesto g *basged*
el chaleco g *gwasgod*
el champiñón g *madarchen*
el champú g *siampŵ*
la chaqueta b *siaced*
la charcutería b *siop cynnyrch cig moch*
charlar be *sgwrsio*
el cheque g *siec* cheque de viaje *siec deithio*
la chica b *merch*
el chicle g *gwm cnoi*
el chico g *bachgen*
chillar be *gweiddi, sgrechian*
la chimenea b *simnai, lle tân*
el chisme g *be'chi'n galw*
el chiste g *jôc*
chocar be *bwrw, bwrw i mewn i, rhoi ysgytwad i*
el chófer g *gyrrwr*
el choque g *gwrthdrawiad*
el chorizo g *selsig cig moch*
el chubasco g *cawod (o law)*
la chuleta b *golwythen*
el churro g *toes melys wedi ei ffrïo*
el ciclismo g *beicio, seiclo*
el/la ciclista gb *beiciwr/aig, seiclwr/aig*

ciego/a ans *dall*
el cielo g *awyr, wybren, nefoedd*
cien ans *cant*
la ciencia b *gwyddoniaeth*
cierto/a ans *gwir, cywir, sicr, siŵr*
la cifra b *rhif*
el cigarrillo g *sigarét*
el cigarro g *sigar, sigarét*
la cima b *copa*
el cine g *sinema*
la cintura b *canol (corff)*
el cinturón g *gwregys*
el circo g *syrcas*
la circulación b *traffig, cylchrediad*
el círculo g *cylch*
la ciruela b *eirinen*
el/la cirujano/a gb *llawfeddyg*
la cita b *apwyntiad, oed*
citarse batb *trefnu cwrdd*
la ciudad b *dinas, tref fawr*
el/la ciudadano/a *dinesydd*
claro/a ans *clir, eglur, amlwg, golau* ¡claro! *wrth gwrs!*
la clase b *dosbarth, gwers*
clásico/a *clasurol*
clasificar be *dosbarthu, trefnu*
el clavo g *hoelen*
el/la cliente gb *cwsmer*
el clima g *hinsawdd*
climatizado/a ans *gyda system awyru*
la clínica b *clinig*
el club g *clwb*
cobarde ans *llwfr*
el/la cobarde gb *llwfrgi*
el/la cobayo/a gb *mochyn cwta*
el/la cobrador/a gb *tocynnwr/aig (trên, bws)*
cobrar be *codi, casglu arian*
el cobro revertido g *galwad ffôn lle mae'r person sy'n derbyn yr alwad yn talu*
el coche g *car*
cocido/a ans *wedi'i f/berwi, wedi'i g/choginio*
el cocido g *cawl*
la cocina b *cegin*
cocinar be *coginio*
el/la cocinero/a gb *cogydd/es*
codiciado/a ans *dymunol*
el código g *côd*
el codo g *penelin*
coger be *cymryd, gafael, cydio, dal*
el cojín g *clustog*
cojo/a ans *cloff*
la col b *bresychen*
la cola b *ciw, cynffon*
el colchón g *matres*
coleccionar be *casglu*
el/la colega gb *cydweithiwr*
el colegio g *ysgol, coleg*
colgar be *crogi, hongian, rhoi'r ffôn i lawr*
la coliflor b *blodfresych*
la colina b *bryn*
el collar g *mwclis*
colocar be *rhoi, gosod*
el color g *lliw*
el columpio g *siglen*
la comedia b *comedi*
el comedor g *ystafell fwyta*
comenzar be *dechrau*
comer be *bwyta*
los comestibles gll *bwydydd*
cometer be *cyflawni*
la comida b *bwyd, cinio, pryd o fwyd*
el comienzo g *dechrau, dechreuad*
la comisaría b *swyddfa'r heddlu*
el comité g *pwyllgor*
como ad *fel, yn debyg i, tua* ¿cómo? *Sut, pardwn?*
la cómoda b *cist ddrariau/ddroriau*
la comodidad b *esmwythdra*
cómodo/a ans *cyffordddus*
el/la compañero/a gb *cyfaill*
la compañía b *cwmni*
compartir b *rhannu*
complicado/a ans *cymhleth*
componer be *cyfansoddi*
el comportamiento g *ymddygiad*

comportarse batb *ymddwyn*
la compra b *pryniad*
comprar be *prynu*
las compras bll *siopa*
comprender be *deall*
el comprimido g *pilsen, tabled*
comprobar be *gwirio, cadarnhau*
el compromiso g *ymrwymiad*
la computadora b *cyfrifiadur*
con ardd *gyda, gan*
el concierto g *cyngerdd*
concurrido/a ans *prysur, llawn*
el concurso g *cystadleuaeth, cwis*
conducir be *gyrru, arwain*
el/la conductor/a gb *gyrrwr/aig*
el conejo g *cwningen*
el conejillo de Indias g *mochyn cwta*
la confianza b *hyder, ymddiriedaeth*
confiar be *ymddiried*
la confitería b *siop losin*
confortable ans *cyfforddus*
el congelador g *rhewgell*
congelar be *rhewi*
conjunto/a ans *wedi'i g/chyfuno, cyd-*
el conjunto g *grŵp, criw, tîm*
conmigo, contigo rhag *gyda fi, gyda ti*
conocer be *adnabod, cwrdd â*
el conocimiento g *gwybodaeth*
la consecuencia b *canlyniad, goblygiad, effaith*
conseguir be *cyflawni, llwyddo, cael*
el consejo g *cyngor*
el conserje g *gofalwr*
la consigna b *swyddfa gadael bagiau*
el constipado g *annwyd*
estar constipado/a *bod dan annwyd*
el/la constructor/a gb *adeiladwr/aig*
construir be *adeiladu*
el consulado g *consuliaeth*
la contaminación b *llygredd*
contar be *cyfrif, adrodd, dweud*
contenido/a ans *dan reolaeth, cymhedrol*
el contenido g *cynnwys*
el contestador automático g *peiriant ateb (ffôn)*
contestar be *ateb*
continuar be *parhau*
contra ardd *yn erbyn*
el/la contrabandista gb *smyglwr/aig*
el contrabando g *nwyddau wedi eu smyglo*
contrario/a ans *gwrthwynebol*
convencer be *argyhoeddi*
la copa b *cwpan, tlws, gwydryn gwin* copa mundial *Cwpan y Byd*
el corazón g *calon*
la corbata b *tei*
el corcho g *corcyn*
el/la cordero/a gb *oen*
el cordón g *cordyn, carrai, lasen, gwifren*
el coro g *côr, corws*
corregir be *cywiro*
el correo g *post* correo electrónico *ebost* correo aéreo *post yr awyr* Correos *swyddfa'r post*
correr be *rhedeg*
el/la corresponsal gb *ffrind llythyru*
la corrida (de toros) b *gornest ymladd teirw*
el cortacésped g *peiriant torri gwair*
el cortalápiz g *naddwr pensiliau*
cortar be *torri*
el corte de pelo g *toriad /steil gwallt*
cortés ans *cwrtais*
la cortina b *llen*
corto/a ans *byr*
la cosa b *peth*

coser be *gwnïo*
la costa b *arfordir*
costar be *costio*
el coste g *cost*
costoso/a ans *costus, drud*
la costumbre b *arfer, arferiad*
la costura b *gwnïo*
cotidiano/a ans *dyddiol, beunyddiol*
crear be *creu*
crecer be *tyfu*
creer be *credu, meddwl*
crema ans *lliw hufen*
la crema b *hufen*
crema bronceadora *eli haul*
la cremallera b *sip*
la criada b *morwyn*
criar be *magu, codi (plentyn)*
el crimen g *trosedd*
el/la crío/a gb *plentyn*
el cristal g *gwydr, cwarel ffenestr*
criticar be *beirniadu*
el cruce g *croesffordd*
el crucigrama g *croesair*
la cruz b *croes* Cruz Roja b *Croes Goch* cruzar be *croesi*
el cuaderno g *llyfr ysgrifennu*
cuadrado/a ans *sgwâr*
el cuadro g *sgwâr, llun, darlun*
cual(es) rhag *pa*
la cualidad b *ansawdd*
cualquier/a ans *unrhyw*
cuando ad *pan, pryd* ¿Cuándo? *Pryd?*
cuanto/a ans *faint*
cuarto/a ans *pedwerydd, pedwaredd*
el cuarto g *ystafell, chwarter* cuarto de baño g *ystafell ymolchi* cuarto de hora g *chwarter awr*
cubierto/a ans *wedi'i (g)orchuddio, cymylog*
el cubierto g *lle wrth y bwrdd cinio*
el cubo g *bwced, ciwb* cubo de basura *bin sbwriel*
cubrir be *gorchuddio*
la cucaracha b *chwilen ddu*
la cuchara b *llwy*
la cucharada *llwyaid*
la cucharilla b *llwy de*
el cuchillo g *cyllell*
el cuello g *gwddf*
la cuenta b *bil, swm, cyfrif*
el cuento g *stori*
la cuerda b *rhaff, cordyn*
el cuero g *lledr*
el cuerpo g *corff*
la cuesta b *rhiw, llethr*
la cueva b *ogof, seler win* ¡Cuidado! *Byddwch yn ofalus!*
cuidadoso/a ans *gofalus*
cuidar be *edrych ar ôl, gofalu am, gwarchod*
la culebra b *neidr*
el culebrón g *opera sebon*
la culpa b *bai*
culpable ans *euog, ar fai*
cultivar be *tyfu*
la cumbre b *copa*
el cumpleaños g *pen-blwydd*
cumplido/a ans *cyflawn, cyfan gwiifren*
cumplir be *cyflawni, cwblhau*
el/la cuñado/a gb *brawd/chwaer yng nghyfraith*
la cura g *offeiriad*
la cura b *gwellhad, triniaeth*
curar be *gwella, trin*
la curiosidad b *chwilfrydedd*
el curso g *cwrs*
el cursor g *sleid (technoleg)*
la curva b *cornel, troad*
cuyo/a ans *y .... ei / eu, el hombre cuyo sombrero tomé – y dyn y cymerais i ei het*

D

dañar be *niweidio, difrodi*
el daño g *niwed, difrod*
dañoso/a ans *niweidiol*
dar be *rhoi*
darse cuenta *sylweddoli*
los datos gll *ffeithiau, data*

enwau — **g**: *gwrywaidd* **b**: *benywaidd* **ll**: *lluosog* **be**: *berf* **batb**: *berf atblygol* **ans**: *ansoddair*

de ardd *o, oddi wrth*
deber be *bod ar rn. arian i rn., gorfod.* Le debo 2 libras – *Mae arna i £2 iddo.*
el deber g *dyletswydd*
los deberes gll *gwaith cartref, dyletswyddau*
débil ans *gwan*
una decena b *deg*
decepcionado/a ans *siomedig*
decidir be *penderfynu*
décimo/a ans *degfed*
decir be *dweud*
el dedo g *bys*
dedo del pie *bys troed*
dejar be *gadael, caniatáu* dejar de (hacer) *rhoi'r gorau i (wneud)*
dejar caer *gollwng*
el delantal g *ffedog*
delante (de) *o flaen*
deletrear be *sillafu*
delgado/a ans *tenau*
el delito g *trosedd*
demás ans *gweddill, eraill*
demasiado ans/ad *rhy, gormod*
la demora b *oedi*
dentro de *tu fewn (i)*
denunciar *cyhuddo*
el/la dependiente/a gb *gwerthwr/aig (mewn siop)*
el deporte g *camp, chwaraeon*
el depósito g *tanc (petrol), warws, blaendal*
de prisa ad *yn gyflym*
la derecha b (dcha. – talfyriad) *y dde*
derecho/a ans *syth*
el derecho g *hawl, cyfraith, dyletswydd*
los derechos gll *hawliau*
desafortunado/a *anffodus*
desagradable ans *annymunol*
desaparecer be *diflannu*
la desaparición b *diflaniad*
el desastre g *trychineb*
desastroso/a ans *trychinebus*
desayunar be *cael brecwast*
el desayuno g *brecwast*
descansar be *gorffwys*
el descanso g *hoe, egwyl*
descolgar be *codi (ffôn), tynnu oddi ar fachyn*
desconfiar be *drwgdybio, amau*
desconocido/a ans *anhysbys, anadnabyddus*
el/la desconocido/a gb *dieithryn*
descortés/esa ans *anghwrtais*
el descubrimiento g *darganfyddiad*
descubrir be *darganfod*
el descuento g *gostyngiad*
descuidado/a ans *diofal, anniben, blêr*
desde ardd *ers, o*
desear be *bod eisiau, dymuno*
desempleado/a ans *di-waith*
el desempleo g *diweithdra*
deshacer las maletas be *dadbacio*
desierto/a ans *anial, diffaith, gwag*
el desierto g *anialwch, diffeithdir*
desmayarse batb *llewygu*
desnudarse batb *dadwisgo*
el desodorante g *diaroglydd*
el despacho g *swyddfa, astudfa*
despacio ad *yn araf*
desaparecido/a ans *wedi diflannu*
despedirse batb *ffarwelio*
despegar be *cychwyn, codi (awyren), dadgludo*
despejado/a ans *clir*
despejar be *clirio*
el despertador g *cloc larwm*
despertarse batb *dihuno, deffro*
desplazar be *symud, trosglwyddo*
después (de) ad *ar ôl, wedyn*
destruir be *dinistrio*
el desván g *atig, nenlofft*
la desventaja b *anfantais*
desviar be *dargyfeirio*
el desvío g *dargyfeiriad*
el detalle g *manylyn, anrheg fach*
detenerse batb *stopio*
detestar be *casáu*
detrás (de) ad *tu ôl (i)*
devolver be *rhoi yn ôl, dychwelyd*
el día g *dydd*
la diapositiva b *sleid (llun)*
diario/a ans *dyddiol, beunyddiol*
el diario g *papur dyddiol*
dibujar be *arlunio, tynnu (llun)*
el dibujo g *llun, celf*
los dibujos animados g *cartwnau*
el diciembre g *Rhagfyr*
el diente g *dant*
difícil ans *anodd*
¡diga! be *dwedwch, siaradwch*
¡dígame! *siaradwch â fi (helô ar y ffôn)*
dinámico ans *deinamig*
el dinero g *arian*
dinero de bolsillo *arian poced*
Dios g *Duw*
la dirección b *cyfeiriad*
dirección obligatoria *unffordd*
directo/a ans *syth, uniongyrchol*
el/la director/a gb *cyfarwyddwr, pennaeth*
dirigir(se) be *siarad â, mynd tuag at, anelu at*
el disco g *record, disg*
compacto/CD *crynoddisg*
disculpar be *esgusodi, maddau*
disculparse batb *ymddiheuro*
el discurso g *araith*
discutir be *dadlau*
el/la diseñador/a gb *dylunydd*
diseñar be *dylunio*
el diseño g *dyluniad, braslun*
disfrutar be *mwyhnau*
el disgusto g *cweryl*, diflastod
disminuir be *lleihau*
disponible ans *ar gael*
dispuesto/a ans *parod*
la disputa b *cweryl, ffrae*
distinguir be *gwahaniaethu*
distinto/a (de) ans *gwahanol (i)*
la/s distracción / distracciones bll *adloniant*
distribuir be *dosbarthu*
divertido/a ans *difyr, doniol, hwyl*
divertirse batb *mwynhau*
dividir be *rhannu*
divorciado/a ans *wedi ysgaru*
el DNI g (documento nacional de identidad) *cerdyn adnabod*
doblar be *troi, plygu*
doble ans *dwbl*
la docena b *dwsin*
el documental g *rhaglen ddogfen*
doler be *brifo, gwneud dolur*
el dolor g *dolur*
el domicilio g *cartref, annedd*
el domingo g *dydd Sul*
donde ad *ble*
¿dónde? *ble?*
dormido/a ans *yn cysgu*
dormir be *cysgu*
dormirse batb *mynd i gysgu*
el dormitorio g *ystafell wely*
la droga b *cyffur*
el/la drogadicto/a gb *rhywun sy'n gaeth i gyffuriau*
la droguería b *fferyllfa lle maen nhw'n gwerthu nwyddau ymolchi ayb ond nid meddyginiaeth*
la ducha b *cawod*
ducharse batb *cael cawod*
dudar be *amau*
el/la dueño/a gb *perchennog*
dulce ans *melys, tyner, tirion*
durante ardd *yn ystod*
durar be *para*
duro/a ans *caled*

E

echar be *taflu, taflu i ffwrdd, arllwys, tywallt*
echar al buzón *postio*
echar de menos *gweld eisiau*
echar sangre *gwaedu*
echar una mirada/un vistazo *bwrw golwg*
la ecología b *ecoleg*
económico/a and *economaidd, rhad*
la edad b *oed*
el edificio g *adeilad*
EEUU talfyriad (gll) *UDA*
el efecto g *effaith*
eficaz ans *effeithiol*
egoísta ans *hunanol*
el ejemplo g *enghraifft*
el ejercicio g *ymarfer*
el ejército g *byddin*
el bannod g *y/yr*
el/la mío/a rhag *f'un i*
la elección b *etholiad, dewis*
la electricidad b *trydan*
eléctrico/a ans *trydanol*
electrónico/a ans *electronaidd*
el/la elefante gb *eliffant*
elegir be *dewis*
elevado/a ans *uchel, nobl, pwysig*
embarazada ans *beichiog*
emborracharse batb *meddwi*
el embotellamiento g *tagfa (traffig)*
emigrar be *allfudo*
emocionante ans *emosiynol, cyffrous*
emparejar be *matsio, paru*
el empate g *gêm gyfartal*
empezar be *dechrau*
el/la empleado/a gb *gweithiwr/aig*
emplear be *defnyddio, cyflogi*
el empleo g *swydd, gwaith*
la empresa b *cwmni*
el/la empresario/a gb *dyn busnes / gwraig fusnes*
empujar be *gwthio*
en ardd *yn, ar, ar ben*
enamorado/a (de) ans *mewn cariad (â)*
enamorarse (de) batb *cwympo/syrthio mewn cariad (â)*
encantado/a ans *wrth eich bodd*
encantar be *swyno, cyfareddu, bwrw swyn dros*
me encanta *rwy'n dwlu ar*
el/la encargado/a gb *rheolwr/aig, person sy'n gyfrifol am rywbeth*
encender be *cynnau, troi ymlaen*
encerrar be *cau (i mewn)*
enchufar be *plygio i mewn*
el enchufe g *soced, plwg*
encima (de) ad *uwchben, ar ben, ar*
encoger(se) batb *codi (ysgwyddau)*
encontrar be *dod o hyd i*
encontrarse batb *bod, cwrdd*
el encuentro g *cyfarfod*
la encuesta b *arolwg*
el/la enemigo/a gb *gelyn*
la energía b *egni, ynni*
enero g *Ionawr*
enfadarse batb *mynd yn grac, gwylltio*
la enfermedad b *salwch*
el/la enfermero/a gb nyrs
enfermo/a ans *sâl, tost*
enfrente ad *gyferbyn, yn wynebu*
engañar be *twyllo*
enganchar be *bachu*
¡Enhorabuena! *Llongyfarchiadau!*
enojar be *digio*
enojarse batb *mynd yn grac*
la ensalada b *salad*
el ensayo g *traethawd, cais, ymgais, prawf*
la enseñanza b *addysg*
enseñar be *dangos, dysgu (i rywun)*
ensuciar be *gwneud yn frwnt, mynd yn frwnt*
entender be *deall*
entonces ad *wedyn, pryd hynny*
el entorno g, *yr ardal o amgylch / o gwmmpas*
la entrada b *mynediad, mynedfa, tocyn*
entrar be *mynd i mewn*
entre rhag *rhwng, ymysg, ymhlith*
la entrega b *trosglwyddiad*
entregar be *rhoi, dosbarthu, trosglwyddo*
el entremés g *anterliwt*
los entremeses gll *hors d'oeuvres*
entrenarse batb *ymarfer*
entretanto ad *yn y cyfamser*
la entrevista b *cyfweliad*
enviar be *anfon*
envolver be *lapio*
la época be *oes, cyfnod*
equipado/a ans *wedi'i (d)darparu, gydag offer*
el equipaje g *bagiau*
el equipo g *tîm, offer*
la equis b *'X'*
la equitación b *marchogaeth*
equivocarse batb *gwneud camgymeriad, bod yn anghywir*
la escala b *graddfa, arhosiad*
escalar be *dringo*
la escalera b *grisiau, ysgol*
escapar(se) b *dianc, gollwng*
el escaparate g *ffenestr siop*
la escarcha b *llwydrew, barrug*
la escena b *golygfa*
escoger be *dewis*
esconder be *cuddio*
escribir be *ysgrifennu*
escribir a máquina *teipio*
el/la escritor/a gb *awdur/es*
el escritorio g *desg*
escuchar be *gwrando*
la escuela b *ysgol*
el/la escultor/a gb *cerflunydd*
la escultura b *cerflun*
la ese b *'S'*
ese/a ans *hwnna, honna*
ése/a rhag *hwnna, honna*
el esfuerzo g *ymdrech*
la esgrima b *cleddyfaeth*
eso rhag *hynny*
el espacio g *gofod* espacio en blanco *bwlch gwag*
la espalda b *cefn*
espantar be *dychryn*
espantoso/a ans *brawychus, dychrynllyd*
el esparadrapo g *plastr*
el espárrago g *merllys*
la especialidad b *arbenigedd*
la especie b *math, rhywogaeth*
el espectáculo g *sioe, perfformiad*
el espejo g *drych*
la esperanza b *gobaith*
esperar be *aros, disgwyl, gobeithio*
espeso/a ans *trwchus, tew*
las espinacas bll *sbinaits, sbigoglys*
el espíritu g *ysbryd, meddwl*
el/la esposo/a gb *gŵr/gwraig*
el esquí g *sgïo*
esquiar be *sgïo*
la esquina b *cornel*
la estación b *gorsaf*
estación del año *tymor y flwyddyn*
el estacionamiento g *maes parcio*
estacionar be *parcio*
el estadio g *stadiwm*
el estado g *statws priodasol*
estadounidense ans *o'r Unol Daleithiau*
estallar be *ffrwydro*
la estancia b *arhosiad, fferm*
el estanco g *siop dybaco*
estar be *bod*
la estatua b *cerflun*
este/a ans *hwn, hon*
éste/a rhag *hwn, hon*
el este g *dwyrain*
el estéreo g *stereo*
el estilo g *dull, arddull, steil*
esto rhag *hyn*
el estómago g *stumog*
estrecho/a ans *cul, cyfyng*
la estrella b *seren*
estremecer be *ysgwyd, crynu*
estrenar be *gwisgo, defnyddio am y tro cyntaf*
el estrés g *pwysau, straen, stres*
estricto/a ans *llym*
estropear be *difetha, difrodi, torri*
el estuche g *cas (sbectol ayb)*
el/la estudiante gb *myfyriwr/aig*
estudiar be *astudio, astudfa, fflat fach*
el estudio g *astudiaeth*
los estudios gll *astudiaethau*
estupendo/a ans *gwych*
estúpido/a ans *twp*
la etapa b *cymal, cyfnod*
la ética b *moeseg*
evitar be *osgoi*
exagerar be *gorddweud, gorwneud*
el examen g *arholiad*
exigente ans *ffwdanus, yn mynnu llawer*
exigir be *mynnu, gofyn am*
el éxito g *llwyddiant*
experimentado/a ans *profiadol*
la explicación b *esboniad, eglurhad*
explicar be *egluro, esbonio*
exponer be *dangos, arddangos*
la exposición b *arddangosfa*
el expreso g *trên cyflym*
el extracto g *rhan*
extranjero/a ans *estron*
el/la extranjero/a gb *person estron, estron/es*
extraño/a ans *rhyfedd*

F

la fábrica b *ffatri*
fabricar be *cynhyrchu*
fácil ans *hawdd*
la faena b *tasg, gorchwyl*
la falda b *sgert*
la falta b *prinder, eisiau, diffyg, absenoldeb*
faltar be *bod yn brin, bod yn eisiau, angen*
la fama b *enwogrwydd*
la familia b *teulu*
los familiares gll *perthnasau*
famoso/a ans *enwog*
el/la farmacéutico/a gb *fferyllydd*
la farmacia b *fferyllfa*
el faro g *golau (car), goleudy*
fastidiar be *hala'n grac, digio, poeni*
febrero g *Chwefror*
la fecha b *dyddiad*
la felicidad b *hapusrwydd*
felicidades/felicitaciones *llongyfarchiadau*
felicitar be *llongyfarch*
feliz ans *hapus*
feo/a ans *hyll, salw*
la feria b *ffair, gŵyl, marchnad*
el ferrocarril g *rheilffordd*
la festividad b *gŵyl*
la fianza b *blaendal, ernes*
fiarse batb *ymddiried*
la ficha b *ffeil, cownter*
la fiebre b *twymyn, tymheredd uchel*
la fiesta b *parti, gŵyl*
fijar be *trefnu, canolbwyntio*
la fila b *rhes, llinell*
el filete g *stecen*
el fin g *diwedd*
fin de semana *penwythnos*
la finca b *tir, plasty, fferm*
la firma b *llofnod, cwmni*
firmar be *arwyddo, llofnodi*
la física b *ffiseg*
físico/a *corfforol, ffisegol*
el/la físico/a gb *ffisegydd*
flaco/a ans *tenau*
el flan g *creme caramel*
la flauta b *ffliwt, recorder*
la flecha b *saeth*
flojo/a ans *gwan, llac*
la flor b *blodyn*
(silvestre) *blodyn gwyllt*

el/la florero/a gb gwerthwr blodau / gwerthwraig flodau
el florero g llestr blodau
flotar be arnofio
el folleto g pamffled
el fondo g cefn, gwaelod
el/la fontanero/a gb plymwr/aig
el/la forastero/a gb dieithryn
la forma b siâp, ffurf, dull, ffordd
la formación b hyfforddiant
el formulario g ffurflen
forzar be gorfodi
el fósforo g matsien
fracasar be methu
la frambuesa b mafonen
franco/a ans gonest, agored
el frente g blaen
la frase b brawddeg, ymadrodd
el fregadero g sinc
fregar be golchi
freír be ffrïo
frenar be brecio
la frente b talcen
la fresa b mefusen
fresco/a ans ffres, oeraidd, claear
el frigorífico g oergell
el frigo g oergell
frío/a ans oer
la fruta b ffrwyth(au)
la frutería b siop ffrwythau, siop groser
el fuego g tân
fuegos artificiales gll tân gwyllt
la fuente b ffynnon, bowlen, ffynhonnell
fuera (de) tu allan (i)
fuerte ans cryf
la fuerza b cryfder, nerth
el/la fumador/a gb smygwr/aig
fumadores gll cerbydran smygwyr
el/la funcionario/a gb gwas sifil
fundir be toddi
el futuro g dyfodol

G

las gafas bll sbectol
gafas de sol sbectol haul
la galería (de arte) b oriel (gelf)
Gales g Cymru
el galés g Cymraeg
galés/esa gb Cymraeg, Cymreig
el/la galés/esa gb Cymro/Cymraes
la galleta b bisgïen
la gallina b iâr
el gallo g ceiliog
la gamba b corgimwch
el gamberro g hwligan
(la gana b) con ganas yn frwd
ganar be ennill
ganarse la vida ennill bywoliaeth
la ganga b bargen
el ganso g gŵydd
el garaje g garej
el/la garajista gb perchennog/cynorthwywr garej
la garganta b llwnc, gwddf
la gaseosa b pop, lemonêd
la gasolina b petrol gasolina sin plomo petrol heb blwm
la gasolinera b gorsaf betrol
gastado/a ans wedi ei dreulio
gastar be gwario, treulio
el gasto g gwariant, cost
el/la gato/a gb cwr/cath
el gazpacho g cawl oer
el/la gemelo/a gb gefaill
generoso/a ans hael
la gente b pobl
el/la gerente gb rheolwr/aig
el gimnasio g campfa
la gimnasia b gimnasteg
la gimnástica b gimnasteg
girar be troi, troelli
la glorieta b cylchfan (fawr)
el gobierno g llywodraeth
el gol g gôl
goloso/a ans â dant melys, barus
golpear be bwrw, curo
la goma b rwber, glud

goma de borrar b rwber
gordo/a ans tew
la gota b diferyn
gozar be mwynhau
las gracias bll diolchiadau, diolch
Gracias Diolch
gracioso/a ans doniol
el grado g gradd, cymal, gris
el gramo g gram
grande ans mawr
los grandes almacenes siopau amladrannol
el granizo g cesair, cenllysg
la granja b fferm
el/la granjero/a gb ffermwr/aig
la grasa b saim, braster
gratis ans/ad am ddim
grato/a ans hyfryd, dymunol
gratuito/a ans am ddim
el grifo g tap
la gripe b ffliw
gris ans llwyd
gritar be gweiddi
el grito g gwaedd
grosero/a ans ffiaidd, mochaidd, anghwrtais
grueso/a ans tew, trwchus
el grupo g grŵp
el guante g maneg
guapo/a ans pert, prydferth, golygus
guardar be gwarchod, rhoi i gadw
el guardarropa g cwpwrdd dillad, ystafell gotiau
la guardería b ysgol feithrin
el/la guardia gb plismon/es
guardia civil gwarchodwr sifil
guay eb gwych! bendigedig!
la guerra b rhyfel
el/la guía gb tywysydd
guiar be tywys
el guisante g pysen
la guitarra b gitâr
gustar be hoffi
el gusto g blas, chwaeth, pleser

H

la haba b ffeuen
haber be bod wedi, haber ido – bod wedi mynd
hábil ans deheuig, medrus
la habitación b ystafell, ystafell wely
el habla b iaith, lleferydd
hablar be siarad
hacer be gwneud
hacerse batb mynd/dod yn
hacerse daño cael dolur, cael loes, gwneud drwg ichi'ch hunan
hacia ardd tua
hallar be dod o hyd i
hallarse batb bod
el hambre b chwant bwyd, newyn
la hamburguesa b byrgar
la harina b blawd, fflŵr, can
harto/a ans wedi diflasu, wedi danto, wedi cael digon, llawn
hasta ardd tan, nes
hay be mae'na
el haz g bwndel
he ad he aquí dyma
el hecho g ffaith, gweithred
el helado g hufen iâ
helar be rhewi
la herida b clwyf, anaf
herir be clwyfo, brifo, anafu
herirse batb cael eich anafu/clwyfo
el/la hermano/a gb brawd/chwaer
el/la hermanastro/a gb llysfrawd/llyschwaer
hermoso/a ans prydferth
la herramienta b offer, teclyn
hervir be berwi
el hidrodeslizador g hofrenfad
el hielo g iâ, rhew
la hierba b gwair, glaswellt, porfa
el hierro g haearn
el hígado g afu, iau
el higo g ffigysen
el/la hijo/a gb mab/merch

hijo/a único/a gb unig fab/ferch
el hilo g edau
el/la hincha gb ffan
hinchar be chwythu i fyny, chwyddo
el hipermercado g archfarchnad
la historia b hanes, stori
el hogar g aelwyd, cartref
la hoja b deilen hoja de solicitud ffurflen gais
hola eb helô!
el hombre g dyn
el hombro g ysgwydd
honesto/a ans gonest
honrado/a ans anrhydeddus, gonest
la hora b awr, amser
hora de comer amser cinio, awr ginio
hora punta awr frys
el horario g amserlen
el horno g ffwrn
horroroso/a ans ofnadwy
la hortaliza b llysieuyn
hortalizas bll llysiau, cynnyrch yr ardd
hoy ad heddiw
la huelga b streic
el huerto g gardd lysiau
el hueso g asgwrn, carreg (mewn ffrwyth)
el huésped g gwestai
el huevo g ŵy
la huida b dihangfa, ffo
huir be dianc, ffoi
húmedo/a ans llaith
el humo g mwg

I

la ida b ymadawiad
la identidad b hunaniaeth
el idioma g iaith
la iglesia b eglwys
ignorar be anwybyddu, bod heb wybod
igual (a) ans cydradd, cyfartal, hafal, yr un peth
la imagen b llun, darlun, delwedd
impedir be rhwystro
el impermeable g côt law
imprescindible ans anhepgor, angenrheidiol
impresionante ans yn creu argraff
la impresora b argraffydd
imprimir be argraffu
el impuesto g treth
el incendio g tân
inclinar be pwyso, plygu
incluido/a ans gan gynnwys, wedi'i g/chynnwys
incluir be cynnwys
incluso ad hyd yn oed
increíble ans anhygoel, anghredadwy
indicar be dangos
el individuo g unigolyn
la industria b diwydiant
informar be hysbysu, rhoi gwybod i
informarse batb cael gwybodaeth, holi
la informática b cyfrifiadureg
el informe g adroddiad
el/la ingeniero/a gb peiriannydd
Inglaterra b Lloegr
el inglés g Saesneg
el/la inglés/esa gb Sais/Saesnes
el ingreso g mynediad
los ingresos gll incwm
inmediatamente ad ar unwaith, yn syth
inmenso/a ans anferth, enfawr
inmóvil ans disymud
inquieto/a ans pryderus, gofidus, aflonydd
la insignia b bathodyn, emblem
la insolación b trawiad haul
insoportable ans annioddefol
las instalaciones bll cyfleusterau
instalar be gosod
el instituto g ysgol uwchradd, coleg
intentar be ceisio, trio
intercambiar be cyfnewid

el intercambio g cyfnewid
interesar be diddori
interesarse batb ymddiddori
el/la interno/a gb disgybl mewnol (yn lletya yn yr ysgol)
intervenir be ymyrryd, cymryd rhan mewn
introducir be cyflwyno, rhoi i mewn
la inundación b llif, gorlif, dilyw
inútil ans diddefnydd, diwerth
el invierno g gaeaf
la inyección b chwistrelliad, pigiad
ir be mynd ir a + berfenw mynd i (dyfodol)
las Islas Baleares bll Yr Ynysoedd Balearaidd
las Islas Canarias bll Yr Ynysoedd Dedwydd
irritar be hala'n grac, gwylltio, poeni
la isla b ynys
irse batb mynd i ffwrdd, gadael
el IVA g (impuesto sobre el valor añadido) treth ar werth, TAW.
la izquierda b chwith

J

el jabón g sebon
jamás ad byth, erioed
el jamón g ham
el jarabe g sudd, moddion at beswch
el jardín g gardd
el jarro g jwg
la jaula b cawell
el/la jefe/a gb pennaeth
joven ans ifanc
el/la joven gb dyn/ menyw ifanc
la joya b gem, tlws joyas gemau
la joyería b gemwaith, gemau, siop emau
jubilarse batb ymddeol
la judía b ffeuen
el/la judío/a gb Iddew/es
el juego g gêm
el jueves g dydd Iau
el/la juez/a gb barnwr
el/la jugador/a gb chwaraewr/aig
jugar be chwarae
el jugo g sudd
el juguete g tegan
julio g Gorffennaf
junio g Mehefin
junto/a ans gyda'i gilydd
junto (a) ad agos, wrth ochr, wrth ymyl
justo ad yn gywir, dim ond
la juventud b ieuenctid
juzgar be barnu

K

el kilo g cilo
el kilómetro g cilometr

L

la bannod y/yr (benywaidd)
el labio g gwefus
el lado g ochr
el ladrillo g bricsen
el ladrón g lleidr
el lago g llyn
la lágrima b deigryn
lamentar be edifarhau
la lámpara b lamp
la lana b gwlân
la langosta b cimwch, locust
lanzar be taflu, lansio
el lápiz g pensil
largo/a ans hir
la lástima b trueni
la lata b tun, can
el latín g Lladin
latinoamericano/a ans o America Ladin
el lavabo g basn ymolchi, ystafell ymolchi
el lavado g golch
la lavadora b peiriant golchi
la lavandería b golchdy
el lavaplatos g peiriant golchi llestri
lavar be golchi

lavarse batb ymolchi
el lavavajillas g peiriant golchi llestri
la lección b gwers
la leche b llaeth, llefrith
la lechería b llaethdy
la lechuga b letysen
la lectura b darllen, darlleniad
leer be darllen
la legumbre b llysieuyn
lejano/a ans pell
lejos (de) ad pell (o)
la lengua b tafod, iaith
las lentes de contacto bll / la lentilla b lensys cyffwrdd
lento/a ans araf
el león g llew
la letra b llythyren
levantar(se) be(atb) codi
la ley b cyfraith, deddf
liberar be rhyddhau
la libra (esterlina) punt (sterling)
libre ans rhydd, ar gael
la librería b siop lyfrau
el libro g llyfr
el/la licenciado/a gb person â gradd, graddedig
la licenciatura b gradd
la liga b cynghrair
ligero/a ans ysgafn
el limón g lemwn
la limonada b lemonêd
limpiar be glanhau
la limpieza a seco b glanhau sych
limpio/a ans glân
la línea b llinell
la linterna b llusern, tortsh
la liquidación b sêl
liso/a ans llyfn, syth
listo/a ans parod, clyfar
el litro g litr
la llamada b galwad
llamar be galw, ffonio, cnocio
llamarse batb cael eich galw
la llave b allwedd, agoriad
el llavero g cylch allwedd
la llegada b cyrhaeddiad
llegar be cyrraedd
llegar a be llwyddo i, dod i
llenar be llenwi, llanw
lleno/a ans llawn
llevar be cario, gwisgo, mynd â
llevarse batb dod ymlaen â
llorar be llefain, crio
llover be bwrw glaw llover a cántaros bwrw hen wragedd a ffyn
lloviznar be bwrw glaw mân, pigo bwrw
la lluvia b glaw
lluvioso/a ans glawog
lo bannod
loco/a ans gwallgof
lograr be llwyddo
la loncha b sleisen
Londres g Llundain
la lonja b sleisen
la lotería b loteri
la lucha b brwydr
luchar be brwydro, ymladd
luego ad yno, wedyn
luego cys felly
el lugar g lle
el lujo g moethusrwydd
lujoso/a ans moethus
la luna b lleuad
el lunes g dydd Llun
la luz b golau

M

la madera b pren, coed
la madrastra b llysfam
la madre b mam
la madrugada b oriau mân y bore
madrugar be codi'n gynnar
maduro/a ans aeddfed
el/la maestro/a gb athro ysgol gynradd, maestro
el magnetofón/magnetofono g recordydd tâp
el magnetoscopio g recordydd fideo
magnífico/a ans gwych
mal ad yn wael
la maleta b cês

enwau — g: gwrywaidd   b: benywaidd   ll: lluosog   be: berf   batb: berf atblygol   ans: ansoddair

el maletero g *cist car*
malhumorado/a ans *mewn hwyliau drwg/tymer ddrwg*
malo/a ans *drwg, gwael, sâl*
la mamá b *mam*
la mancha b *staen*
manchar be *staenio*
mandar be *anfon, gorchymyn, bod yn bennaeth*
manejar be *trin, trafod*
la manera b *ffordd, dull, method*
la manifestación b *gwrthdystiad, protest*
manifestar be *dangos, gwrthdystio, protestio*
la mano b *llaw*
la manta b *blanced*
el mantel g *lliain bwrdd*
mantener be *cynnal, cadw*
mantenerse batb *cadw, aros*
la mantequilla b *menyn*
la manzana b *afal, bloc (adeiladau)*
el manzano g *coeden afalau*
mañana ad *yfory*
la mañana b *bore*
el maquillaje g *colur*
maquillarse be *eich coluro'ch hun, ymbincio*
la máquina b *peiriant*
el mar g *môr*
maravilloso/a ans *gwych, rhyfeddol*
la marca b *gwneuthuriad, marc*
marcar una señal be *rhoi arwydd*
la marcha b *ymdaith, ymadawiad, cynnydd*
marcha atrás *i fynd tuag yn ôl*
marcharse batb *gadael, mynd i ffwrdd*
la marea b *llanw (y môr)*
mareado/a ans *sâl â'r pen yn troi, sâl trwy deithio*
marearse batb, *teimlo'n sâl, bod â'r bendro arnoch chi*
el mareo g *pendro, salwch*
el marido g *gŵr*
el/la marinero/a gb *morwr/aig*
los mariscos gll *bwyd y môr*
marrón ans *brown*
el martes g *Dydd Mawrth*
marzo g *Mis Mawrth*
más ans/ad *mwy*
más allá *ad ymhellach i ffwrdd*
más o menos *mwy neu lai*
el matador g *ymladdwr teirw*
matar be *lladd*
la matrícula b *cofrestriad, rhif car*
el matrimonio g *priodas*
mayo g *Mai*
el/la mayor gb *hŷn, hynaf*
la mayoría b *mwyafrif*
me *rhag fi, ifi, ataf i*
me da igual *does dim ots gen i*
me gusta mucho *rwy'n ei hoffi'n fawr iawn*
el/la mecánico/a gb *peiriannydd, mecanydd*
el mechero g *cynheuydd sigaretiau*
la media pensión b *brecwast ac un pryd o fwyd*
mediano/a ans *canolig, cyfartalog*
las medias bll *teits*
el medicamento g *moddion, meddyginiaeth*
el/la médico/a gb *meddyg*
la medida b *mesuriad, cam*
medio/a ans *hanner*
el medio g *canol, modd, cyfrwng*
medio ambiente *amgylchedd*
medios (de comunicación) *cyfryngau*
el mediodía g *hanner dydd*
medir be *mesur*
la mejilla b *boch, grudd*
el mejillón g *cragen las*
mejor ans *gwell, gorau*
mejorar be *gwella*
mejorarse batb *gwella*
el/la mellizo/a gb *gefaill*
el melocotón g *eirinen wlanog*
el melón g *melwn*

mencionar be *crybwyll, sôn am*
menor ans *llai, iau*
el/la menor gb *lleiaf, ieuengaf*
menos ad *llai*
al menos *o leiaf* menos cuarto *chwarter i*
el mensaje g *neges*
mensaje electrónico g *ebost*
mentir be *dweud celwydd*
la mentira b *celwydd*
mentiroso/a ans *celwyddog*
el menú g *bwydlen*
el mercado g *marchnad*
merecer be *haeddu*
la merienda b *amser te*
la mermelada b *jam*
el mes g *mis*
la mesa b *bwrdd*
meter be *rhoi i mewn*
el método g *method, dull*
el metro g *metr, trên tanddaearol*
mezclar be *cymysgu*
mezquino/a ans *crintachlyd*
el microondas g *meicrodon*
el miedo g *ofn*
la miel b *mêl*
el/la miembro/a gb *aelod*
mientras cys *tra, yn y cyfamser*
mientras que *tra*
el miércoles g *Dydd Mercher*
militar ans *milwrol, militaraidd*
la milla b *milltir*
el millón g *miliwn*
el/la minero/a gb *glöwr/aig*
mínimo/a ans *lleiaf, pitw*
el/la ministro/a gb *gweinidog*
minusválido/a ans *anabl*
mirar be *edrych ar, gwylio*
la misa b *offeren*
mismo/a ans *yr un, hunan, yr union*
misterioso/a ans *dirgel*
la mitad b *hanner*
mixto/a ans *cymysg*
la mochila b *bag/sach cefn*
la moda b *ffasiwn*
el modelo g *model*
el modo g *ffordd, dull, method, math*
mojado/a ans *gwlyb, llaith, wedi'i (g)wlychu*
mojarse batb *gwlychu, cael ei (g)wlychu*
molestar be *tarfu ar, poeni*
molestarse batb *trafferthu, cael eich trwblu*
la molestia b *trafferth*
la moneda b *darn o arian*
el monedero g *pwrs*
el/la monitor/a gb *hyfforddwr/aig, cynorthwy-ydd*
mono/a ans *pert, ciwt*
el monopatín g *bwrdd sglefrio*
montar be *marchogaeth, reidio, gosod, rhoi at ei gilydd*
el monte g *mynydd, bryn*
el montón g *pentwr, llawer, llwyth*
el monumento g *cofeb*
la moqueta b *carped*
morado/a ans *porffor*
morder be *brathu, cnoi*
moreno/a ans *tywyll, â lliw haul*
morir be *marw*
la mosca b *cleren, gwybedyn, pryf*
la mostaza b *mwstard*
el mostrador g *cownter*
mostrar be *dangos*
la moto(cicleta) b *beic modur*
mover be *symud*
móvil ans *symudol*
el/la mozo/a gb *gweinydd/es, porthor*
el/la muchacho/a gb *bachgen/merch*
la muchedumbre b *torf*
mucho/a ans *llawer*
la mudanza b *symud tŷ*
mudar be *newid*
mudarse de casa *symud tŷ*
el mueble g *dodrefnyn, celficyn*
la muela b *dant*

la muerte b *marwolaeth*
muerto/a ans *wedi marw*
la mujer b *menyw, gwraig*
la multa b *dirwy*
el mundo g *byd*
la muñeca b *dol, arddwrn*
el muro g *mur, wal*
el museo g *amgueddfa*
muy ad *iawn*

N

nacer be *cael eich geni*
nacido/a ans *wedi'i (g)eni*
el nacimiento g *genedigaeth*
la nación b *cenedl*
la nacionalidad b *cenedl, cenedligrwydd*
las Naciones Unidas bll *Cenhedloedd Unedig*
nada rhag *dim (byd)*
de nada *croeso, peidiwch â sôn*
nadar be *nofio*
nadie rhag *neb*
el naipe g *cerdyn chwarae*
la naranja b *oren*
la nariz b *trwyn*
la nata b *hufen*
la natación b *nofio*
la naturaleza b *natur*
la Navidad b *Nadolig*
la neblina b *niwl, tarth*
necesario/a ans *angenrheidiol*
negar(se) batb *gwadu (gwrthod)*
el negocio g *busnes, siop*
negro/a ans *du*
el neumático g *teiar*
nevar be *bwrw eira*
la nevera b *oergell*
ni cys *na*
¡ni hablar! *byth! dim gobaith!*
la niebla b *niwl*
el/la nieto/a gb *ŵyr/wyres*
la nieve b *eira*
el nilón g *neilon*
la niñez b *plentyndod*
ninguno/a ans *dim*
el/la niño/a gb *bachgen/merch, plentyn*
el nivel g *lefel*
no ad *nage, ddim* no cuelgue *peidiwch â rhoi'r ffôn i lawr*
no hay de qué *croeso, peidiwch â sôn*
no importa *does dim ots*
no me importa *does dim ots gen i*
la noche b *nos*
la Nochebuena b *Noswyl Nadolig*
la Nochevieja b *Nos Galan*
el nombre g *enw* nombre de pila *enw cyntaf, enw bedydd*
el nor(d)este g *gogledd-ddwyrain*
el noroeste g *gogledd-orllewin*
el norte g *gogledd*
la nota b *nodyn, marc, gradd*
notar be *sylwi*
la noticia b *newydd*
la novela b *nofel*
noveno/a ans *nawfed*
noviembre g *Tachwedd*
el/la novio/a gb *dyweddi, cariad*
la nube b *cwmwl*
nublado ans *cymylog*
nuboso ans *cymylog*
la nuera b *merch yng nghyfraith*
nuevo/a ans *newydd*
la nuez b *cneuen Ffrengig*
el número g *rhif (zapatos) maint esgidiau*
nunca ad *byth, erioed*

O

la o b *o (y llythyren)*
o/u cys *neu o... o naill ai... neu*
obedecer be *ufuddhau*
el objeto g *gwrthrych, nod*
la obra b *gwaith* obra de teatro *drama*
el/la obrero/a gb *gweithiwr/aig*
la ocurrencia b *syniad*
ocho ans *wyth*
el ocio g *hamdden*

octavo/a ans *wythfed*
octubre g *mis Hydref*
ocupado/a ans *wedi'i f/meddiannu, wedi'i g/chymryd, prysur*
ocuparse de be *gofalu am*
ocurrir be *digwydd*
odiar be *casáu*
el oeste g *gorllewin*
la oferta b *cynnig*
la oficina b *swyddfa*
ofrecer be *cynnig*
el oído g *clust (fewnol)*
¡Oiga! (be) eb *Gwrandewch! Esgusodwch fi!*
oír be *clywed, gwrando*
¡Ojalá eb *O na bai! Gobeithio!*
el ojo g *llygad* ¡Ojo! *Watsia!*
la ola b *ton*
¡Olé! eb *Hwrê! Da iawn!*
oler be *clywed aroglau, gwyntio*
el olor g *gwynt, arogl*
olvidar be *olvidarse de batb anghofio*
la ONU b *(Organización de las Naciones Unidas) Cenhedloedd Unedig*
opinar be *meddwl, cynnig barn*
la oportunidad b *cyfle*
la orden b *gorchymyn*
ordenar be *trefnu, gorchymyn*
la oreja b *clust (allanol)*
el orgullo g *balchder*
orgulloso/a ans *balch*
el origen g *tarddiad*
la orilla b *glan, ymyl*
el oro g *aur*
la orquesta b *cerddorfa*
os rhag *chi, ichi*
la oscuridad b *tywyllwch*
oscuro/a ans *tywyll*
oso g *arth*
la ostra b *wystrysen, llymarch*
el otoño g *yr hydref*
otro/a ans *arall*
la oveja b *dafad*

P

el/la paciente gb *claf*
pacífico/a ans *heddychlon*
el padrastro g *llystad*
el padre g *tad*
la paella b *paella (pryd wedi'i wneud o reis)*
la paga b *tâl, cyflog, arian poced*
pagar be *talu*
la página b *tudalen*
el pago g *taliad*
el país g *gwlad*
el paisaje g *tirwedd*
el pájaro g *aderyn*
la palabra b *gair*
el palacio g *palas*
pálido/a ans *gwelw*
el pan g *bara*
la panadería b *siop fara*
el/la panadero/a gb *pobydd*
el panecillo g *rhôl fara*
la pantalla b *sgrin*
el pantalón g los pantalones gll *trowsus* pantalón corto/pantalones cortos *trowsus cwta*
el panti/panty g los pantys *trywsanau, teits*
el pañuelo g *hances, pensgarff*
el papá g *dad, tada*
el Papa g *Pab*
el papel g *papur*
la papelera b *bin papur*
la papelería b *siop deunydd ysgrifennu*
el/la papelero/a gb *gwerthwr/aig deunydd ysgrifennu*
el paquete g *pecyn, parsel*
el par g *pâr, cwpl*
para ardd *ar gyfer, er mwyn, i*
el parabrisas g *sgrin wynt*
la parada de autobuses b *arhosfan bysiau*
parado/a ans *ar stop, wedi stopio, llonydd, di-waith*
el parador g *gwesty (dan reolaeth y wladwriaeth)*

el paraguas g *ymbarél*
parar be *stopio*
pararse batb *stopio*
parecer be *ymddangos, edrych fel*
me parece *mae'n ymddangos i fi, rwy'n meddwl*
parecerse a batb *edrych yn debyg i*
parecido/a ans *tebyg*
la pared b *wal, pared*
la pareja b *cwpl, partner*
el/la pariente/a gb *perthynas*
el paro g *diweithdra*
el parque g *parc*
la parrilla b *gril*
la parte b *rhan*
el partido g *gêm, plaid*
pasado/a ans *diwethaf, gorffennol* pasado mañana *drennydd*
el pasado g *gorffennol*
el/la pasajero/a gb *teithiwr/aig*
pasar be *pasio, treulio, digwydd*
pasar (la) lista *cofrestru*
pasar la aspiradora *hwfran*
pasar (por) *mynd heibio (trwy)*
pasarlo bien *cael amser da*
el pasatiempo g *hobi, diddordeb*
pasear be *mynd am dro*
pasearse batb *mynd am dro*
el paseo g *tro*
el pasillo g *coridor*
el paso g *cam* paso a nivel g *croesfan rheilffordd* paso de peatones *croesfan* paso prohibido *dim mynediad* paso subterráneo *ffordd danddaearol*
la pasta de dientes b *past dannedd*
el pastel g *teisen, cacen*
la pastelería b *siop gacennau/deisennau*
la pastilla b *tabled, pilsen*
la pata b *coes (anifail/dodrefn)*
la patada b *troediad, cic*
la patata b *taten* patatas fritas bll *sglodion, creision*
el paté g *paté*
el patín g *sgêt, esgid sglefrio* patín de ruedas *sgêt ar olwynion*
el patinaje g *sglefrio*
patinar be *sglefrio*
el pato g *hwyaden*
el/la patrón/ona gb *cyflogwr, perchennog*
la pausa b *egwyl, hoe*
el pavo g *twrci*
el/la payaso/a gb *clown*
la paz b *heddwch*
el peaje g *toll*
el peatón g *cerddwr*
el pecho g *brest*
el pedazo g *darn*
el pedido g *archeb, cais*
pedir be *gofyn, archebu*
pedir prestado be *cael benthyg*
pegar be *glynu, gludo, bwrw, curo*
pegar fuego be *rhoi ar dân, cynnau*
el peinado g *steil gwallt*
peinarse batb *cribo gwallt*
el peine g *crib*
pelar be *pilio*
la pelea b *cweryl, brwydr*
pelear be *cweryla, ymladd*
la película b *ffilm*
el peligro g *perygl*
peligroso/a ans *peryglus*
pelirrojo/a ans *â gwallt coch*
el pelo g *gwallt*
la pelota b *pêl*
la peluquería b *siop trin gwallt*
la pena b *trueni, tristwch*
la pendiente b *llethr, rhiw*
el pendiente g *clustdlws*
pensar be *meddwl*
la pensión b *lle gwely a brecwast*
peor ans *gwaeth, gwaethaf*
pequeño/a ans *bach, bychan*
la pera b *gellygen*
percibir be *canfod, sylwi*
perder be *colli*

---

enwau — **g**: gwrywaidd   **b**: benywaidd   **ll**: lluosog   **be**: berf   **batb**: berf atblygol   **ans**: ansoddair   GEIRIADUR SBAENEG - CYMRAEG

la pérdida b colled
perdón eb mae'n ddrwg gen i!
perdonar be maddau
perezoso/a ans diog
la perfumería b siop bersawr
el periódico g papur newydd
el/la periodista gb newyddiadurwr/aig
el periquito g paracît
permanecer be aros
el permiso g caniatâd, trwydded
permitido/a ans wedi'i g/chaniatáu
permitir be caniatáu
pero cys ond
el/la perro/a gb ci/gast
la persiana b bleind
el personaje g cymeriad, person enwog
el personal g staff
pertenecer be perthyn
la pesadilla b hunllef
pesado/a ans trwm, anodd, diflas
pesar be pwyso
la pesca b pysgota
la pescadería b siop bysgod
el pescado g pysgodyn (wedi ei ddal, i'w fwyta)
el/la pescador/a gb pysgotwr/aig
pescar be pysgota
el peso g pwys
el petróleo g olew
el pez g pysgodyn pez de colores / pez dorado pysgodyn aur
la picadura b pigiad, brathiad
picante ans twym, sbeislyd
picar be pigo, brathu
picar un billete be tyllu tocyn
el pico g pig son las dos y pico mae hi newydd droi dau o'r gloch
el pie g troed
la piedra b carreg
la piel b croen
la pierna b coes
la pieza b darn
la pila b sinc, batri
la píldora b pilsen
la pimienta b pupur (powdr)
el pimiento g pupur (llysieuyn)
la piña b pinafal
pinchar be cael twll mewn teiar
el pinchazo g twll mewn teiar
pintado/a ans wedi'i b/pheintio
el pintalabios g minlliw
pintar be peintio
el/la pintor/a gb peintiwr
pintoresco/a ans darluniadol, prydferth
la pintura b darlun, paent, peintio
la pipa b pib, hedyn
los Pirineos gll Y Pyreneau, Y Barwynion
pisar be camu ar, troedio ar
la piscina b pwll nofio
el piso g fflat, llawr
la pista b cwrt, llwybr, trac, piste
pista de hielo canolfan sglefrio ar iâ
pista de patinar canolfan sglefrolio
la pizarra b bwrdd du
el placer g pleser
la plancha b haearn smwddio, gril
plano/a ans gwastad
el plano g map, cynllun
planta baja llawr gwaelod, llawr isaf
la plata b arian (metal)
el plátano g banana
el platillo g soser
el plato g plât, cwrs, pryd
plato combinado pryd o fwyd un cwrs
plato del día pryd arbennig y dydd
la playa b traeth
la plaza b sgwâr
plaza de toros cylch ymladd teirw
plaza mayor prif sgwâr
el plomo g plwm
la pluma b pluen, ysgrifbin inc
la población b poblogaeth
pobre ans tlawd

la pobreza b tlodi
poco b dim llawer
poco ad poco hecho heb ei goginio lawer
poco g un poco ychydig
poder be gallu, medru
la policía b heddlu, plismones
el policía g heddwas, plismon
el polideportivo g canolfan chwaraeon
el/la político/a gb gwleidydd
el pollo g cyw iâr
el polvo g llwch
la pomada b eli
el pomelo g grawnffrwyth
poner be rhoi, gosod
poner la mesa be gosod y ford
ponerse batb mynd/dod yn
ponerse a dechrau ponerse la ropa gwisgo dillad
por ardd am, er mwyn, trwy, ar hyd
por ciento y cant
el porcentaje g canran
porque cys oherwydd, achos
el portamonedas g pwrs
portátil ans cludadwy, symudol
el/la portero/a gb gofalwr/aig, porthor
la portezuela b drws (trên)
el porvenir g dyfodol
la posibilidad b posibilrwydd
la postal b cerdyn post
el postre g pwdin
potable ans yfadwy
practicar be ymarfer
práctico/a ans ymarferol
el prado g dôl
el precio g pris
preciso/a ans angenrheidiol, cywir, manwl
predilecto/a ans hoff
preferido/a ans hoff
preferir be bod rhywbeth yn well gennych
la pregunta b cwestiwn
preguntarse batb gofyn ichi'ch hunan
el premio g gwobr
la prensa b gwasg, papurau newydd
la preocupación b pryder, gofid
preocupar be poeni, becso
preocuparse batb poeni, becso, pryderu, gofidio
prescindir de be hepgor, mynd/gwneud heb
la presentación (oral) b cyflwyniad (llafar)
presentar be cyflwyno
presentarse batb (para un empleo) troi i fyny (ar gyfer swydd)
la presión b pwysedd
prestar be rhoi benthyg
la primavera b gwanwyn
primero/a ans cyntaf
el/la primo/a gb cefnder/cyfnither
la princesa b tywysoges
el príncipe g tywysog
el principio g dechrau, dechreuad
la prioridad b blaenoriaeth
la prisa b brys
privado/a ans preifat
el probador g ystafell newid
probar be trio, profi, blasu
probarse batb trio amdanoch, gwisgo i gael gweld
el problema g problem
procedente (de) ans yn dod o
el procesador de textos g prosesydd geiriau
producir be cynhyrchu
producirse be digwydd, cymryd lle
el/la profesor/a gb athro/athrawes
la profundidad b dyfnder
profundo/a ans dwfn
el programa g rhaglen
el progreso g cynnydd
prohibir be gwahardd
prometer be addo
el pronóstico g rhagolygon

pronto ad yn fuan, yn gynnar, yn gyflym
el/la propietario/a gb perchennog
la propina b cildwrn
propio/a ans hunan
proponer be awgrymu
proporcionar be cyflenwi
el propósito g pwrpas, nod
proteger be amddiffyn, diogelu
la proximidad b agosrwydd
próximo/a ans nesaf
el proyecto g prosiect, cynllun
la prueba b prawf
publicar be cyhoeddi
la publicidad b cyhoeddusrwydd, hybsysebu
el público g cyhoedd, cynulleidfa
el pueblo g pentref, tref (fach), pobl
el puente g pont
el/la puerco/a gb mochyn/hwch
el puerro g cenhinen
la puerta b drws, clwyd, porth
el puerto g porthladd
pues cys wel
el puesto g swydd
puesto que cys gan fod
el pulpo g octopws
la pulsera b breichled
el puño g dwrn
el punto g dot, smotyn, pwynt, lle
el pupitre g desg
puro/a ans pur

Q

Que rhag/cys sydd, a, mai ¡Qué! ad Beth! Sut! ¿Qué? cwest Beth? Pa un/rai?
quebrar be torri
quedar be aros, trefnu, cwrdd â, siwtio (dillad)
quedarse batb aros
los quehaceres gll tasgiau, dyletswyddaau
la queja b cŵyn
quejarse batb cwyno
la quemadura b llosgiad
quemar be llosgi
querer be bod eisiau, caru
querer decir be meddwl, golygu
querido/a ans annwyl
el queso g caws
quien rhag pwy
la química b cemeg
el/la químico/a gb cemegydd
la quincena b pythefnos
quinto/a ans pumed
el quiosco g ciosg
quisiera be hoffwn i, hoffai fe/hi, hoffech chi
quitar be tynnu
quitar el polvo tynnu llwch
quitarse batb tynnu (dillad)
quizá(s) ad efallai

R

el ramo g pwysi
el rango g rheng, gradd
la ranura b hollt, twll
rápidamente ad yn gyflym
rápido/a ans cyflym
el rápido g trên cyflym
raramente ad yn anaml iawn
raro/a ans prin, rhyfedd
el rascacielos g nen-grafwr
rasgar be rhwygo, torri
la rata b llygoden fawr/ Ffrengig
el ratero g lleidr
el rato g ysbaid, amser
el ratón g llygoden fach
el rayo g mellten
la razón b rheswm
real ans brenhinol
realizar be cyflawni
la rebaja gostyngiad, sêl
las rebajas bll sêls
la rebanada b sleisen
la rebeca b cardigan
el recado g neges
la receta b rysáit
recibir be derbyn
el recibo g derbynneb
recientemente ad yn ddiweddar

recoger be casglu, codi
la recogida b casgliad
la recompensa b iawndal, gwobr
reconocer be adnabod
recordar be cofio
el recreo g egwyl, amser chwarae
recto/a ans syth, gonest
el recuerdo g cof, atgof, swfenîr recuerdos cofion
el recurso g adnawdd
la red b rhwyd, rhwydwaith
redondo/a ans crwn
el reembolso g ad-daliad
reflexionar be meddwl, myfyrio
el refresco g diod heb alcohol
regalar be rhoi yn anrheg
el regalo g anrheg
regar be rhoi dŵr i, dyfrhau
la regla b rheol, pren mesur
regresar be dychwelyd, mynd yn ôl
la reina b brenhines
el Reino Unido g Y Deyrnas Unedig
reír(se) be chwerthin
relajar be llacio
relajarse batb ymlacio
el relámpago g mellten
el relato g hanes, stori
rellenar be llenwi
el reloj g oriawr, wats, cloc reloj de pulsera wats
la relojería siop gwerthwr clociau
remar be rhwyfo
el remedio g meddyginiaeth, posibilrwydd arall
el remite cyfeiriad yr anfonwr
el/la remitente gb anfonwr/aig
rendido/a ans wedi ymlâdd, wedi blino'n lân
reñir(se) cweryla
reparar be trwsio
repartir be rhannu
repasar be adolygu
el reportaje g adroddiad, erthygl
resbalar be llithro
rescatar be achub
el rescate g achubiaeth
resfriado/a ans dan annwyd
respetar be parchu
el respeto g parch
respirar be anadlu
responder be ateb
la respuesta b ateb
el resultado g canlyniad
el resumen g crynodeb
retener be cadw, dal
el retraso g oedi
el retrovisor g drych mewnol (car)
la reunión b cyfarfod
reunirse batb cwrdd, aduno
el revés g cefn
al revés tu chwith allan, o chwith
el revisor g tocynnwr
la revista b cylchgrawn
revoltoso/a ans drwg, anystywallt, drygionus,
revolver be troi (diod)
el rey g brenin
rezar be gweddïo
rico/a ans cyfoethog, cefnog, blasus
el riesgo g mentr, risg, perygl
riguroso/a ans llym, trwyadl
el rincón g cornel
el río g afon
la riqueza b cyfoeth
la risa b chwarddiad
el ritmo g rhythm
rizado/a ans cyrliog
robar be dwyn, lladrata
el robo g lladrad
la roca b craig
rodear be amgylchynu
la rodilla b pen(g)lin
rogar be gofyn, ymbil
rojo/a ans coch
romper/se b/batb torri
roncar be chwyrnu
ronco/a ans cryg
la ronda b rownd
la ropa b dillad
ropa interior dillad isaf

la rosa b rhosyn
rosado/a ans pinc
el rostro g wyneb
roto/a ans wedi'i d/thorri
el rotulador g ysgrifbin ffelt
rubio/a ans golau (gwallt)
la rueda b olwyn
el ruido g sŵn
ruidoso/a ans swnllyd
la ruta b ffordd

S

el sábado g Dydd Sadwrn
la sábana b siten, cynfas
saber be gwybod
sabio/a ans call, doeth
el sabor g blas
saborear be blasu
el sacacorchos g teclyn tynnu cyrc
el sacapuntas g naddwr pensiliau
sacar be tynnu, nôl
el saco g sach, bag, cwdyn
sacudir be ysgwyd, siglo
la sal b halen
la sala b ystafell, ystafell fyw
salado/a ans hallt, cyfareddol, ffraeth
el salario g cyflog
la salchicha b selsigen
la salida b ymadawiad, allanfa
salir (de) be mynd allan (o), gadael
el salón g lolfa, ystafell fyw
la salsa b saws
saltar be neidio
la salud b iechyd ¡Salud! Iechyd da!
saludar be cyfarch
el saludo g cyfarchiad saludos cyfarchion
salvaje ans gwyllt
salvar be achub
el salvavidas g siaced achub
salvo/a ans diogel
salvo ardd ac eithrio
la sandía b melwn dŵr
la sangre b gwaed
la sangría b sangria (diod)
sano/a ans iach, iachus
santo/a ans sanctaidd, cysegredig
el/la santo/a gb sant/es
la sartén b padell ffrïo
el/la sastre gb teilwr/es
satisfecho/a ans bodlon
se rhag ei hunan, eu hunain, eich hunan, eich hunain, iddo/iddi ei hunan, iddyn nhw eu hunain, ichi'ch hunan, ichi'ch hunain
se trata de mae'n ymwneud â
el secador de pelo g sychwr gwallt
la secadora b sychwr dillad
secar be sychu
seco/a ans sych
el/la secretario/a gb ysgrifennydd/ysgrifenyddes
la sed b syched
la seda b sidan
seguir be dilyn, parhau
según ardd yn ôl
segundo/a ans ail
la seguridad b diogelwch, sicrwydd
seguro/a ans siŵr, sicr, diogel
el sello g stamp
la selva b coedwig, jyngl
el semáforo g goleuadau traffig
la semana b wythnos
semanal ans wythnosol
la señal b arwydd, marc
las señas bll cyfeiriad
sencillo/a ans syml
el sendero g llwybr
el/la señor/a gb dyn/menyw, mr/mrs, syr/madam
la señorita b miss, menyw ifanc
sensible ans teimladwy, sensitif
sentarse batb eistedd
el sentido g ystyr, teimlad, synnwyr
el sentimiento g teimlad
sentir be teimlo

lo siento *mae'n flin/ddrwg gen i*
separar *be gwahanu*
se(p)tiembre *g Medi*
séptimo/a *ans seithfed*
ser *be bod*
ser de (+ deunydd) *bod wedi ei wneud o*
ser de (+ lle) *hanu/dod o*
la serie *b cyfres*
serio/a *ans difrifol, dwys*
el servicio *g gwasanaeth, toiled*
los servicios *gll toiledau*
la servilleta *b napcyn*
servir *be gwasanaethu, gweini*
se(p)tiembre *g Medi*
el seto *g ffens*
el sexo *g rhyw*
si *cys os, pe*
sí *ad ie*
sí *rhag ei hunan*
la sidra *b seidr*
siempre *ad bob amser*
la sierra *b cadwyn o fynyddoedd*
la siesta *b cyntun, cwsg bach (yn y prynhawn)*
el siglo *g canrif*
significar *be golygu*
el signo *g arwydd*
siguiente *ans canlynol*
silbar *be chwibanu*
la silla *b cadair*
el sillón *g cadair esmwyth, cadair freichiau*
la silueta *b silŵet*
la simpatía *b serchowgrwydd, cyfeillgarwch, hawddgarwch*
simpático/a *ans neis, cyfeillgar, serchog, hawddgar*
sin ardd *heb*
sin plomo *heb blwm*
el síntoma *g symptom*
el/la sirviente *gb gwas/morwyn*
el sitio *g lle*
situado/a *ans wedi ei (l)leoli*
sobrar *be bod dros ben, bod yn ormod*
el sobre *g amlen*
sobre *ardd ar, ar ben, am, tua (amser)*
sobre todo *o flaen popeth, yn enwedig, yn arbennig*
el/la sobrino/a *gb nai/nith*
la sociedad *b cymdeithas*
el/la socio/a *gb aelod*
socorrer *be helpu, cynorthwyo*
el/la socorrista *gb achubwr/aig bywydau*
el socorro *help, cymorth, achubiaeth*
el sol *g haul*
solamente/sólo *ad dim ond, yn unig*
el/la soldado *gb milwr*
soleado *ans heulog*
sólido/a *ans solet, cadarn*
solo/a *ans unig*
el solomillo *g stecen syrlwyn*
soltero/a *ans dibriod*
la sombra *b cysgod*
el sombrero *g het*
soñar (con) *be breuddwydio am*
sonar *be canu*
el sonido *g sŵn*
sonreír(se) *batb gwenu*
la sonrisa *b gwên*
la sopa *b cawl*
soplar *be chwythu*
sordo/a *ans byddar*
sorprender *be synnu*
la sorpresa *b syndod, syrpreis*
el sorteo *g raffl*
la sortija *b modrwy*
la sospecha *b amheuaeth*
el sostén *g cynhaliaeth, bra*
sostener *be cynnal, dal*
Sr *talfyriad (Señor) Mr.*
Sra *talfyriad (Señora) Mrs.*
Sres *talfyriad (Señores) Messrs.*
Srta *talfyriad (Señorita) Miss, Ms.*
suave *ans llyfn, meddal, tyner*
la subida *b codiad, esgyniad, cynnydd*
subir *be mynd i fyny, codi*
subir a *mynd ar/ i mewn i (cerbyd)*

súbito/a *ans sydyn*
suceder *be digwydd*
sucio/a *ans brwnt*
la sucursal *b cangen (swyddfa)*
sudar *be chwysu*
el sudeste *g de-ddwyrain*
el/la suegro/a *gb tad/mam yng nghyfraith*
el sueldo *g cyflog*
el suelo *g llawr*
suelto/a *ans rhydd, llac*
el sueño *g breuddwyd, cwsg*
tener sueño *bod yn gysglyd/wedi blino*
la suerte *b lwc, ffawd*
el suéter *g siwmper*
sufrir *be dioddef*
sugerir *be awgrymu*
sujetar *be dal, gafael, cydio*
la suma *b swm, cyfanswm*
la súper *b petrol pedair seren*
superar *be gwneud yn well na, trechu*
el supermercado *g archfarchnad*
suplementario/a *ans ychwanegol, atodol*
suponer *be tybio, dychmygu*
el sur *g de*
surfear el internet *be syrffio'r we*
el suroeste *g de-orllewin*
el surtido *g dewis, detholiad, ystod*
sustituir *be cymryd lle, disodli, rhoi yn lle*
el susto *g braw, sioc*

T

la Tabacalera *b siop dybaco*
el tabaco *g tybaco*
la taberna *b tafarn, bar*
la tabla *b estyllen, bwrdd*
tal *ans y fath tal vez efallai*
el Talgo *g trên rhyng-ddinasol*
la talla *b maint (dillad)*
el taller *g gweithdy*
el talonario de cheques *g llyfr sieciau*
el tamaño *g maint*
también *ad hefyd*
el Támesis *g y Tafwys*
tampoco *ad chwaith*
tan *ad mor*
tanto/a *ans cymaint o*
tantos/as *ans cymaint, cynifer o*
la tapa *b clawr, caead, byrbryd tapas byrbrydau*
la taquilla *b swyddfa docynnau tarde ad yn hwyr*
la tarde *b prynhawn, noson*
la tarea *b tasg, gorchwyl las tareas gwaith cartref*
la tarifa *b pris*
la tarjeta *b cerdyn*
el tarro *g jar, pot*
la tarta *b teisen, cacen, tarten tarta casera teisen/cacen/ tarten gartref*
la tasa *b graddfa*
el/la taxista *gb gyrrwr tacsi / gyrrwraig dacsi*
la taza *b cwpan*
el tazón *g bowlen, cwpan mawr te rhag ti, iti*
el té *g te*
el teatro *g theatr*
el tebeo *g comic*
el techo *g nenfwd*
el teclado *g allweddell técnico/a ans technegol*
el/la técnico/a *gb technegydd*
el tejado *g to*
los tejanos *gll jîns*
la tela *b brethyn telefonear be ffonio*
el teléfono *g ffôn teléfono móvil ffôn symudol*
la telenovela *b opera sebon*
el televisor *g set deledu*
el tema *g thema, testun temblar be crynu*
la tempestad *b storm, tymestl, drycin templado/a ans mwyn*
la temporada *b tymor, cyfnod temporal ans dros dro*

temprano *ad yn gynnar*
el/la tendero/a *gb siopwr/aig tenderse batb gorwedd*
el tenedor *g fforc*
tener *be bod â*
el TER *g trên rhyng-ddinasol*
tercero/a *ans trydydd, trydedd*
terco/a *ans styfnig*
terminar *be gorffen*
la ternera *b (cig) llo*
la terraza *b teras*
el terremoto *g daeargryn*
el terreno *g tir, cae*
el/la testigo/a *gb tyst*
la tetera *b tebot*
tibio/a *ans llugoer, claear*
el tiempo *g tywydd, amser*
la tienda *b siop, pabell tienda de campaña pabell*
la tierra *b daear, pridd*
tieso/a *ans stiff*
el tigre *g teigr*
las tijeras *bll siswrn*
el timbre *g cloch (drydanol), stamp (swyddogol)*
tímido/a *ans swil*
tinto *ans coch (gwin)*
el tío *g ewythr*
típico/a *ans nodweddiadol*
el tipo *m math*
tirar *be taflu, taflu i ffwrdd, tynnu*
tirarse *batb eich taflu eich hunan*
el título *g teitl, cymhwyster*
la tiza *b sialc*
la toalla *b tywel*
el tobillo *g ffêr, pigwrn*
el tocadiscos *g chwaraeydd recordiau*
el tocador *g bwrdd gwisgo tocar chwarae/canu (offeryn), cyffwrdd â tocarle a uno bod yn dro i rywun (te toca a ti dy dro di yw e)*
todas *bll yr holl, i gyd, pob*
todavía *ad o hyd*
todo/a *ans i gyd, yr holl*
tomar *be cymryd, cael tomar el sol torheulo*
el tomate *g tomato*
el tono *g tôn, goslef*
la tontería *b twpdra tonto/a ans twp, gwirion, hurt*
el tópico *g ystrydeb, cliché, testun torcer be troi*
la tormenta *b storm*
el torneo *g cystadleuaeth, gornest*
el tornillo *g sgriw*
el toro *g tarw torpe ans araf, lletchwith, twp*
la torre *b tŵr*
la tortilla *b omled*
la tortuga *b crwban*
la tos *b peswch toser be pesychu, peswch*
la tostada *b tafell o dost trabajador/a ans gweithgar, diwyd trabajar be gweithio*
el trabajo *g gwaith traducir be cyfieithu*
el/la traductor/a *gb cyfieithydd traer be dod â*
el tráfico *g traffig tragar be llyncu*
la tragedia *b trasiedi*
el traje *g siwt (de baño) siwt nofio tranquilo/a ans llonydd, tawel transbordar be trosglwyddo, newid*
el transbordo *g newid hacer transbordo newid (trên ayb)*
el/la transeúnte *gb rhywun sy'n mynd heibio*
el tranvía *b tram, trên lleol*
el trapo *g clwt, clwtyn*
el tratamiento de textos *g prosesu geiriau tratar be trio, ceisio, trin, trafod*

la travesía *b croesiad, taith ar draws, taith*
travieso/a *ans drwg, drygionus*
el trayecto *g taith, siwrnai*
el tren *g trên*
el triángulo *g triongl*
el trimestre *g tymor*
triste *ans trist*
la trompeta *b trwmped, utgorn*
tronar *be taranu*
el trozo *g darn*
la trucha *b brithyll*
el trueno *g taran*
tu *ans dy*
tú *rhag ti*
el tubo *g tiwb, pibell tumbarse batb gorwedd*
el túnel *g twnnel*
el turismo *g twristiaeth*
el/la turista *gb ymwelydd, twrist tutear be tydïo, siarad â rhywun yn anffurfiol gan ddefnyddio tú.*

U

ubicado/a *ans wedi'i (l)leoli*
la UE *b (Unión Europea) Undeb Ewropeaidd*
últimamente *ad yn ddiweddar*
último/a *ans diwethaf, olaf*
único/a *ans unig, unigryw*
la unidad *b uned, undod*
unido/a *ans unedig, agos*
el uniforme *g ffurfwisg*
la universidad *b prifysgol un/a bannod gb un uno/a rhag un, rhywun unos/as rhag ll rhai*
la uña *b ewin*
la urgencia *b argyfwng urgencias gwasanaethau argyfwng usar be defnyddio usted(es) rhag chi (ffurfiol unigol a lluosog)*
útil *ans defnyddiol*
utilizar *be defnyddio*
la uva *b grawnwinen*

V

la vaca *b buwch*
las vacaciones *bll gwyliau vaciar be gwacáu, gwagio vacío/a ans gwag*
el vagón *g coets, cerbyd*
la vainilla *g fanila*
la vajilla *b llestri vale eb iawn valer bod yn werth, costio válido/a ans dilys valiente ans dewr*
el valle *g cwm, dyffryn*
el valor *g gwerth, dewrder*
el vapor *g stêm, ager*
los vaqueros *gll jîns variar be amrywio, newid varios/as ans gwahanol, nifer o, amrywiol*
el vaso *g gwydryn*
la vecindad *b cymdogaeth*
el/la vecino/a *gb cymydog*
el/la vegetariano/a *gb llysieuydd*
el vehículo *g cerbyd*
la vela *b cannwyll*
la velocidad *b cyflymdra vencer be trechu, curo, gorchfygu*
la venda *b rhwymyn*
el/la vendedor/a *gb gwerthwr/aig vender be gwerthu venir be dod*
la venta *b gwerthiant*
la ventaja *b mantais*
la ventana *b ffenestr*
la ventanilla *b ffenestr (cerbyd/ banc), cownter tocynnau ver be gweld, gwylio veranear be treulio gwyliau'r haf*
el verano *g haf*
la verbena *b ffair, gŵyl*
la verdad *b gwirionedd, gwir es verdad mae'n wir verdaderamente ad yn wir, yn wirioneddol*

verdadero/a *ans gwir*
verde *ans gwyrdd*
la verdulería *b siop lysiau*
la(s) verdura(s) *b(ll) llysiau*
la vergüenza *b cywilydd, gwarth, embaras*
la versión *b fersiwn*
verter *be arllwys, tywallt*
el vestíbulo *g cyntedd vestido/a ans wedi'i (g)wisgo*
el vestido *g ffrog vestirse batb gwisgo*
el vestuario *g dillad, cwpwrdd dillad, ystafell newid*
el/la veterinario/a *gb milfeddyg*
la vez *b tro, gwaith, achlysur*
la vía *b lôn, ffordd, trac viajar be teithio*
el viaje *g taith, siwrnai*
el/la viajero/a *gb teithiwr/aig*
la víctima *b dioddefwr*
la vida *b bywyd*
el videojuego *g gêm fideo*
el vidrio *g gwydr viejo/a ans hen*
el/la viejo/a *gb hen ŵr/hen wraig*
el viento *g gwynt*
el vientre *g stumog, bola*
el viernes *g Dydd Gwener Viernes Santo Dydd Gwener y Groglith vigilar be goruchwylio, gwarchod*
la viña *b gwinwydden*
el vinagre *g finegr*
el vino *g gwin*
la visibilidad *b gweledigrwydd, gwelededd*
la visita *b ymweliad*
el/la visitante *gb ymwelydd visitar be ymweld â*
la víspera *b noswyl, y noson cyn*
la vista *b golwg*
el/la viudo/a *gb gŵr gweddw/gwraig weddw*
la vivienda *b cartref, annedd vivir be byw vivo/a ans byw, bywiog*
el vocabulario *g geirfa volante ans hedegog, yn hedfan*
el volante *g llyw volar be hedfan*
el voleibol *g pêl foli volver be dychwelyd, mynd/dod yn ôl, troi volver a + berfenw gwneud eto volver de be bod newydd wneud rhywbeth*
volverse *batb troi o gwmpas, yn ôl*
vomitar *be chwydu, cyfogi*
vosotros/as *rhag ll chi (anffurfiol lluosog)*
la voz *b llais*
el vuelo *g ehediad*
la vuelta *b dychweliad la vuelta al colegio mynd yn ôl i'r ysgol dar una vuelta mynd am dro*

W

el wáter *g toiled*
el windsurf *g bordhwylio*

Y

y *cys a, ac*
y media *hanner awr wedi, a hanner*
ya *ad eisoes, yn barod*
ya no *ddim mwyach*
el yerno *g mab yng nghyfraith*
el yogur *g iogwrt*

Z

la zanahoria *b moronen*
la zapatería *b siop esgidiau*
el/la zapatero/a *gb gwneuthurwr/aig esgidiau*
la zapatilla *b sliper*
la zapatilla de deporte *b esgid chwaraeon*
el zapato *g esgid*
la zona *b ardal zona peatonal ardal i gerddwyr (dim ceir)*
el zoo *g sŵ*
el/la zorro/a *gb cadno, llwynog*
el zumo *g sudd*

Mynegai